LETTRES

SUR LES

ÉTATS-UNIS D'AMÉRIQUE.

TOME I.

LYON, IMPRIMERIE D'ANT. PÉRISSE.

LETTRES

SUR LES

ÉTATS-UNIS D'AMÉRIQUE,

ÉCRITES EN 1832 ET 1833,

ET ADRESSÉES

A M. LE COMTE O'MAHONY.

PAR J. M. B. DE ******

> On avait mis des gens au guet,
> Qui, voyant sur les eaux de loin certain objet,
> Ne purent s'empêcher de dire
> Que c'était un puissant navire.
> Quelques momens après, l'objet devint brûlot,
> Et puis nacelle, et puis ballot,
> Enfin bâtons flottant sur l'onde.
>
> (LA FONTAINE, Liv. IV, Fable X.)

TOME PREMIER.

PARIS,

AU DÉPOT CENTRAL DE LIBRAIRIE,

RUE DU POT-DE-FER-ST-SULPICE, N.º 8.

LYON,

CHEZ PERISSE FRÈRES, LIBRAIRES,

RUE MERCIÈRE, N.º 33.

MDCCCXXXV.

PRÉFACE.

L'événement qui fit des Colonies anglaises d'Amérique une confédération d'États indépendans, a certainement exercé plus d'influence sur les destinées de la
France, dont l'assistance contribua si follement à créer
et à affermir leur indépendance, que l'Angleterre elle-
même, dont elle prétendit, en 1789, imiter la révolution et reproduire le gouvernement. En effet, il n'y avait
en elle aucun des élémens dont s'est formée l'aristocratie
puissante et altière qui comprima si long-temps le principe anarchique de cette constitution tant vantée des
trois Royaumes, principe aujourd'hui tout prêt à lui
échapper; et tant s'en faut, qu'au contraire cette France
insensée était déjà envahie sourdement par une démocratie qui n'attendait que la rupture de ses dernières
digues pour la déborder de toutes parts. Or, la constitution Anglo-Américaine offrait aux novateurs le

triomphe le plus complet des doctrines démocratiques ;
et pour les habiles, ce fut là le véritable archétype de
la révolution française.

Ainsi s'explique l'admiration niaise du grand nombre pour ce gouvernement d'outre-mer, sur lequel on
n'avait alors en Europe , et l'on n'a pu long-temps
avoir d'autres documens que les relations superficielles
et mensongères qu'en publiaient des voyageurs aveugles, ou des publicistes hypocrites ; et cependant, à travers tant de fausses lueurs dont ils entouraient cette
idole politique, et sous ce vernis brillant dont ils savaient la couvrir, les esprits sensés entrevoyaient je ne
sais quels vices de conformation dont ils tiraient pour
elle de sinistres augures, sinon dans le présent, du
moins dans un avenir peu éloigné ; car rien de ce qui
est absolument contraire à l'expérience des siècles n'a
jusqu'à présent réussi long-temps dans ce monde, où
l'invincible nature, qu'il est accordé aux passions humaines de pouvoir violenter quelques momens, re-
prend, tôt ou tard et immanquablement, ses droits
que l'on n'a jamais impunément violés.

Toutefois, l'illusion a duré, plus ou moins forte,
pendant plus de cinquante ans. A la vérité, dès les pre-

mières années du dix-neuvième siècle, des critiques partielles commencèrent à se mêler aux éloges ; mais elles étaient timides , incomplètes , et effleuraient à peine les surfaces (1). Depuis , d'autres voyageurs , et ce qui est remarquable , des voyageurs anglais (2) essayèrent de pénétrer plus avant dans la plaie des États-Unis et les montrèrent en effet sous un aspect beaucoup moins favorable ; mais il est vrai de dire qu'il n'appartenait pas, et qu'il ne peut appartenir aux écrivains britanniques , de sonder cet abîme jusque dans ses dernières profondeurs, et que, dans un semblable examen, ils apportent nécessairement des préjugés politiques et religieux qui ne diffèrent de ceux des Américains eux-mêmes, que par les conséquences moins absolues qu'ils en ont tirées. Il leur est donc impossible d'atteindre jusqu'à la source d'un mal qui gît dans les fondemens mêmes de l'édifice social , et ils

(1) Voyez le *Tableau Statistique des États-Unis* , par M. Félix de Beaujour , 1807.

(2) Voyez *Les voyages dans l'Amérique du nord* du capitaine Basile Hall, pendant les années 1827 à 1828 ; et l'ouvrage de Mistress Trollope , d'une date encore plus récente , intitulé : *Domestic manners of americans.*

ne touchent encore que des superficies. Ce mal, tel qu'ils le présentent, ne semble pas incurable; l'entière perfection n'étant pas le propre des choses humaines, on n'en reste pas moins persuadé de l'excellence relative des institutions américaines; et cette année même, un doctrinaire fameux disait à la tribune avec le ton absolu et sentencieux qu'on lui connaît : « Les Américains ont un *beau* et *bon* gouver» nement (1). »

Si l'on considère en outre que l'orgueil naturel à ces républicains n'a cessé de s'accroître de ce retentissement prolongé d'éloges et de ce *crescendo* d'admirations dont on les a comme accablés pendant ce demi siècle de vertige et de folie qui a poussé l'Europe au point où nous la voyons aujourd'hui, et qu'exaltés jusqu'à la frénésie par cet orgueil, leur passion dominante, ils sont sans cesse épiant, d'un œil vigilant et inquiet, tout ce qui se dit d'eux de l'autre côté de l'Océan, préparés, dès que la critique même la plus légère s'élève contre leur sublime patrie, à pousser des cris de fureur, à donner des démentis, à vomir

(1) Dans la séance du 13 mars 1834.

des injures et des imprécations (1); on conçoit combien pouvait sembler difficile la tâche de l'écrivain
qui, déchirant hardiment les derniers voiles, entre-
prenait de prouver que les institutions des Américains
étaient tellement mauvaises et destructives de tout ordre social, qu'elles ne pouvaient pas même être appelées des institutions, et que la société qu'elles avaient
formée, était arrivée à un tel degré de corruption politique, morale, religieuse, qu'elle ne pouvait plus
même être appelée une société.

Heureusement pour l'auteur, que ceux-là mêmes
qu'il attaquait sont venus à son secours. Si les Américains se réunissent en phalange serrée pour repous-
ser violemment quiconque ne partage pas sur leur
compte l'enthousiasme de leurs admirateurs , par

(1) Certes, il ne se peut rien imaginer de plus modéré que la
Relation du capitaine Basile Hall : les Américains lui auraient dû des
remercîmens pour tant d'éloges qu'il leur a prodigués et qu'ils sont
si loin de mériter ; mais quelques critiques dont ces éloges étaient
entremêlés, bien que fort au-dessous de celles qui leur sont dues,
en ont fait pour eux l'objet d'une aversion implacable ; et même encore, après six ans, leurs journaux ne cessent de le poursuivre de
leurs grossières invectives. Quant à Mistress Trollope qui les a moins
ménagés, je ne lui conseillerais pas de faire une seconde visite à cette
aimable nation ; elle y serait très-probablement lapidée.

exemple de M. le marquis de la Fayette parmi les morts, et des rédacteurs du *National* parmi les vivans, et s'ils semblent n'avoir alors qu'un cœur et qu'une ame, il en va autrement lorsqu'ils s'abandonnent aux passions égoïstes et haineuses qui les animent les uns contre les autres, et à un tel point qu'il n'est certainement pas de pays en ce monde où l'homme soit plus ennemi de l'homme que dans cette bienheureuse république de l'*Union*. Alors ils se disent face à face leurs vérités, alors il suffit d'enregistrer les aveux naïfs qui leur échappent et dont leurs innombrables journaux se font les dépositaires, pour présenter, de leur caractère national, de leurs mœurs, de leur gouvernement, une satire plus sanglante que personne n'aurait osé le faire d'après ses propres impressions, par la raison que la première condition, pour celui qui raconte, est d'être cru, et qu'ainsi que l'a dit notre grand satirique :

« Le vrai peut quelquefois n'être pas vraisemblable. »

Telle est donc la marche qu'a suivie l'auteur de ces Lettres ; et cette marche est devenue si sûre, elle a entraîné avec elle tant et de si incontestables témoignages, la lumière qu'elle a répandue a brillé d'un tel éclat, les autorités qui s'y sont accumulées en ont pris un caractère d'évidence si frappant, qu'on a peine à concevoir que, parmi les voyageurs et les écrivains qui l'ont précédé dans cette carrière d'observations, il ne s'en soit pas trouvé un seul qui ait imaginé d'employer une forme d'argumentation qui se présente d'elle-même et qui, sur tous les points, ne laisse, en fait de documens curieux et certains, que l'embarras du choix.

Il en est résulté pour cet ouvrage purement historique (l'auteur déclare abandonner la partie descriptive aux arrangeurs de phrases et aux faiseurs de romans), le plus haut degré d'authenticité qu'aucune histoire ait jamais présenté, puisqu'il n'est pas un seul fait grave, surtout parmi ceux qui pourraient sembler les plus suspects à cause de leur énormité, que le peuple dont il s'est fait l'accusateur, ne vienne attester lui-même par les milliers d'organes dont il a fait ses représentans. On peut donc dire que c'est un livre fait par un français, et revu, annoté, considérablement augmenté par toute la population des vingt-quatre États confédérés. J'ajoute que, par une circonstance singulière et des plus favorables à son dessein, l'auteur s'est trouvé en Amérique au moment même où s'y montrait à nu la faction démagogique qui s'est emparée du pouvoir, où s'y discutaient des questions, s'y débattaient des intérêts, et s'y élevaient des discussions dont les scandales ont passé tout ce qu'on y avait vu jusqu'alors de plus scandaleux : c'est au sein du Congrès même et dans ses séances les plus solennelles, que se sont montrées à lui toutes les turpitudes et les misères de ce gouvernement fanfaron ; c'est dans la résistance de la Caroline du sud, à son despotisme douanier et manufacturier, qu'il a saisi le secret de son inconcevable faiblesse.

Maintenant, si l'on considère que nous vivons dans des temps inouïs, où le projet de faire une république de l'ancienne et noble monarchie de France n'est pas abandonné par quelques révolutionnaires à la fois fourbes et fanatiques, toujours prêts, tant que dureront les mécomptes de leur ambition, à provoquer des révolutions et à se jeter au travers de leurs plus désastreux événemens ; si l'on considère qu'ils traînent à leur suite des populations entières qu'ils ont enivrées de leurs utopies, et que c'est principalement la république américaine qu'ils leur présentent comme la réalisation vivante de ces prospérités sociales dont ils préparent pour elles le très-prochain avenir, on considérera aussi ces lettres, non pas seulement comme une des peintures de mœurs les plus vraies et les plus curieuses qui aient jamais été tracées, mais encore comme un de ces ouvrages qui semblent apparaître providentiellement pour produire une révolution salutaire dans les esprits. Aussi, à en juger par l'impression qu'ont produite à l'étranger les publications qui en ont été successivement faites dans l'*Invariable* (1), impression telle, que sur-le-champ il en a été entrepris deux traductions, dont l'une sera publiée à Munich en même temps que l'ouvrage original en France, il y a lieu de croire qu'elles ne seront pas accueillies avec moins de faveur dans la patrie de l'auteur, et particulièrement par ceux qui cherchent la vérité de bonne foi, et comme dit l'Apôtre, *in simplicitate cordis*, et qu'il atteindra ainsi le but qu'il s'est proposé dans un tel travail, lequel est de dissiper sans retour une des

---

(1) Recueil périodique qui se publie à Fribourg en Suisse. Ce recueil n'a encore donné qu'une partie de ces Lettres ; et celles-là mêmes qui y ont été insérées reparaissent dans cette édition complète avec de nombreuses corrections, additions, etc.

plus funestes illusions qui aient jamais obsédé un malheureux âge où l'on ne vit que d'illusions.

L'auteur a voulu garder l'anonyme : son nom, malgré la célébrité européenne qui y est depuis long-temps attachée, ne pourrait rien ajouter à la puissance des témoignages dont sont appuyés ses récits. En le taisant, il a cru remplir un devoir à l'égard des personnes dont il était le plus habituellement entouré aux États-Unis ; car encore qu'il leur ait soigneusement caché, et son dessein, et ses recherches, et des travaux dont elles eussent probablement conçu quelque effroi, il ne serait pas impossible, s'il se nommait, qu'il ne leur arrivât d'être en butte à des avanies et peut-être à des persécutions, uniquement pour s'être trouvées avec lui dans des rapports de bienveillance mutuelle et d'hospitalité ; car telle est, dit-on, la férocité de l'orgueil américain, qu'au besoin il s'en prendrait à la nature entière des blessures qui lui sont faites, capable même, dans sa fureur, de ne pas épargner les objets inanimés.

LE COMTE O'MAHONY.

LETTRES

SUR LES ÉTATS-UNIS.

LETTRE PREMIÈRE.

New-York, le 16 Janvier 1832.

Arrivée à New-York. — Aspect général de la ville et du port. — Sa population. — Premier coup d'œil sur l'administration civile et politique des États dont se compose l'Union. — Basses classes. — Leur importance politique. — Protestantisme. — Religion catholique.

Votre curiosité me presse étrangement, mon cher ami. Je touche à peine la terre promise des libéraux; à peine ai-je eu le temps de parcourir les principales rues d'une des quatre ou cinq Babylones où s'accumulent tous ses scandales et toutes ses corruptions, d'une ville où les comptoirs de ses marchands, se multipliant chaque jour, afin de recevoir la foule altérée d'or et toujours croissante qui s'y précipite, s'élèvent déjà comme une nouvelle ville qui déborde l'autre et l'enveloppe de toutes parts; où l'un des plus beaux ports du

monde, formé par le confluent d'un grand fleuve
et d'un bras de mer, peut à peine contenir la multitude innombrable de navires de toutes formes,
de toutes grandeurs, qui y entrent ou qui en sortent, soit qu'ils reviennent de l'autre extrémité du
monde, soit qu'ils y retournent, soit qu'ils pénètrent à travers d'immenses solitudes dans l'intérieur du pays, toujours pour recueillir de l'or;
(car c'est ici la soif insatiable de cette courtisane
que l'Ecriture nous représente assise à la porte
des villes, et criant sans cesse : *apporte, apporte;*)
où enfin, au milieu d'une population affairée, sou-
cieuse, et qui, courbée sans cesse vers la terre,
n'a d'autre occupation que d'aller sur le port pe-
ser ses marchandises pour revenir au comptoir
vérifier ses factures et dresser ses bordereaux, j'ai,
non sans peine, rencontré un homme, c'est-à-
dire un chrétien qui m'entende, que je puisse
comprendre, et dont le bon sens et l'expérience
puissent m'expliquer le spectacle qui fatigue mes
yeux et le bruit qui importune mes oreilles. Et
vous voulez que, d'une main ferme, je déchire
déjà le voile couvert de paillettes et d'oripeaux
dont la main officieuse du libéralisme (1) couvre
la nudité des Etats *unis* ou *désunis*, comme vous
voudrez les appeler, et que je les montre à vos

(1) Je prends ici le mot dans sa véritable acception, qui est d'exprimer, ainsi que celui de *jacobinisme*, tout ce qu'il y a jamais eu,
dans le monde entier, d'impiété et d'esprit de révolte depuis Luther
jusqu'à nos jours.

amis d'Europe tels que votre bon sens vous les a
d'avance représentés !

Permettez-moi d'y aller plus doucement ; comme il ne s'agit pas moins que de me mettre en
contradiction complète avec les milliers de niais
et les millions de fourbes (et notez que je mets à
part M. le marquis de la F.... à qui il a été donné, par une exception unique peut-être dans l'espèce humaine, d'offrir au plus haut degré l'amal-
game de ces deux caractères) qui, depuis cinquante ans, n'ont cessé de visiter ce pays, pour
revenir en Europe faire des phrases poétiques et
sentimentales sur l'innocence patriarcale de ses
habitans, et de la politique transcendante sur les
merveilles de sa prospérité et les sublimes profondeurs de son gouvernement ; permettez, dis-
je, que je ne me hasarde dans une semblable
arène qu'armé de toutes pièces, c'est-à-dire, après
avoir recueilli tous les documens positifs et tous
les faits incontestables qui sont maintenant nécessaires pour raisonner contre les raisonneurs de
nos jours. C'est là le seul argument auquel ils
n'aient pu encore trouver de réplique, et je veux
m'épargner l'ennui de les entendre répliquer.

Avant d'entreprendre un tel travail qui ne
laisse pas que d'avoir ses difficultés, et qui exige
plus de soins et de recherches que vous ne parais-
sez le supposer, il m'arrive quelquefois de me
demander en quoi il peut être utile à des royalis-

tes et à des chrétiens. (J'entends de *vrais* chrétiens et de *vrais* royalistes.) N'ont-ils pas un *criterium* tout fait depuis long-temps et de tous points infaillible, au moyen duquel ils peuvent, à tous momens, et tant sur les hommes que sur les choses, porter un jugement irréfragable? C'est de s'enquérir de ce qu'en pensent les libéraux. Leur jugement connu, c'est le contraire qui est indubitablement vrai. Par exemple, disent-ils d'un homme que c'est un beau génie et un noble caractère? soyez assuré que c'est un cœur bas, un esprit faux et médiocre; que c'est un modèle de désintéressement? conseillez à celui qui aura quelque chose à craindre de son pouvoir ou de son influence, de ne l'aborder qu'une bourse à la main; que ses mœurs et sa probité sont des anciens jours? dans ce cas, ses mœurs vous seront plus que suspectes, et tout honnête homme, forcé de traiter avec lui, devra y apporter toutes les précautions qu'il ne manquerait pas de prendre s'il traitait avec un fripon..... De même, remontant plus haut, lorsqu'il s'agira de quelque multitude d'hommes rassemblés qu'ils appelleront *nation*, si ces braves libéraux vous font des phrases oratoires sur la sagesse de ses institutions, sur la candeur de son gouvernement, sur la liberté et la félicité dont elle goûte les douceurs, ne doutez pas que ses institutions ne soient mauvaises, son gouvernement pervers et même infâme, que sa prétendue prospérité ne cache une misère très-réelle, et, qu'au fond, sa liberté ne soit autre chose que la licence de la canaille ou le despotisme des démagogues (1).

Depuis quarante ans que la révolution a commencé et que les révolutionnaires se sont mis en évidence, cette manière de raisonner a toujours été la règle invariable de mes jugemens ; et je ne me rappelle pas qu'elle m'ait, une seule fois, induit dans quelque erreur considérable. Ainsi mon jugement était fait sur la république des Etats-Unis, avant que j'eusse posé le pied sur le sol du Nouveau Monde ; et la suite vous apprendra, je l'espère, que ce jugement était bon.

Puisque vous le voulez absolument, je puis du moins, avant de pénétrer dans la plaie de cette étrange nation, vous rendre compte de ce qui se

(1) Ainsi, à partir du commencement du dix-huitième siècle jusque vers la 30° année du siècle présent, il n'y avait qu'un cri d'admiration sur les perfections incomparables de la Constitution politique et religieuse de l'Angleterre ; et ce cri n'a cessé de retentir dans tous les degrés de l'échelle du libéralisme, depuis Montesquieu, le plus sublime des esprits faux et, comme l'a si heureusement dit l'illustre comte de Maistre, « le plus profond des esprits superficiels » jusqu'au *journal des Débats*, le plus hypocrite et le plus pédantesquement absurde de tous les journaux. Or, c'est maintenant un autre cri ; et suivant ces mêmes libéraux et ces mêmes journaux, « il » n'y eut jamais de gouvernement politique et religieux plus despo-» tique, plus rapace, plus insolent, plus oppresseur : il est devenu » tellement intolérable aux Anglais, qu'*être ou ne pas être* est pour » eux la même question que le renverser ou le laisser subsister. » De ces deux jugemens, lequel est vrai ? Encore un peu de temps, et nous aurons la réponse.

passe sous mes yeux, de ce que j'ai pu recueillir sans sortir de l'enceinte de New-York ; et j'y trouverai d'ailleurs cet avantage, que dans l'esquisse que je vais essayer de tracer de la ville la plus commerçante et la plus riche de l'*Union américaine*, vous aurez, à peu de chose près, une idée exacte et, si je puis m'exprimer ainsi, un portrait assez ressemblant de ses autres grandes villes de commerce, où vient s'engouffrer la meilleure part de sa population.

On n'est pas d'accord sur le nombre d'habitans que contient la ville de New-York. Les uns disent 250,000, les autres réduisent ce nombre à environ 200,000. De ces deux calculs, quel que soit le vrai, il n'en donne pas moins l'idée d'une ville supérieure en population aux plus grandes villes de France, Paris excepté, et sous ce rapport, égale à plusieurs capitales de l'Europe. Elle est presque entièrement bâtie en brique et sur le modèle des villes anglaises, dont ses maisons présentent à l'intérieur toutes les divisions ; c'est-à-dire, qu'elle en a la propreté et l'aspect uniforme et mesquin (1).

Cette population si nombreuse se compose de

(1) De même qu'en Angleterre, les maisons y sont peu élevées et les rues extrêmement larges. Mais ce qui est convenable et salubre sous un ciel humide et si souvent chargé de brouillards, produit l'effet contraire dans un climat où les hivers sont très-rigoureux et les chaleurs de l'été excessives. Dans ces larges rues de New-York, on ne trouve d'abri ni contre le froid, ni contre le chaud ; et il est aussi désagréable d'y marcher en été qu'en hiver.

banquiers, de négocians ou marchands en gros, de marchands en détail, de médecins, d'une nuée d'avocats et autres gens de lois, d'ouvriers dans presque tous les genres d'industrie que l'on exerce en Europe, sauf l'industrie manufacturière qui est ici dans sa première enfance; d'étrangers de toutes les nations, Anglais, Irlandais, Français, Allemands, Italiens, Espagnols, etc., qui y accourent, la plupart chassés de leur pays par la misère ou les réactions politiques, espérant y rencontrer la fortune, et n'y trouvant presque tous que les plus désastreux mécomptes; de matelots en très-grand nombre; d'une populace mêlée de blancs et de gens de couleur de toutes les nuances, se livrant, tant sur le port que dans la ville, aux travaux grossiers qui n'exigent que la force du corps; enfin d'une autre populace, incapable de prendre part à ces travaux et qui languit dans la plus hideuse misère. Je ne mets pas ici en ligne de compte les vagabonds, les voleurs, les incendiaires, les assassins, qui abondent à New-York autant et plus peut-être que dans les villes les plus corrompues de France et d'Angleterre; j'en parlerai plus tard.

De même, je ne parlerai ici qu'en passant de l'administration politique et civile de l'*État* de New-York. Son administration *politique* se compose, quant au pouvoir *exécutif*, d'un gouverneur assisté d'un sous-gouverneur; quant au pou-

voir *législatif* (pouvoir *législatif* et *exécutif* sont,
vous le savez, les deux mots sacramentels et les
deux conditions premières de tout gouvernement
qui *marche avec le siècle*), il est formé des
deux chambres (*convenues* encore en principe),
un sénat et une autre chambre désignée sous le
titre modeste d'*assemblée*. Le gouverneur, qui,
comme chez nous, envoie des *messages*, n'en
est pas moins le très-obéissant et même le très-
humble serviteur de cette législature, et toutes
ses fonctions exécutives se réduisent à exécuter
ponctuellement ce qu'elle a décidé. Le pouvoir
législatif ainsi constitué se rassemble à Albany,
ville peu considérable en comparaison de New-
York (¹), et qui en est éloignée d'environ 150
milles ; et c'est dans cette espèce de capitale que
réside ce gouverneur ou *pouvoir exécutif*. Il vit
là sans dignité, sans considération, au moyen
d'appointemens qui, m'a-t-on dit, ne passent
pas 60,000 fr. par an, et sur lesquels, s'il est
prudent, et qu'il n'ait pas en patrimoine des ressources assurées d'existence, il lui est loisible de
faire des épargnes pour le triste et obscur avenir
qui lui est réservé. En effet, comme on s'en occupe très-peu pendant qu'il est en place, vous
comprenez sans peine qu'on ne s'en occupe pas
du tout lorsqu'il a fait place à un autre (ce qui

(1) Sa population est d'environ 40,000 habitans.

arrive, je crois, tous les deux ou trois ans) (¹) : c'est un des priviléges les plus admirables des gouvernemens *à bon marché*, de laisser mourir de faim ceux qui se sont consumés à leur service, lorsqu'ils ont été assez maladroits pour les servir avec désintéressement. La suite vous en fera voir de plus illustres exemples que ne le peut être celui d'un gouverneur de l'Etat de New-York.

Cette administration politique de l'*État* de New-York est, sauf quelques modifications de peu d'importance, celle de tous les autres *États* de l'*Union*. Il en est de même de l'administration civile ou plutôt municipale de la ville même de New-York ; c'est celle de toutes les autres villes, grandes ou petites : elle est composée d'un maire et d'une corporation d'*Aldermen*, dont les fonctions sont de régler et de faire exécuter tout ce qui est d'intérêt public dans les limites de la cité, et non au delà. Ils ont à leurs ordres, et en commun avec les tribunaux (²), des constables et au-

(¹) Le dernier de ces gouverneurs, qui est mort subitement, était un athée déclaré, et tellement cynique dans sa profession d'athéisme, que l'Evêque protestant (feu le D. Hobbart) ne voulut pas permettre qu'aucun ministre de sa secte fît pour lui les prières des morts et assistât à ses funérailles. Il se nommait Clinton. Celui qui *règne* présentement (M. Throop) passe pour être livré à l'ivrognerie. J'ignore jusqu'à quel point cette réputation est méritée ; mais ce qui est certain, c'est qu'un journaliste de New-York lui ayant reproché ce vice et ayant été cité par lui devant tels tribunaux, n'y fut condamné que comme *libelliste* et non comme *calomniateur*.

(²) L'article des tribunaux, que vous aurez plus tard, sera curieux, je vous en avertis.

tres agens subalternes pour maintenir l'ordre et poursuivre les malfaiteurs. Cette dernière partie de leurs fonctions semble occuper ceux-ci exclusivement, et, en effet, ils ont fort affaire avec la quantité extraordinaire de scélérats de toute espèce dont New-York est infecté ; car, du reste, ils sont à peu près impuissans à faire exécuter le moindre règlement de police qui oblige les habitans, et, pour la plus grande partie de la population, le maire et les *aldermen* sont comme s'ils n'étaient pas, c'est-à-dire, et si je trouvais une expression plus énergique, je l'emploîrais, qu'ils sont encore moins considérés que ne l'est le gouverneur ou *Pouvoir exécutif* (1).

Par qui sont nommées ces différentes classes de magistrats ? Il va sans dire que c'est par le *Peuple souverain*. Or, vous imaginez-vous que ce soit ici, comme en France, une souveraineté d'abord à cent écus, ensuite, par un perfectionnement admirable, prodigieux, qui n'a pu être exécuté qu'au moyen d'une révolution et du renversement d'une dynastie, à 250 fr. par tête ? Vous seriez dans une grande erreur. Dans cette terre classique du gouvernement représentatif, on

(1) Toutefois il est vrai de dire que, nonobstant le peu de considération dont jouissent ces magistrats, et leurs chétives apparences, ils n'en sont pas moins le seul pouvoir fortement constitué qui existe dans les Etats-Unis, pouvoir effrontément rapace, insidieusement despotique, qui se nourrit d'intrigues et de déceptions, et se fortifie de l'anarchie même dont il est entouré : ceci sera expliqué.

opère sur des bases plus patriotiques et plus larges. Le citoyen qui scie du bois ou qui balaie la
rue, s'il a domicile depuis un an dans la cité (¹),
a sa part active de souveraineté ni plus ni moins
que celui qui a été ambassadeur ou ministre ; et
le vote de l'un a la même valeur que celui de
l'autre. C'est donc en définitive la canaille qui
nomme à tous les emplois publics : ce qui veut
dire, en langage *constitutionnel*, que toutes les
nominations se font ici *de par et au profit* d'un
certain nombre d'intrigans qui s'établissent les
meneurs de la canaille. D'où sortent la plupart
de ces meneurs ? C'est là une question que votre expérience en *matières de révolution* ne vous permettra pas de me faire, puisque je vous ai dit
qu'il y avait ici une légion d'avocats. Ne sont-ce
pas ces marchands de paroles qui ont bouleversé
la vieille Europe ? Partout où il y a corruption
des cœurs, anarchie des esprits, désordre social
en un mot, ne voit-on pas à l'instant cette race
funeste croître et se multiplier comme les mauvaises herbes dans une terre abandonnée ? Ah !
croyez que, si cette espèce d'hommes n'existait

(1) Depuis la présente année, cette condition a été réduite à *vingt-
quatre heures* de séjour ; et vous verrez, dans la suite de ces lettres,
qu'au moyen de deux faux témoins, un émigrant en guenilles peut,
en sortant du navire qui l'a amené d'Europe, être déclaré citoyen des
États-Unis, les faux témoins étant à la charge de celui qui le fait im-
matriculer, et lui-même recevant un *pourboire* par-dessus le marché.

nulle part, les Etats-Unis, constitués comme ils sont, les auraient inventés. Le Nouveau Monde est donc, de même que la plus belle part de l'ancien, la proie des avocats; et ici, comme en France et en Angleterre, tout est soumis à l'ignoble puissance du parlage. Ceci sera développé lorsque, de l'administration d'une ville ou d'un état, nous remonterons à l'administration générale ou gouvernement politique de l'*Union*. Je me réserve alors de vous offrir un tableau des *Polls* ou assemblées électorales. Même après tout ce que vous avez pu voir en ce genre, il vous étonnera.

« La loi est athée dans un gouvernement représentatif, et doit l'être » est une des paroles les plus frappantes de vérité qui aient jamais été prononcées, quoiqu'elle soit sortie de la bouche d'un avocat (¹). Ceci est vrai en Angleterre, nonobstant tant de phrases retentissantes qui, depuis près de deux siècles, y ont été débitées sur *Church and State*, inébranlable appui de la plus excellente des Constitutions politiques. Cela était plus vrai encore, s'il est possible, dans la France *monarchico-constitutionnelle*, faible et triste copie du gouvernement anglais, depuis sa chambre des pairs encombrée de sénateurs de l'Empire, jusqu'à son jury à la fois bête et populacier; dans cette France, jadis TRÈS-CHRÉTIENNE, où la charte de la restauration, en même temps qu'elle

(¹) M. Odillon-Barrot.

protégeait *tous les cultes*, n'en déclarait pas moins très-sérieusement « que la religion catho-» lique était la *religion de l'Etat*. » Mais cela est vrai surtout aux Etats-Unis, et plus franchement encore, plus logiquement, dans un accord plus parfait du principe avec les conséquences. Le gouvernement y est absolument séparé de toute religion, quelle qu'elle puisse être ; et cependant on ne manque pas de *religions* dans cet heureux pays. Ce serait calomnier ce gouvernement, que de dire qu'il protége celle-ci, qu'il tolère celle-là, qu'il en persécute une autre ; il ne s'en occupe pas le moins du monde. Il est même probable qu'il en ignore le nombre ; et il le saurait, et ce nombre serait plus grand ou plus petit, qu'il ne s'en occuperait pas davantage : en un mot, on peut dire qu'il professe l'athéisme dans toute sa naïveté.

Nous avons donc ici des *religions* de toutes les sortes et pour tous les goûts. Des presbytériens, des calvinistes purs, des méthodistes, des luthériens, des quakers, des anabaptistes, des frères moraves, des unitaires ou sociniens, des *Universalistes*, espèce de fous dont la croyance est que toutes les religions sont d'une valeur égale, qu'il n'y a point d'enfer, et que les bons et les méchans verront également Dieu face à face ; nous avons les divisions et les subdivisions innombrables de toutes ces sectes ; enfin nous avons les *Episcopaux*, les plus absurdes de tous par deux rai-

sons : la première, qui leur est commune avec
l'église anglicane, c'est que leur religion est celle
qui se rapproche le plus de l'église catholique, la
singeant de la manière la plus grotesque dans ses
mystères et ses cérémonies, s'épuisant en risibles
efforts pour la parodier dans son infaillibilité ; la
seconde, qui leur est propre, c'est que, les Anglais américains n'étant plus sous la domination
du roi d'Angleterre, on a peine à comprendre
comment ils peuvent encore le reconnaître pour
pape, ne le reconnaissant même plus pour souverain. Cependant tout le système du protestantisme épiscopal est fondé sur cette suprématie du
monarque des trois royaumes ; et, si vous ébran-
lez cette base, il tombe en poussière. Lorsqu'on
presse leurs ministres sur ce point délicat, ces dépositaires de la *vraie foi* et des *vingt-neuf articles* ne laissent pas que d'être un peu embarras-
sés ; mais ils reprennent leur assurance dans leurs
Pulpits au milieu de leurs dupes. Et les soi-di-
sans évêques avec leur soi-disant clergé gagnent à
ce métier de fort bons honoraires dont ils vivent
en famille très-*confortablement*, décidés qu'ils
sont à faire durer ce doux état de choses tant qu'il
pourra durer. Cette religion est celle des gens
comme il faut (1) ; et il n'en est point dont les
ministres soient aussi largement rétribués.

(1) Il y a ici telle église épiscopale, où un pauvre homme ne serait
point admis à faire son salut, et dont la porte ne s'ouvre que pour

Tout arbre portant son fruit, indifférence profonde en matières de religion ou fanatisme religieux, voilà ce que présente la population protestante des Etats-Unis. Au milieu s'élève, ou plutôt se montre dans sa plus profonde humilité, l'Eglise catholique, laquelle, dit-on, *s'accroît par degrés :* ce qui est vrai sous ce rapport que, chaque année, il arrive ici beaucoup de catholiques irlandais; ce qui semble plus que douteux sous tous les autres. Mais, quoi qu'il en puisse être, il n'est que trop avéré qu'elle est faible encore, extrêmement faible, que sa congrégation est jusqu'à présent la plus pauvre de toutes (1), et que tout ce qu'on a raconté en France de la rapidité de ses progrès et de ses conquêtes est extrêmement exagéré.

les fidèles qui descendent d'une voiture. Nous y reviendrons, et j'espère vous faire sourire en vous parlant des gens *comme il faut* de ce pays-ci.

(1) Dans l'Etat de New-York, l'un des plus riches de l'*Union*, elle ne possède pas encore un seul collége; et les membres de cette Congrégation qui veulent faire élever leurs enfans religieusement, sont obligés de les envoyer jusque dans le Maryland. Pour former un tel établissement, si utile, ou pour mieux dire, d'une nécessité absolue, l'Evêque de New-York (Mgr. Dubois), l'un de ces hommes qui rappellent les pasteurs de la primitive Eglise, n'a pas craint, à 70 ans, de traverser les mers et de parcourir la plus grande partie de l'Europe, faisant un portrait qui n'est que trop fidèle, de la pauvreté de son troupeau, et sollicitant de toutes parts la charité des Catholiques de l'Ancien Monde pour leurs frères du Nouveau. La Providence a béni la courageuse entreprise du pieux vieillard ; il vient d'arriver avec une somme suffisante pour faire bâtir ce collége ; et sans un tel secours, il est vrai de dire qu'il eût été impossible même de le tenter. Or, les sectes protestantes ont des colléges et de fort beaux colléges dans toutes les parties des Etats-Unis.

Cette fille du ciel, si l'on considère le point d'où elle est partie dans un pays que le protestantisme seul a créé, y a sans doute opéré des prodiges; mais il lui reste encore de grands obstacles à vaincre et qui demandent des prodiges nouveaux; car toutes ces sectes de mensonge, qui se haïssent entre elles, se réunissent naturellement, et comme par une sorte d'instinct, dans leur haine contre la seule croyance qui soit toute vérité. Elles tournent autour d'elle comme le lion autour de la proie qu'il cherche à dévorer; et, si l'intolérance était possible ici, ce serait contre la religion catholique, et par exception, qu'on se montrerait intolérant. Ne pouvant donc la persécuter, ses ennemis la poursuivent sans relâche de leurs absurdes et détestables calomnies. Quel que soit le zèle de ses ministres et même l'habileté de plusieurs d'entre eux, ils sont encore trop peu nombreux pour pouvoir lutter de toutes parts contre la malice et l'hypocrisie de ces innombrables ministres de l'enfer (1); et la lumière ne s'introduit que lentement au milieu de tant de populations dispersées, assises et retenues depuis si long-temps dans les ombres de

(1) Vous frémirez quand je vous tracerai le tableau des *Revivals*, *Camp-meetings*, etc., l'un des principaux moyens qu'ils emploient pour exciter et entretenir le fanatisme religieux des multitudes qu'ils traînent à leur suite, et quoique je désespère d'y mettre toute l'énergie que demanderait un tel sujet, vous me soupçonnerez peut-être d'y avoir mis de l'exagération.

la mort. Cependant le zèle vraiment apostolique de son clergé lui ramène, de temps à autre, des hommes de bonne foi et de *bonne volonté*, qui tous avouent, en entrant dans son sein, qu'ils ne s'en étaient tenus si long-temps éloignés que par ignorance de ce qu'elle est en effet. C'est cette ignorance, si soigneusement entretenue par les prédicans de toutes les sectes protestantes, qui arrête surtout ses progrès. Cet obstacle, je le répète, est grand et très-difficile à surmonter.

Je m'arrête ici, laissant à moitié achevée l'esquisse que je me proposais de vous donner en entier ; mais j'aime mieux la partager en deux que de mettre plus long-temps votre patience à l'épreuve. Dans ma prochaine lettre, je ferai en sorte de l'achever, et j'essaierai d'y développer plusieurs des points que je n'ai fait qu'indiquer dans celle-ci. Toutefois il est probable qu'alors je ne serai plus à New-York. Je me propose de commencer ma grande tournée aussitôt que la belle saison me permettra de me mettre en route. D'ici là, je ferai, je l'espère, amples provisions de notes, de manière qu'il me sera possible de vous parler encore de New-York en datant mes lettres de Philadelphie ou de Baltimore.

Adieu.

LETTRE II.

New-York, le 1. Mars 1832.

Tableau des mœurs américaines. — Licence populaire. — Ses effets.
— Classes supérieures de la société. — Leur hiérarchie et ses bases purement financières. — Commerce. — Industrie. — Leur
activité et leurs progrès. — Avidité du gain, trait caractéristique
de l'Américain. — Mauvaise foi commerciale. — Société dite du
premier rang. — Sa vanité et ses ridicules.

MON CHER AMI,

J'espérais vous écrire cette seconde lettre de
Philadelphie ; mais je suis retenu ici par un des
hivers les plus rigoureux qu'on ait éprouvés depuis long-temps dans cette partie des Etats-Unis.
Les rivières et les lacs, qu'on pourrait appeler les
grands chemins de la république américaine, de
même que les bateaux à vapeur en sont les dili-
gences, ne présentent de toutes parts que des surfaces glacées ou des glaçons flottans. Ce n'est guères que vers la fin de mars que les personnes pru-
dentes pourront s'y confier avec quelque sécurité.
Je passerai donc le reste de l'hiver à New-York.

Je tâche de n'y point perdre mon temps. De riches négocians à qui j'ai été recommandé, m'ont

introduit dans ce que l'on appelle en tout pays d'origine anglaise, la *fashionable* société. J'ai assez d'habitude de la langue pour faire mon profit de ce que je vois, de ce que j'entends, de ce que je puis recueillir de renseignemens plus ou moins importans, dans les conversations où je me plais à engager les personnes qui me paraissent le mieux connaître l'état présent et passé de leur pays. Il serait à peu près inutile de leur en demander davantage, car je n'ai pas encore rencontré un seul Américain qui eût la vue assez longue pour en prévoir le très-prochain avenir.

C'est donc seulement un tableau de mœurs que j'essaierai de vous offrir aujourd'hui ; et d'ailleurs la connaissance des mœurs de cette population étrange est nécessaire pour vous faire bien comprendre, lorsque je les traiterai, les questions plus élevées de son gouvernement politique et de l'influence qu'exercent sur elle ses innombrables croyances religieuses. Ce tableau embrassera toutes les classes de la société, et j'en puis tracer l'esquisse sans sortir de New-York. Cette ville, je vous le répète, est une espèce d'archétype, d'après lequel on peut se faire une *idée* exacte des grandes villes de l'*Union*, et même du plus grand nombre des petites.

Commençons, s'il vous plaît, par le bas de l'échelle. Lorsque je vous ai dit que le citoyen qui sciait du bois ou qui balayait la rue, avait droit de

voter pour la nomination aux grands emplois civils et politiques , et que son vote ne comptait pas
moins que celui d'un citoyen ambassadeur ou secrétaire d'Etat , je crois vous avoir donné l'idée
de l'égalité la plus complète , la plus *parfaite*
qu'il soit possible d'imaginer , d'une égalité telle
que la voulait autrefois chez nous le *père Du-
chesne* , telle que la conçoivent aujourd'hui l'honorable marquis de La Fayette (1) et le profond
correspondant du *Morning-Chronicle* , Monsieur O. P. Q. Vous pouvez maintenant vous figurer ce que peut être une populace *protestante*
qui possède de semblables droits , et que quel-

(1) Je vous ai déjà parlé de ce *grand citoyen* comme on l'appelle
dans l'argot révolutionnaire ; je vous en parlerai encore et plus d'une
fois peut-être. Le simple récit de certains faits qui le concernent et
qui se sont passés d'un bout à l'autre des Etats-Unis , pourra mieux
que les peintures les plus énergiques , me servir à constater la portée d'intelligence et ce qu'on peut appeler le *génie* du peuple américain.

Quant au correspondant à Paris du *Morning-Chronicle* , savez-
vous ce que c'est que ce Monsieur O. P. Q. ? Avez-vous jamais entendu
parler de cet illustre publiciste O. P. Q. ? C'est un écrivassier révolutionnaire de la dernière classe , que je suppose échappé du collège
de France ou de l'école de droit , et dont le métier est d'envoyer
plusieurs fois par mois , au journal des radicaux anglais , des sottises républicaines qu'il entremêle de prophéties sur ce qui arrivera ,
rappelant sans cesse comme il a bien prophétisé sur ce qui est déjà
arrivé , le tout d'un ton capable , doctoral , et avec des airs profonds
à faire mourir de rire. Les lettres de ce faquin politique sur les affaires de France et du continent (et c'est encore là un trait caractéristique) , sont ici l'évangile des libéraux français et américains ; et
dès qu'un paquebot a apporté une de ces lettres précieuses , les journaux se hâtent religieusement de s'en emparer et de la faire retentir
jusqu'aux extrémités de la république américaine.

ques parleurs ambitieux excitent sans cesse à les exercer. On chercherait vainement dans le monde entier une race plus insolente , plus turbulente , pénétrée d'un esprit de révolte plus farouche et plus audacieux. Abrutie par l'usage immodéré des liqueurs fortes (je parlerai plus tard et avec des détails inouïs , de ce fléau du Nouveau Monde) , exaltée par le fanatisme religieux le plus extravagant (1), lorsque sa dépravation ne l'a pas poussée dans l'autre extrême , c'est-à-dire , dans l'athéisme et dans toutes ses conséquences, elle a prouvé , chaque fois que quelque incident a allumé ses fureurs , qu'elle était capable de tout oser ; et il n'a pas été moins prouvé qu'on n'avait contre elle aucun moyen efficace de répression (2). Dans son sein

(1) Le presbytérianisme et le méthodisme sont les deux sectes dominantes au milieu de la population américaine.

(2) Voici ce qui s'est passé dernièrement sous mes yeux : un fabricant de meubles avait établi , dans un bourg , aux environs de New-York , des ateliers , afin de se soustraire aux salaires exorbitans qu'exigeaient les ouvriers de la ville , salaires qu'ils tarifent eux-mêmes dans leurs *meetings* , et auxquels les maîtres-artisans sont absolument forcés de se soumettre. Il pouvait donc fabriquer des meubles à un prix beaucoup moins élevé , et par conséquent les vendre à meilleur marché. Malheureusement pour lui , il imagina d'en faire un assortiment et de l'envoyer à New - York même , pour y être vendu aux enchères : au jour fixé pour la vente, un rassemblement d'ouvriers s'est précipité dans la salle , en a chassé l'*auctionneer* ou commissaire-priseur , et repoussé violemment les acheteurs ; en un clin d'œil , les meubles ont été tailladés à coups de couteau , mutilés, brisés , sans qu'il y ait eu , de la part de qui que ce soit , le moindre signe d'opposition à cet attentat contre l'industrie et la propriété. On semblait s'estimer heureux qu'ils n'eussent pas mis le feu à la maison ; et , en effet , il ne tenait qu'à eux de le faire avec la même impunité

se forment des scélérats de tous genres; chaque jour, les papiers publics présentent des listes effrayantes de crimes accompagnés des circonstances les plus atroces, qui se commettent dans toutes les parties des Etats-Unis, et vous verrez plus tard que les lois du pays, impuissantes à les prévenir, sont en même temps insuffisantes à les punir.

D'après ce que nous avons vu en France (c'est-à-dire à Paris), où, depuis quarante ans, il ne s'est fait qu'une seule révolution militaire sur dix révolutions dont les dernières classes du peuple ont été l'instrument, vous aurez peine sans doute à concevoir qu'une sorte d'ordre public règne encore aux Etats-Unis, surtout dans les grandes villes où il n'y a d'autre force armée et répressive qu'une milice, composée, pour la plus grande partie, de cette même populace américaine, assurément beaucoup plus effrénée et non moins dépravée que celle dont on se sert depuis si long-temps pour bouleverser et opprimer notre malheureux pays. En effet, il est indubitable que, non-seulement en France, mais encore dans quelque partie que ce pût être de la vieille Europe, un Etat, une ville, un village même, composés de semblables élémens, ne pourraient matériellement avoir huit jours d'existence; mais ici, des circonstances particulières, et même sans exemple, expliquent ce phénomène et le feront durer *encore un peu de temps :* c'est qu'il n'y a point, dans ces grandes villes de l'*Union*, la proportion numérique qui existe, chez toute autre nation, entre la basse classe et les diverses classes plus élevées de la société. Elle y est beaucoup moins nombreuse ; et bien qu'elle aille sans cesse s'accroissant, et que cet accroissement soit, de temps à autre, un sujet d'inquiétude passagère pour ceux qui peuvent craindre d'en être débordés, cependant il est vrai de dire qu'elle est encore contenue dans les limites de l'ordre public, et par son nombre relativement peu considérable, et par son propre intérêt combiné avec celui de deux classes d'hommes qui exercent sur elle une influence directe et continuelle : les négocians et les artisans chefs-d'ateliers. Ceux-ci, d'abord simples ouvriers, mais arrivés en Amérique à une époque où les arts mécaniques y étaient le moyen le plus sûr de faire fortune, sont maintenant au nombre des plus riches habitans des villes, par conséquent intéressés au maintien de la tranquillité ; et sous leur patronage, travaille et vit toute la population ouvrière. Celle qui n'a d'industrie que la force de ses bras, trouve dans les travaux du port, des magasins, du roulage des marchandises, de leur transport par mer ou sur les rivières, et par conséquent sous la protection du haut commerce, des moyens d'existence non moins sûrs et non moins abondans. L'extrême indigence n'est le partage que des plus débiles, des moins industrieux, de ceux qu'une débauche désespérée pousse au crime à travers la misère; d'où il résulte que ceux-là, en outre beaucoup moins nombreux, ne sont pas *politiquement* redoutables. Quant aux démagogues qui dirigent ces masses populaires, leur intérêt n'est point *encore* de les soulever; et ils y trouveraient d'ailleurs des obstacles difficiles à surmonter dans cette position des choses dont j'essaie de vous donner une idée. J'en ferai par la suite, sauf les modifications qu'elle devra nécessairement présenter, une application frappante à toutes les parties de l'*Union;* et vous pourrez comprendre comment cette merveilleuse république peut, comme je vous l'ai déjà dit, durer encore *un peu de temps.*

Peut-être serez-vous tenté de me dire : « Que » parlez-vous de basses classes et de classes éle- » vées? Là où les droits politiques sont les mêmes, » peut-il donc y avoir plusieurs classes de ci- » toyens? » En *droit*, la chose, toute monstrueuse qu'elle peut être, est vraie, de toute vérité, dans la république américaine; en *fait*, les lois naturelles et vitales de l'ordre social reprennent ici, comme ailleurs, et en dépit de la folie des hommes, leur irrésistible ascendant. Il y a donc ici cette inévitable hiérarchie des rangs, que présentent toutes les sociétés depuis la hutte du sauvage jusqu'au palais des rois, avec cette différence que cette hiérarchie, formée au sein d'un gouvernement dont l'absurde principe la repousse, est abjecte dans sa source, abjecte encore et de plus ridicule dans les lois arbitraires qui l'ont établie et qui essaient de la maintenir.

Elle est abjecte dans sa source; et en effet, dans ce système de la plus brutale et de la plus ignoble démocratie, il n'y a de différence possible, entre un homme et un homme, que le plus ou moins d'argent que possède l'un relativement à l'autre. Le mérite, les vertus d'un citoyen des Etats-Unis, les droits qu'il a à l'estime et même à la vénération de ses concitoyens, sont donc identiques avec la capacité de son coffre-fort; et cette vérité est si évidente pour tous les esprits, ce sentiment est si profondément gravé dans tous les cœurs, que, sur ce point, le langage n'a pu être soumis à l'hypocrisie du verbiage républicain : « M. tel *vaut* cent mille dollars ; MM. tels » en *valent* deux cent mille ; M. tel ! oh ! celui- » ci ne peut *valoir* moins d'un million de dol- » lars, etc., etc. » Telle est la locution consacrée à l'appréciation des membres vraiment *respectables* de la cité : elle revient sans cesse dans la conversation des Américains, et il est rare qu'ils sortent de ce cercle d'idées. Un Français, établi ici depuis dix ans, me disait que ce mot *dollars*, combiné avec deux autres mots, *Stock* et *Check* (¹), pouvait être considéré ici comme le fond de la langue, et qu'il était à peu près sans exemple que deux Américains eussent causé ensemble cinq minutes sans les avoir répétés une vingtaine de fois. Jusqu'à présent je ne me suis point aperçu qu'il les eût calomniés.

Il s'agit donc ici (et c'est l'*alpha* et l'*ômega* de la vie) de gagner de l'argent, puis de se servir de cet argent pour en gagner encore. Or, pour atteindre ce but vers lequel les poussent sans cesse les pensées insatiables de leur cœur, des Américains qui savent compter se gardent bien de cultiver la terre fertile dont ils sont entourés : c'est là un misérable labeur qui ne présente d'autre perspective à celui qui l'entreprend, que d'y vivre avec sa famille, simplement, médiocrement, et de lui laisser son modeste héritage aux mêmes conditions. En effet, cette terre qui, de toutes parts, attend des bras pour la cultiver, est à peu près sans valeur lorsqu'elle est sans culture, ou que la culture y a cessé : on pourrait presque dire qu'elle appartient au premier occupant (²) ; et

(1) *Stock* signifie le capital qu'on a placé dans une banque publique ; *Check*, le mandat qu'un propriétaire de *Stocks* tire sur cette banque.

(2) Ceci doit s'entendre plus spécialement des terres situées dans la partie-nord des États-Unis. Les *planteurs* qui en occupent le Sud, sont dans une position très différente. Je ferai plus tard connaître en quoi consiste cette différence ; mais d'avance, il est important de la faire remarquer.

l'on rirait au nez d'un homme qui prétendrait vendre une ferme, quelle qu'en pût être l'étendue, au delà de ce qu'en valent le défrichement, les bâtimens, le bétail et les instrumens de labour. Par conséquent, il n'y a point ici de fortunes territoriales, et de long-temps il ne peut y en avoir.

Le commerce et l'industrie, voilà donc les seules voies qui conduisent aux richesses : c'est dans ces voies laborieuses et périlleuses que se précipite, pour la plus grande partie, cette classe nombreuse d'Américains qui s'élève au-dessus des classes populaires ; et je ne sais si aucune langue pourrait exprimer les prodiges de sagacité, d'audace, d'activité, qu'a produits au milieu d'eux cette soif vraiment inextinguible de l'or dont ils sont dévorés. De même qu'il aurait fallu plus d'un monde à l'ambition d'Alexandre, le monde entier semble ne pas suffire à leur cupidité. Dans quelque coin ignoré du globe que la tempête ou quelque autre fortune de mer ait poussé un navire d'une autre nation, il peut être assuré, s'il y a là quelque trafic à faire, si petit qu'en soit le profit, d'y trouver le pavillon des États-Unis. Personne ne sait mieux qu'eux où il faut aller chercher des marchandises pour les avoir à bon compte, où il faut les porter pour en tirer le meilleur parti : il n'est point de marins plus expérimentés, plus hardis que les leurs, et cette hardiesse va jusqu'à la folie (1). Inférieurs aux Européens dans toute autre branche des arts mécaniques, ils égalent les plus habiles et même les surpassent dans tous les genres d'industrie qui se rapportent à la navigation. Pour l'élégance des formes, la marche, la légèreté, leurs vaisseaux, grands ou petits, sont supérieurs à ceux de toutes les autres nations : ils exécutent dans leurs fonderies, et principalement pour cet objet, des travaux immenses avec une promptitude et une facilité qui étonnent ; et, dans cette vaste contrée encore remplie de toutes parts de solitudes sans routes tracées, et où, par compensation, les lacs et les rivières, merveilleusement enchaînés les uns aux autres, forment comme une ceinture de communications qu'on ne parcourait, il y a vingt ans, que lentement, avec de grands travaux et des périls sans cesse renaissans, aujourd'hui des milliers de bateaux à vapeur vont et viennent à toutes les heures du jour et de la nuit, parcourant ces rivières et ces lacs avec la rapidité d'une flèche, achevant en quelques jours des voyages qui jadis demandaient plusieurs mois, portant, jusque dans les habitations les plus reculées et qui touchent le désert, des produits manufacturés qu'ils échangent contre les produc-

(1) On assure que, sur les navires de toutes nations qui se perdent chaque année par les naufrages, plus de la moitié appartient au commerce américain. Ils se hasardent avec des barques, où d'autres oseraient à peine se risquer sur de gros vaisseaux.

tions du sol (¹). A peine les Américains ont-ils reconnu et apprécié les bénéfices considérables que les chemins de fer rapportaient aux spéculateurs anglais, qu'un mouvement simultané s'est opéré au milieu d'eux; et deux années ne se passeront pas, sans que l'Amérique soit d'un bout à l'autre sillonnée de semblables chemins partout où on les jugera praticables et susceptibles de rapporter quelque avantage mercantile. La cupidité les emporte encore plus loin : plusieurs d'entre eux ont essayé et essaient encore d'élever, dans leur propre pays, des manufactures de tout genre rivales de celles de l'Europe, qu'ils prétendent ainsi follement rendre tributaire de leur sol sans réciprocité d'échanges; couvrant d'un vernis hypocrite de patriotisme leur amour du lucre, seul mobile de ces entreprises mal conçues, plutôt funestes qu'utiles aux Etats-Unis, et qui couvent dans leur sein un germe de révolutions et de discordes intestines (²). Enfin que vous dirai-je qui puisse vous donner quelque idée moins imparfaite, plus positive de cette frénésie commerciale ? car la peinture que je viens d'en es-

(1) On compte près de *cinq cents* de ces bateaux à vapeur sur le seul fleuve du Mississipi ; et ces bateaux ne ressemblent point à ceux que l'on construit en Europe : presque tous ont double appareil, double jeu de roues, et pour la dimension égalent des navires de 4 à 500 tonneaux.

(2) N'oubliez pas cette remarque importante : elle renferme une question vitale pour les Etats-Unis, et je la traiterai en son lieu.

sayer est fort au-dessous de la vérité. Sachez donc
que le gouvernement des États-Unis, n'ayant pas
d'autre revenu que le produit de ses douanes pour
entretenir et renouveler sa marine, soudoyer ses
forces de terre, payer les nombreux employés
qu'exigent son administration et le prélèvement
si étendu et si compliqué de cet impôt, élever ou
réparer les constructions militaires nécessaires à
la défense du pays, etc., etc. ; que ce gouvernement, dis-je, avec ce seul produit des droits d'entrée et de sortie, a trouvé le moyen, non-seulement de faire face à ces dépenses, mais encore
d'éteindre presque entièrement, et dans un petit
nombre d'années, une dette de près d'un *milliard*
de francs, que lui avait fait contracter sa dernière
guerre avec les Anglais.

Je viens de vous montrer les choses du beau
côté : car il y a, dans ce court exposé, de quoi
transporter d'admiration, faire pâmer d'aise ou
crever de jalousie, un industriel de la Chaussée
d'Antin, un chef de division du ministère de l'intérieur (section du commerce et des manufactures), ou un professeur de Cours d'économie politique ; mais, avant que je vous l'aie dit, vous
avez déjà vu où conduit ce mouvement continuel
et sans frein de toutes les passions cupides, où
aboutissent les pensées soucieuses de cette multitude d'hommes qui, sans cesse courbés vers la
terre, se consument sous le soleil à se former un

trésor ou à accroître sans mesure celui qu'ils ont
déjà su amasser : à des entreprises colossales et
hasardeuses, à des concurrences fatales qui à tout
moment viennent renverser de fond en comble
les spéculations les plus habilement combinées,
et envelopper dans une ruine commune le spé-
culateur et ses concurrens. Ces temps heureux
sont passés où un négociant américain, dirigeant
ses vues commerciales vers une branche quelconque d'importation ou d'exportation, y faisait
tranquillement décupler ses capitaux, nulle riva-
lité dangereuse ne venant jeter la perturbation
dans ses calculs et en déranger la marche progressive. Ainsi se sont faites, il y a trente à
quarante ans, les grandes et solides fortunes qui
dominent maintenant et absorbent toutes les autres. Les exemples et les succès de ces patriar-
ches du commerce étaient trop séduisans, pour
ne pas attirer bientôt des imitateurs sur leurs traces ; mais, comme ceux-ci s'y jetaient en grand
nombre et simultanément, dès ce moment les
bénéfices durent nécessairement se diviser, et,
en même temps qu'ils devenaient moins considérables, les chances de perte commencèrent à se
présenter. D'autres accoururent encore, et, par
l'effet immanquable de cet accroissement continuel, les choses allèrent sans cesse en empirant.
Pensez-vous que l'instinct de la conservation leur
ait enfin persuadé de s'arrêter au milieu des ca-

tastrophes toujours croissantes qui se succédaient autour d'eux? Le mouvement au contraire n'en est devenu que plus violent et la concurrence plus aveugle, plus effrénée. Dans cette progression, qui semble aujourd'hui ne pouvoir plus s'élever et qui échappe à tous les calculs, le père est ennemi du fils, le frère du frère, l'ami immole son ami : on dirait d'une guerre civile. Les marchandises que l'on importe, celles que l'on exporte, s'amoncèlent sur les ports, se succèdent sans relâche dans les marchés comme les flots de la mer qui les y jette ou qui les reçoit; dans ces départs et ces arrivages qui se précipitent ainsi les uns sur les autres, il suffit souvent de vingt-quatre heures pour faire révolution dans le cours d'une denrée, pour rendre désastreuse une affaire qui devait être lucrative; et, de même que le portefeuille de l'agioteur de Londres ou de Paris, trompant souvent toutes ses prévisions, renferme aujourd'hui sa fortune et demain s'ouvrira pour sa ruine, il en est de même ici des magasins d'un négociant. Les choses en sont venues à ce point, qu'un marchand en détail ose à peine se hasarder, chez le vendeur en gros, à faire sa provision pour le débit de quelques jours, incertain qu'il est de pouvoir l'épuiser avant qu'une fluctuation nouvelle dans les prix soit venue lui enlever son bénéfice légitime et son pain quotidien. Dans cette confusion effroyable, on a vu et l'on voit encore des commerçans (et ceux-là ne sont pas les moins ingénieux) importer des marchandises *avec la certitude d'y perdre*, et spéculer sur cette perte même par le calcul combiné des ventes *au comptant* qu'ils opèrent, et des paiemens *à terme* qu'ils font, soit à leurs vendeurs, soit à la douane, dont les recettes seraient impossibles, si elle n'accordait des crédits. Que si ce calcul périlleux n'a pas réussi, la banqueroute reste pour dernière ressource. Jusqu'à ce moment, elle n'a été soumise à aucune loi assez efficace pour l'empêcher d'être impunément frauduleuse : on peut dire que les créanciers d'un banqueroutier étaient à sa merci, et que, non-seulement c'était un moyen comme un autre de faire fortune, mais le moyen le plus sûr et le seul qui, sauf de rares exceptions et pendant une longue suite d'années, n'ait presque jamais manqué (¹).

Où sont donc les vraies fortunes, me direz-

(1) Voici comment , jusqu'à ce jour , les choses se sont passées : celui qui voulait spéculer sur une banqueroute, commençait par mettre en sûreté les débris plus ou moins considérables de sa fortune , en les faisant passer entre les mains d'un tiers. Ceci fait , il assemblait ses créanciers , déclarait sa faillite , et leur offrait un dividende de *tant pour cent.* Quel que pût être ce dividende, il n'y a presque pas d'exemple qu'on l'ait refusé , parce que dans ce pays-ci (et c'était un des plus précieux priviléges de ces *American-Freemen*) , un négociant n'étant pas tenu d'avoir des registres et par conséquent de justifier de ses pertes , le banqueroutier , placé par son savoir-faire dans cette position *insaisissable* , n'eût pas manqué , si ses créanciers se fussent montrés trop exigeans , de les en punir en ne leur donnant rien du tout. Son affaire *arrangée* , il recommençait tranquil-

vous ? Les vraies fortunes sont dans la propriété
des maisons de ville ; elles se composent encore
d'actions dans les mines, dans les canaux, dans
les grandes usines qui ont pour objet spécial les
fournitures de la marine, dans les banques particulières et autorisées qui s'élèvent de toutes parts,
qui se multiplient de jour en jour davantage,
et dont le privilége est de battre ou plutôt d'*imprimer* de la monnaie (¹), et de spéculer ainsi
sur les besoins extrêmes du commerce dont elles
finissent par absorber tous les profits. Il faudra
bientôt y joindre les actions sur les chemins de
fer. Or, ceux-là seuls qui possèdent de semblables propriétés sont à l'abri des tempêtes où s'en-
gouffre aujourd'hui la foule aventureuse des nouveaux commerçans ; seuls (et quelle que puisse
être l'origine de leur fortune), ces heureux citoyens jouissent d'une position où se trouvent à
la fois réunis l'éclat et la solidité ; et, parvenus
à ce point culminant *des vertus civiques*, à ce
degré *d'estime et de considération* au delà du-

lement son commerce, et presque toujours avec plus de crédit qu'auparavant. On assure que, dans les statuts dernièrement revisés, il se
trouve une loi dont l'objet est d'arrêter ce torrent de banqueroutes
frauduleuses, et que désormais le négociant en faillite sera tenu de
produire des livres de compte et de prouver qu'il a perdu. Cette loi,
si elle existe, arrive un peu tard.

(¹) On ne se sert ici de monnaie de cuivre ou d'argent que pour
les *appoints*. Tout payement au-dessus d'une gourde *inclusivement*,
se fait en billets émis par ces diverses banques.

quel, aux Etats-Unis, on ne conçoit plus rien, leur pensée s'est reportée avec complaisance sur eux-mêmes ; ils ont dit comme ce riche de l'Evangile : « Réjouis-toi, mon ame. » Et, après avoir reconnu qu'une semblable position devait porter avec elle toutes ses conséquences, ils ont songé sérieusement à se les procurer. Leurs honorables *Ladies* ont été appelées à les seconder (je me suis même *laissé dire* que ce sont ces dames qui ont pris l'initiative) ; un Barême à la main, on a créé des distinctions sociales, tracé des lignes de démarcation, et ainsi s'est formé le noyau du PREMIER RANG.

Il y a donc ici un PREMIER RANG ; et ceux qui, de leur autorité privée, l'ont créé et s'y sont exclusivement placés, ne lui ont pas, jusqu'à ce jour, donné un autre nom. Y a-t-il un *second*, un *troisième* rang, etc. ? Je n'en doute pas, en ce sens que tels qui ne sont pas admis parmi ces *primipiles* de la bonne compagnie, ne font pas pour cela société avec toute espèce de gens, par exemple que le *Jobber*, ou marchand qui vend à la pièce, ne déroge pas jusqu'au *Shopkeeper* ou boutiquier qui vend à l'aune, et ainsi de suite et même dans une progression descendante, dont les degrés sont plus nombreux et plus bizarres que vous ne pourriez l'imaginer. Mais, tout en considérant d'un œil jaloux ce PREMIER RANG auquel aspire un grand nombre, où quelques-uns pénètrent de temps à autre, dont beaucoup *sont repoussés avec perte*, il n'est pas un seul Américain, *vraiment digne de ce nom*, ayant conservé cette conviction intime qu'il a le bonheur d'être né *libre, indépendant, et membre de la première nation de l'univers*, qui n'étouffât plutôt que de convenir qu'il appartient au *second* rang, à plus forte raison au *troisième* ou à tout autre. On est donc ici du PREMIER RANG, ou l'on n'est rien du tout.

Or, ceci est pris sérieusement et à la lettre par ceux et surtout par *celles* dont se compose cette caste privilégiée. Le ton altier de nos anciennes grandes dames à l'égard de nos petites bourgeoises, l'insolence d'une pairesse anglaise, quand se rencontre sur son chemin la femme d'un banquier ou d'un *barrister*, sont de la politesse, comparés aux grands airs, à la morgue dédaigneuse des dames américaines du PREMIER RANG pour tout ce qui n'est pas inscrit sur cette liste sacrée; et cette compagnie *inférieure* est, à peu de chose près, pour ces nobles dames, au niveau de leurs femmes de chambre, de leurs nègres et de leurs cochers (1). Dans le principe, il suffisait

(1) Il est sans doute inutile de vous dire, qu'avoir une voiture est ici une condition de rigueur pour prendre place dans LE PREMIER RANG. Mais comme il est à propos que l'équipage de l'un ne soit pas confondu avec celui de l'autre, cet inconvénient a été sagement prévu ; et les grands seigneurs américains, qui font de l'aristocratie par la ville comme on joue des proverbes dans un salon, ont imaginé,

d'être riche de cette richesse que je viens de ca-
ractériser, pour obtenir de semblables lettres de
noblesse ; il faut maintenant quelque chose de
plus. Le temps, qui emporte, les unes après les
autres, les générations, n'a pas épargné les *aïeux*
de ces familles patriciennes : or leurs illustres
descendans font tous leurs efforts pour oublier
que ces braves gens, qui, pour la plupart, ont
tenu sur leurs genoux leurs ingrats petits-fils, furent long-temps (et à la vue d'une foule de leurs
concitoyens, dont plusieurs sont encore exis-
tans) bouchers, corroyeurs, tailleurs, cordonniers, vendeurs d'eau - de - vie au détail, etc.,
etc. ; une espèce de nuage commence à se former
sur leur tombe, où, *Dieu merci* pour leurs descendans, ils dorment leur sommeil : et les yeux
de ceux-ci sont tellement faits, que ce nuage,
d'une transparence extrême pour les autres, est
pour eux très-épais et s'épaissit de jour en jour
davantage. Il est donc décidé qu'une grande fortune ne suffit plus. On ne vous demande pas d'a-

en guise de *numéros*, de faire peindre sur les portières de leurs voitures, des fleurs, des coquilles, des oiseaux, etc. ; le tout renfermé dans une espèce de *champ* ou d'*écu*, et s'y détachant en couleurs *héraldiques*. De loin cela ressemble à quelque chose, et ce
n'est pas sans une adroite intention : ce sont, pour ainsi parler, des
armoiries *en herbe*, qui, avec le temps (et on l'espère, parce qu'on
le désire ardemment), se fortifieront dans leur racine et finiront par
porter leur fruit. L'Europe a eu ses croisades religieuses : l'Amérique s'enorgueillira quelque jour peut-être de ses croisades commerciales.

voir des *ancêtres* : au contraire, on met pour condition à votre noblesse de n'en plus avoir ; et, si tel est le malheur d'une *aspirante* au PREMIER RANG, qu'il lui reste encore un bon homme de père qui ait été, je ne dirai pas cordonnier ou tailleur comme les grands-pères de ces grandes dames, mais seulement marchand en boutique et même *instituteur*, il faut qu'elle en prenne son parti ; et, quelle que puisse être la position financière et commerciale de son époux, elle devra attendre, pour son admission au PREMIER RANG, que le bonhomme ait disparu de ce monde, et même que son deuil soit expiré. Je connais dans cette position critique une jeune dame fort jolie, de manières fort élégantes, qu'un talent musical très-distingué rend quelquefois essentielle dans certaines réunions, qui a la vanité puérile et obstinée de se mêler à ce PREMIER RANG, dont elle est constamment repoussée, et qui, tant qu'il y aura ici-bas certain vieillard qui a le droit de l'appeler sa *fille*, sera, pour les fières *Ladies* de ce beau monde, « une PETITE CHOSE *assez agréable.* » (*a little thing very pretty.*) J'ai entendu, de mes deux oreilles, tenir ce propos à son occasion, et dans une soirée dont elle avait été le charme et le principal ornement (1).

---

(1) On a vu ici, au milieu d'un bal où avait été présenté un *gentleman* qui avait le malheur de n'être pas du PREMIER RANG, on a vu, dis-je, une contredanse dans laquelle il allait figurer, s'arrêter à la

De cette liste de proscription sont exceptés les banqueroutiers opulens, par la raison que, sur dix chefs de ces races choisies, on en compte à peine un qui ne porte les stygmates de deux ou trois banqueroutes. La grande affaire est d'avoir manqué en vendant sa marchandise *en gros* : vendre au *détail* est un caractère indélébile de roture ; et, entre une barrique et un pain de sucre, on compte ici seize quartiers. Les banqueroutes les plus considérables sont ainsi les plus nobles, de manière que, plus on est banqueroutier, plus on a de chances pour devenir un homme comme il faut. Il va aussi sans dire qu'on déroge en se ruinant, et que celui à qui il arrive de perdre sa fortune, est à l'instant même dépouillé de toutes ses prérogatives et honteusement expulsé d'une société qui ne souffre point dans son sein de semblables souillures.

Les avocats sont du PREMIER RANG, ainsi que les médecins : les uns, s'ils ont beaucoup de pratiques ; les autres, s'ils ont beaucoup de cliens. S'ils ne remplissent ces deux conditions, ils n'y sont point admis ; s'ils se perdent, ils subissent

première mesure, et toutes les nobles figurantes se rasseoir d'un mouvement simultané. On m'a dit que la dame du PREMIER RANG, qu'il avait eu la témérité d'*engager*, était française d'origine et fille ou petite-fille d'un honnête gantier de la rue Saint-Denis à Paris. Mais *ses aïeux avaient vécu !*... Ce n'est pas, au reste, la première fois que la révolution nous a prouvé que l'orgueil plébéien était de la pire espèce et le plus monstrueux de tous ; mais pensiez-vous qu'il pût aller jusque là ?

la loi générale et en sont expulsés. En vous tra-
çant une faible esquisse de ces pitoyables et ridicules misères, qu'on m'accuserait d'exagérer
si j'en faisais une peinture plus forte et plus res-
semblante, je me trouve avoir barbouillé plus de
papier que je n'en avais d'abord l'intention. Je
m'arrête donc au milieu de cette partie comique
de ma narration ; et, si elle ne vous a pas semblé
trop ennuyeuse, je la reprendrai bientôt pour la
conduire jusqu'à sa fin.

Adieu.

LETTRE III.

New-York, le 1. Avril 1832.

Suite du même sujet. — Passion des dames américaines pour les titres nobiliaires. — Arrivée du marquis de La Fayette aux Etats-Unis. — Orgueil plébéien. — Ses effets singuliers dans ce pays. — Esquisse géographique de la république américaine. — Division naturelle des états en deux classes. — Cours remarquable des rivières. — Aspect général du pays. — Progrès de la population. — Causes réelles de ce progrès. — Formation progressive des villes et des villages dans l'intérieur du pays.

MON CHER AMI,

En terminant ma dernière lettre, j'ai exprimé quelque appréhension que ma faible esquisse des *notabilités* sociales des Etats-Unis et de leurs immenses et incomparables ridicules, ne vous semblât une caricature ; au moment où je commence celle-ci, il me tombe sous la main un journal (*the Mirror*) qui s'imprime à Washington, ville où réside, entouré de la plus exquise société qui existe à cinq cents milles à la ronde, le premier magistrat de cette *belle et heureuse* république, comme l'appelle le *National*. J'y lis le passage suivant que je vais transcrire fidèlement :

« J'aime une légère teinte de patriotisme dans » les femmes : ce n'est pas ainsi que sont les nô-

» tres. Il est rare que la simplicité républicaine
» ait pour elles quelque charme. Les titres, les
» honneurs, le luxe de la parure, voilà ce qu'au
» fond de l'ame elles préfèrent à tout. Ce qu'elles
» regrettent, c'est de n'être pas au milieu des
» splendeurs d'une cour; un Comte, un Duc,
» leur tourne la tête. Cette disposition vaniteuse
» de leur esprit les porte à considérer (et avec
» un retour douloureux sur elles-mêmes), comme
» au-dessus d'elles les femmes qui viennent des
» pays étrangers où existent de semblables dis-
» tinctions. Alors, on les voit rougir de leur pro-
» pre pays, et manifester une sorte de dégoût
» pour son gouvernement populaire, etc. »

Et cependant, lorsque M. le marquis de La
Fayette, le grand représentant populaire des deux
Mondes, revint il y a quelques années dans celui-
ci pour y *balancer ses comptes* (¹), on vit ces

(1) Il avait à régler une ancienne dette avec ses anciens amis d'outre-mer. Il s'agissait, dit-on, d'une fourniture d'armes qu'il leur avait
faite pendant cette guerre fameuse de *l'indépendance* où il a cueilli
ses premiers lauriers. Or, nos *Cincinnatus* modernes savent compter. Le *Fellow-citizen* des États-Unis avait donc pour principal objet de la visite qu'il faisait à ses frères, de se faire rembourser le capital et les intérêts de sa créance, peut-être même les intérêts des
intérêts. En conséquence, et à l'effet d'acquitter cette dette nationale, le congrès a voté d'enthousiasme une somme de deux cent mille
dollars (un peu plus d'un million. On assure que le capital de la dette
ne s'élevait pas à plus de quarante mille dollars, environ deux cent
mille francs), somme que le susdit *Cincinnatus* a jugée suffisante,
vu que, par dessus le marché, il lui a été fait un léger cadeau de
vingt-cinq mille acres de terre, qu'il a sur-le-champ mis en vente au
plus offrant. Ces terres sont situées dans les Florides; elles sont de

mêmes belles dames si affligées de n'être pas comtesses ou duchesses, se couvrir, de la tête aux
pieds, de sa noble effigie (¹), et lui rendre, pêle-
mêle avec la plus vile canaille, des hommages
qui ressemblaient à de l'adoration. On les a vues
depuis se livrer à des transports de joie frénétiques à la nouvelle des glorieuses journées, qui
détruisaient une cour où avaient figuré des duchesses et des comtesses, pour y substituer une
cour bourgeoise et un roi citoyen. Ce sont là
sans doute d'assez grandes contradictions : toutefois il est aisé de les expliquer par l'orgueil plébéien. Je ne pense pas que celui de Satan même
fût d'une pire espèce. C'est de l'*égalité* qu'il veut
avant tout, jusqu'à ce qu'il ait pu s'élever au-
dessus de tous. Ces dames ont donc applaudi à
cette grande œuvre de nos niveleurs, tout en soupirant après quelque révolution faite chez elles
en sens inverse des nôtres, et assez bien faite

première qualité, et valent encore pour le moins un petit million.
Ainsi, *le plus beau caractère du siècle* a accru son patrimoine, déjà
fort honnête, de plus de cent mille livres de rente, pour s'être fait
pendant plus de cinquante ans l'avocat du pauvre peuple, et avoir
sans relâche compati à ses misères. Ce n'est pas trop cher sans doute,
mais enfin ce n'est pas trop mal payé ; et toutefois je n'ai pas encore
entendu dire qu'il fût disposé à céder à *son client*, plus misérable et
plus affamé que jamais, la plus petite part des *honoraires* de ses touchantes plaidoiries.

(¹) Elles la portaient imprimée sur leurs rubans, sur leurs chapeaux, sur leurs ceintures, sur leurs gants et jusque sur leurs robes. On assure que ces aimables emblèmes de la reconnaissance nationale composaient en même temps une parure du meilleur goût.

pour procurer à leurs maris, et faire refléter sur elles ces titres qui, suivant l'occasion, sonnent si agréablement ou si désagréablement à leurs oreilles. A la tournure que prennent ici les choses, il serait téméraire de dire que « cette génération-ci ne passera pas » avant qu'une révolution si désirable soit arrivée : ainsi donc, en attendant ce dernier degré d'une parfaite civilisation, elles devront prendre patience et se contenter de voir ces Messieurs s'appeler *civilement* entre eux *Esquire*, mot qui malheureusement n'a pas de féminin dans la langue anglaise. Ces Messieurs sont donc *Esquires* de leur façon ; gardez-vous d'écrire à un Américain du *premier rang* sans lui donner de l'*Esquire* : vous passeriez pour un mal-appris, et il ne vous le pardonnerait jamais.

Néanmoins que quelque bourrasque contre-révolutionnaire jette sur les côtes de l'Amérique quelque chef de bandits politiques, quelque illustre proscrit échappé à la potence que lui destinait tel ou tel infâme despote, qui n'avait pas jugé à propos de se laisser détrôner ou massacrer, on verra aussitôt ces honorables citoyens, qui estiment à l'égal de la boue cette populace républicaine dont l'affluence les fatigue et les importune, qui affectent la politesse froide de nos grands seigneurs à l'égard de tout membre de la république dont la fortune est encore *roturière*, on les verra , dis-je , entourer, choyer, fêter l'intéressante victime ; ils rivaliseront entre eux à qui lui donnera le plus de marques d'estime et de sympathie ; et cet enthousiasme qu'elle inspire , ces politesses et ces prévenances dont on l'accable, se manifestent *inévitablement* par un dernier témoignage plus éclatant , lequel consiste en un grand dîner pompeusement annoncé dans les papiers publics , et auquel est admis tout *Gentleman* du beau monde qui consent à payer son écot. Ce dîner, pendant lequel débite qui veut sa harangue, et où il y a deux harangues *obligées* , celle du président et celle du convié , est ordinairement couronné par des *toasts* qui vous feraient frémir. Je doute que, dans les banquets du *Veau qui tète* , l'extrême gauche, réunie aux principaux membres du comité de l'Hôtel-de-ville et renforcée d'une députation des écoles Polytechnique , de Droit et de Médecine , en pût imaginer de plus effroyables (¹). Comment expliquerons-nous

(1) Un de ces dîners patriotiques a été donné ici depuis mon arrivée , pour célébrer la bienvenue du *général colombien Santander* , que Bolivar avait d'abord voulu faire fusiller *après tant d'autres* , qu'il s'était ensuite contenté d'exiler, et qui , lorsque les républicains de la Colombie ont été enfin délivrés de leur *Libérateur* , a été rappelé par eux afin d'essayer s'il ne pourrait pas à son tour *sauver la patrie* , déjà perdue et sauvée je ne sais combien de fois depuis leur *glorieuse* révolution. Je vous citerai quelques-uns des *toasts* inspirés par la présence de ce grand citoyen , *toasts* que l'on dit être au nombre des *plus modérés* qui aient jamais été portés en semblables occasions. Vous y trouverez de tout : de l'ignorance, de la niaiserie , et même un peu d'atrocité. — « Aux constitutions *écrites* , IN-

ces *anomalies*, comme on dit dans notre jargon parlementaire ? encore par l'orgueil plébéien, lequel s'élève par-dessus les montagnes lorsqu'il peut sans péril se complaire en lui-même en foulant aux pieds les autres, puis se plonge dans des abîmes de fange, du moment qu'il s'agit de ne pas compromettre la popularité à laquelle il doit ses succès, et sur laquelle sont fondées ses espérances.

De ces sommités sociales, que nous aurons occasion de visiter encore, redescendons vers le peuple souverain qui pendant ce temps poursuit sa marche et va droit à toutes les conséquences de sa souveraineté, sans s'inquiéter, et peut-être

» VESTÉES par les peuples du Nouveau Monde pour gouverner ceux
» qui les gouvernent ! — Au gouvernement fédéral-représentatif, la
» plus heureuse des découvertes dans la science des gouvernemens !
» — A la mémoire du général Miranda, qui le premier alluma le
» flambeau de la liberté dans la Colombie et fut la première victime
» de la tyrannie et de la trahison ! — A don Thomas GENER (ledit
» Gener PRÉSENT) qui, étant président des Cortès d'Espagne, *a*
» *épargné un tyran dont la vie était entre ses mains* et en a obtenu
» l'exil pour récompense ! — A l'heureux jour où les patriotes de l'A-
» mérique du Sud seront reçus en Espagne par leurs frères, et ceux
» d'Espagne par les patriotes de l'Amérique du Sud ! — Aux braves
» et malheureux Polonais (toast *obligé*) ! — A notre ami et conci-
» toyen La Fayette, le constant défenseur des droits de l'homme et
» de l'égalité (toast *obligé*) ! » Les *toasts* finis, un chanteur nouvellement arrivé de Paris, a chanté *la Parisienne* ; le vice-président
de la fête, homme du *premier rang*, s'il en fut, et qui *vaut* près d'un
million de gourdes, a chanté *la Marseillaise* ; et il est probable
que si l'on eût vuidé encore quelques bouteilles de Champagne, on
aurait dansé la *Carmagnole*. Toutes ces belles choses ont été publiées
le lendemain dans les journaux.

même sans se douter de ces farces aristocratiques qui se jouent autour de lui et en pleine démocratie (¹). Ici il n'y a plus sujet de rire : il n'y
eut jamais rien de plus sérieux. Il s'agit maintenant de pénétrer jusque dans les entrailles de la
belle et heureuse république, et de montrer à

(1) Cependant le voile qui couvre encore à moitié ces risibles mystères ne tardera pas à être entièrement déchiré ; car les journaux de
la faction populaire commencent à jeter le ridicule à pleines mains
sur la noble coterie. A l'occasion d'un projet de bals à l'imitation des
Almacks de Londres et de Brighton (*), formé par les plus *précieuses* dames du *premier rang* de la cité, voici l'avis qui vient d'être
inséré dans une feuille de l'opposition (*Morning Courier* et *New-
York Enquirer*) : « On demande six ladies *patronesses* (joli mot em-
» prunté aux Anglais, et que notre bonne compagnie de Juillet vient
» aussi d'introduire dans son dictionnaire), pour se mettre à la tête
» des *Almacks* de New-York, décider des admissions et des exclu-
» sions, déterminer avec une exactitude scrupuleuse d'où sort ce-
» lui-ci et d'où vient celle-là, et bannir sans réserve de la société
» toute espèce de *petites gens*. Elles devront être d'une naissance
» distinguée, prouver par leur arbre généalogique que, depuis la
» quatrième génération, il n'y a eu dans leurs familles ni blanchis-
» seuses, ni tailleurs, ni cordonniers, etc. Elles devront aussi en-
» tendre le français et un peu l'italien, savoir au juste quand il faut
» crier *Bravo* dans un concert et marquer la mesure par un mouvement
» de tête aux soirées musicales du samedi. »

« Et, par *Post-Scriptum* : On ne recevra aucune recommandation
» venant de *Boweri*, et du quartier de l'Est (deux quartiers habi-
» tés en grande partie par de petits propriétaires et des gens du peu-
» ple). N. B. On exige comme condition de rigueur une connaissance
» parfaite de la *Walse*, de la *Galopade* et de la *Mazourka*. »

(*) *Almack* est le nom des bals ou fêtes mêlées de danses que donnent les princes indiens. Dans ces bals de Londres et de Brighton qui en étaient une imitation, et auxquels
présidaient des dames de la cour, on n'admettait que des personnes de la plus haute
qualité ; c'était comme une sorte d'épuration que l'aristocratie anglaise faisait dans son
propre sein. Cette manie a duré quelque temps, et ensuite on y a prudemment renon-
cé. Les *ladies* de la république américaine se sont montrées plus féodales que les patronesses d'Angleterre.]

tous les yeux le mal honteux et incurable qui la
dévore. Ce serait une tâche difficile à remplir, et
je risquerais même de n'être pas parfaitement
compris, si je ne vous donnais d'abord quelque
idée de ce singulier pays, plus ou moins inexac-
tement décrit jusqu'à ce jour par les géographes
et par les voyageurs.

Toutefois mon intention n'est pas de vous éta-
ler beaucoup de science géographique; et vous
n'attendez pas sûrement de moi des lettres telles
qu'aurait pu en écrire Maltebrun de *compilante*
mémoire, lequel a fait je ne sais combien de fois
le tour du monde sans quitter le coin de son
feu (1). Mais quelques détails de ce genre sont
pourtant nécessaires ici.

Jetez les yeux sur la carte des Etats-Unis : vous
y verrez qu'ils occupent un territoire qui, au
nord, touche presque le golfe Saint-Laurent et
s'étend au sud jusqu'à l'extrémité des Florides,
et qui, de l'est à l'ouest, a pour bornes les côtes
de l'Océan et les bords du Mississipi. Par delà ce
fleuve, cette république prétend être propriétaire d'une terre plus considérable encore que
celle sur laquelle sa population est répandue, et

(1) Je viens de parcourir ce qu'il dit des Etats-Unis dans sa *Géographie universelle* : il y copie les Voyages qu'il a sous la main ; il
en cite les auteurs ; et par conséquent lorsqu'il se trompe, ce qui lui
arrive presque à chaque page, ce sont ces voyageurs qui en répon-
dent. Mais M. de Châteaubriand qui prétend *avoir vécu parmi les
sauvages*, où a-t-il rêvé ce qu'il en raconte ?

qui n'est bornée que par l'Océan Pacifique. Mais comme cet espace immense, à l'exception de quelques petits territoires, se compose de solitudes, habitées seulement par des bêtes fauves et des sauvages, je considère cette souveraineté des déserts comme fort au-dessous de celle de Sancho-Pança dans l'île de Barataria.

A voir ces républicains s'étendre ainsi sur la carte, il semblerait qu'à l'étroit et mal à l'aise sur un espace qui n'a pas moins de 600 lieues en longueur et dont la largeur est d'au moins 300 lieues, ils menacent déjà de le déborder. Ces proportions gigantesques, et ces prétentions plus gigantesques encore, imposent à nos gobe-mouches politiques et inspirent quelquefois de bien belles phrases à nos journaux libéraux (1). Cher-

(1) « Chaque message du président des Etats-Unis au Congrès, » disait le *Messager des Chambres*, est digne des *méditations* de » l'homme d'Etat par la grandeur du tableau qu'il y déroule, et plus » encore par la comparaison *instructive* à laquelle il donne lieu avec » les Etats de la vieille Europe. — » *Risum teneatis?* A la vérité, ce profond publiciste ajoute : « qu'il convient de mettre en ligne de » compte les différences *d'origine et de position*, pour ne pas tomber » dans les erreurs de ceux qui cherchent dans l'Amérique un *modèle* » *absolu* sans avoir égard à ces différences. » Ainsi, nonobstant son admiration pour les messages du général Jackson, grand publiciste lui-même et grand orateur, comme tout le monde sait, un libéral français a quelque idée que les constitutions américaines pourraient bien ne pas être un modèle *absolu* de gouvernement pour la France *régénérée*, et peut-être même pour les autres nations de la vieille Europe *après leur régénération*. Il faut lui savoir gré de cette lueur de sens commun.

D'un autre côté, dans ses lettres spirituelles et *absurdes* sur la liste civile, M. Cormenin s'extasie sur les honoraires de ce suprême

chons le vrai, et tâchons de le trouver au milieu de ce pays perdu.

Les cartes géographiques (du moins celles que j'ai sous les yeux) partagent les Etats-Unis en trois grandes divisions. Les Etats du *nord*, au nombre de cinq, y composent ce que l'on appelait autrefois la *Nouvelle-Angleterre ;* et, commençant au nord à l'extrémité de l'Etat du Maine, ils ont pour frontières à l'ouest l'Etat de New-York, et se terminent à l'extrémité-sud du continent, que borde de ce côté le détroit de *Long-Island*. On y appelle Etats du *milieu* celui de New-York, le New-Jersey, la Pensylvanie, la Delaware, le Maryland, la Virginie, la Caroline du Nord et quelques autres ; enfin sont appelés Etats du *sud* ceux qui, partant de ce point, sont bornés par l'Atlantique et par le golfe du Mexique

magistrat de la plus admirable des républiques. « Il reçoit cent vingt-
« cinq mille francs par an, ni plus ni moins, s'écrie-t-il, et c'est
« un président des Etats-Unis ! Entendez-vous ? Un président des
« Etats-Unis !..... » M. Cormenin qui, si je ne me trompe, s'est successivement appelé DE Cormenin, puis VICOMTE DE, n'a-t-il pas été
préfet sous les Bourbons, dont il parait faire aujourd'hui assez peu
de cas ? Je ne sais ; mais j'ai quelque idée qu'il occupait une place
dans la haute administration ; et tout me porte à croire que si le
Chef de cette *misérable* famille lui eût offert une préfecture, il l'eût
très-bien acceptée. Eh bien ! je puis assurer que M. le VICOMTE
DE Cormenin *préfet*, aurait eu réellement, je ne dis pas seulement
dans l'administration de son département, mais même dans le gouvernement d'alors, plus de pouvoir, d'influence, et surtout de
considération, que n'en obtient le Président des Etats-Unis depuis
le fleuve St-Laurent jusqu'à l'extrémité des Florides. C'est ce que
je me fais fort de prouver.

jusqu'à la Nouvelle - Orléans , et ensuite par le Mississipi jusqu'au Kentucky.

Il est possible que ces trois divisions semblent bonnes à des géographes; mais, pour ceux qui s'occupent encore d'autre chose que de géographie en étudiant la statistique des peuples civilisés , ou *soi-disant tels* , les Etats-Unis ne présentent en effet que *deux* grandes divisions : les Etats du nord , où l'on ne cultive et ne peut cultiver que le blé et les autres productions du sol européen , et les Etats du sud , où l'on se livre presque exclusivement à la culture des productions coloniales. En adoptant cette division si naturelle , l'Etat de New-York , le New-Jersey , la Pensylvanie , l'Ohio , l'Indiana et l'Illinois prendront place , avec la *Nouvelle - Angleterre* proprement dite , dans la première division ; tous les autres Etats seront placés dans la seconde. En effet , là où commence la culture des produits coloniaux , là commence l'esclavage. Il y a là comme une ligne de démarcation qui nous offre deux peuples de mœurs très-différentes et d'intérêts encore plus opposés. C'est ce que nous verrons plus tard.

Au milieu de cette vaste contrée , et à partir des bords du fleuve Saint-Laurent , s'étend une longue chaîne de montagnes que l'on nomme les Alleghanis ou Apalaches , laquelle se partage en diverses branches que distinguent entre elles des dénominations différentes , et vient se terminer au nord de la Géorgie. Ces montagnes donnent naissance à d'innombrables rivières ; mais, ce qui est remarquable, et ce dont il n'y a peut-être d'exemple en aucun autre pays du monde, c'est que beaucoup de ces rivières, parmi lesquelles plusieurs ont un très-grand volume d'eau, au lieu de couler dans les vallées qui séparent les branches des Alleghanis, et par conséquent de courir dans leur direction du nord-est au sud-ouest, s'ouvrent une voie à travers les crevasses que présentent ces montagnes, et, après s'être précipitées en cascades plus ou moins considérables du haut des lits de granit qui leur servent de base, vont se jeter dans l'Océan Atlantique, leur cours se dirigeant du nord-ouest au sud-est, et formant ainsi presque un angle droit avec les diverses branches de montagnes qui règnent de ce côté. Celle de ces branches qui s'étend à l'ouest et qui est la plus élevée, donne de son côté naissance ou sert de passage à de nombreux courans d'eau, qui, suivant une route opposée, se jettent, ou directement ou par l'Ohio, dans le Mississipi. Avant de se jeter lui-même dans le golfe du Mexique, ce grand fleuve reçoit encore, de la rive opposée, d'autres rivières, parmi lesquelles il faut distinguer le Missouri, qui, après un cours de près de mille lieues à travers le désert, arrose l'Etat qui porte son nom et vient près de la ville Saint-Louis apporter au grand *Méchascébé* (com-

me dit si bien l'auteur d'Atala) le tribut immense
de ses eaux. Enfin, dans le golfe du Mexique, viennent encore se décharger beaucoup de grandes
et de petites rivières qui, depuis les Florides
jusqu'aux frontières de la Louisiane, traversent
les Etats situés à l'extrémité-sud de la république
américaine.

Le détail de ces rivières, de leur nom, de
leur cours, serait infini : je me garderai bien de
l'entreprendre ; et, pour mon dessein, il me suffira de vous dire qu'aucune autre contrée du
monde n'en offre comparativement un aussi grand
nombre, et ne contient un aussi grand volume
d'eau. Ajoutez à cela que toutes les côtes des
Etats-Unis, depuis l'Etat du Maine, situé à leur
extrémité - nord, jusqu'à l'embouchure du Mississipi, sont irrégulièrement percées, déchirées,
et en quelque sorte dentelées par une infinité
d'anses et de baies plus ou moins profondes, qui
généralement ne sont séparées entre elles que
par des bandes de terre très-étroites ; et vous pourrez concevoir le parti qu'il était possible de tirer
de ces accidens de la terre et de l'eau pour établir des communications intérieures. C'est ce
que les Américains ont su faire avec une activité
et une habileté qu'il faut admirer, quoique l'a-
mour effréné du lucre ait été le seul mobile de
ces grands travaux ; et je le fais d'autant plus
volontiers, que l'occasion pour moi sera rare

d'éprouver pour eux le sentiment de l'admiration.

La côte entière du pays a donc été sillonnée de canaux au moyen desquels de petites embarcations, et même des bateaux à vapeur de moyenne dimension, traversent les anses et les baies, parviennent à l'embouchure des rivières, les remontent, et à de certaines distances rencontrent d'autres canaux qui, par une correspondance non-interrompue, les conduisent de rivière en rivière, et les portent ainsi avec facilité et rapidité sur presque tous les points de l'intérieur. Là où les canaux ne sont pas praticables, on perce des routes, et même l'on établit des chemins de fer, qui se prolongent jusqu'à la rivière la plus prochaine. Ainsi tout se touche, pour ainsi dire, à des distances qui effraient presque l'imagination.

Pour me faire mieux comprendre, je citerai quelques exemples. Je vous ai déjà parlé de l'Ohio, grande rivière qui, prenant son cours à l'ouest des Alleghanis, va se jeter dans le Mississipi. Cette rivière étant déjà navigable à Pittsburg, petite ville de la Pensylvanie, on y parvient de Philadelphie par les canaux, et par conséquent de tous les points de la côte Atlantique; d'où il résulte que, par cette voie, tous les Etats du nord peuvent porter leurs produits à travers les Etats que l'Ohio parcourt jusqu'au Mississipi, où d'innombrables bateaux à vapeur les prennent et les transportent à la Nouvelle-Orléans, c'est-à-dire aux

dernières limites du pays vers le sud. A droite et à
gauche, le premier de ces deux fleuves reçoit dans
son sein beaucoup d'autres rivières grandes et petites, qui servent de communication aux points en-
vironnans ; et si telle rivière s'en détourne à une
certaine distance, et que le pays qu'elle arrose
offre quelque exploitation lucrative, un canal en
opère à l'instant la jonction : et aussitôt les terres prennent de la valeur et la solitude commence à se peupler. Ainsi communiquent avec
l'Ohio, outre les Etats du nord déjà cités, celui
qui porte son nom, le Maryland, la Virginie, le
Kentucky, l'Indiana, l'Illinois, le Ténessée ; et cependant tous ceux de ces Etats qui sont bordés par
la mer Atlantique ont en outre de grandes rivières
qui viennent s'y jeter, et qui leur fournissent sur
ce point opposé des communications encore plus
avantageuses. C'est à son grand canal, qui, partant du lac Erié dont les eaux l'alimentent, va
se jeter dans l'Hudson au-dessus d'Albany, après
avoir parcouru un espace de près de 300 milles,
que l'Etat de New-York doit en partie les accroissemens prodigieux qu'il a pris en un si petit
nombre d'années (¹). Par ce canal et par toutes

(1) Il les doit aussi à son excellent port, situé au confluent d'un
bras de mer et d'une grande rivière, plus spacieux, mieux abrité
qu'aucun autre port des Etats-Unis, et qui présente cet avantage, que
les vaisseaux du plus fort tonnage peuvent, non-seulement toucher
les quais de la ville, mais remonter par la rivière soixante mille
au delà.

les rivières latérales, les produits du commerce
étranger sont rapidement portés d'une extrémité
à l'autre de cet Etat, ainsi que dans tous les Etats
intérieurs de la partie nord, qui ne s'étendent
pas jusqu'à la mer ; là, on les échange contre les
productions territoriales. Les Etats intérieurs de
la partie sud sont explorés de la même manière
par la voie du Mississipi, qui, comme je vous
l'ai déjà dit, est couvert de bateaux à vapeur (¹).

Maintenant que je vous ai donné un aperçu
de la statistique des Etats-Unis, vous pourrez
plus facilement vous faire une idée de l'aspect général du pays, et, si je puis m'exprimer ainsi,
parcourir les degrés de l'échelle sur laquelle est
placée sa population.

Avant que la cession de la Louisiane eût ouvert le Mississipi à la république américaine, elle
n'avait d'autres communications extérieures que
ses ports de l'Atlantique, et sa population était à
peine la moitié de ce qu'elle est aujourd'hui. Il
en résultait nécessairement que cette population
si faible, se rassemblant autour des ports de mer,
où ceux qui ne se livraient pas au négoce et aux
arts mécaniques trouvaient encore plus de terre
qu'ils n'en pouvaient cultiver, le reste de son im-

(¹) Ces bateaux à vapeur ne s'arrêtent point à cette partie du fleuve
qui borde les Etats-Unis. On les voit souvent remonter dans le désert et tant que le fleuve est navigable, c'est-à-dire jusqu'au fort St-
Antoine, pour y faire le commerce des fourrures avec les sauvages.

mense territoire était alors , de même que le sont
encore la plupart des terres qu'elle possède au
delà du Mississipi, abandonné aux bêtes fauves
et aux Indiens. Aussi les voyageurs qui ont donné
des descriptions des Etats-Unis il y a vingt ans ,
s'accordent-ils à les représenter comme le pays
de l'aspect le plus triste et le plus affreux qu'il y
ait au monde. « Une forêt immense , sans bor-
» nes , dit l'un d'eux (1), coupée par de rares in-
» tervalles où apparaissent de misérables petits
» villages que bordent des étangs et quelques
» champs ensemencés; des rivières et des torrens
» qui parcourent cette forêt dans diverses direc-
» tions ; à l'Ouest , d'innombrables petits cou-
» rans qui vont se jeter dans le Mississipi ; à
» l'Est , une côte basse et aplanie entrecoupée
» de marécages , sur laquelle s'élèvent six gran-
» des villes et un grand nombre de petites, toutes
» bâties en briques ou en bois : partout des ar-
» bres gigantesques ou une terre couverte et hé-
» rissée d'arbustes. De quelque côté que l'œil se
» tourne, un sol fangeux, une atmosphère épaisse,
» une nature inculte et sauvage ; tel est l'aspect
» général de la contrée. »

Cette population des Etats - Unis, composée
alors d'environ sept millions d'hommes , était ,
ainsi qu'elle l'est encore aujourd'hui , un mélange de presque tous les peuples de la terre , de

(1) M. Félix de Beaujour.

blancs d'Europe, d'esclaves noirs transportés d'Afrique, de sauvages ou Indiens indigènes, etc. Il n'est pas besoin de dire que les blancs d'Europe, sans comparaison les plus nombreux (ils étaient et sont encore avec les noirs et gens de couleur dans le rapport de *six* à *un*), ont toujours été les maîtres du pays et y jouissent seuls des droits politiques.

Ainsi donc, pressée sur les bords de la mer, où tout présentait l'aspect d'une civilisation empruntée aux peuples européens, la population des États-Unis, à mesure que l'on avançait dans les terres, devenait plus rare. Par l'effet de l'isolement, les mœurs y étaient plus grossières; et le voyageur qui avait le courage de pénétrer jusque dans l'intérieur du pays, finissait par se trouver au milieu de solitudes effrayantes, parcourues seulement par quelques chasseurs et quelques bûcherons, presque aussi sauvages que leurs anciens habitans.

Ce sont les révolutions de l'Europe, les désastres des colonies, surtout la cession de la Louisiane, et l'introduction des bateaux à vapeur qui ont changé la face des États-Unis, et avec une rapidité qui tient du prodige. Chassées de leur pays par la misère ou par la proscription, des peuplades d'émigrans vinrent chercher un refuge dans un pays où la terre, pour ainsi parler, était au premier occupant, et où le travail de leurs

bras pouvait leur fournir des moyens d'existence,
que partout ailleurs ces malheureux auraient vainement demandés. Ces nouveaux venus apportaient avec eux ou des industries nouvelles, ou
des perfectionnemens aux industries déjà connues ; à mesure que les communications s'éten-
daient, les terres les plus rapprochées des côtes,
ou situées sur les rivières les plus faciles à explo-
rer, acquéraient une valeur progressive extraordinaire et inespérée. On pénétrait alors plus avant
dans le désert ; de nouvelles cultures y étaient
établies par de nouvelles troupes d'émigrans, qui
se pressaient et se pressent encore aujourd'hui,
pour ainsi dire, les unes sur les autres, continuant d'y chercher le pain que l'Europe ne peut
plus leur donner. Les bateaux à vapeur et l'ouverture du Mississipi ont fait le reste. Dans l'espace de vingt ans, cette population de sept millions d'hommes a presque doublé ; et, des rives
de ce fleuve aux côtes de l'Atlantique, des bords
du Saint-Laurent au golfe du Mexique, on peut
parcourir les Etats-Unis sûrement, rapidement,
et comme on le pourrait faire en toute contrée ci-
vilisée d'Europe.

Quoi qu'il en soit de ces prodiges d'industrie,
il ne s'ensuit pas que treize à quatorze millions
d'hommes puissent peupler, dans toutes ses parties, un territoire qui contiendrait à l'aise dix
fois cette population. Les Etats-Unis sont donc

encore un immense désert partout où il n'y a pas
de rivières, et encore là où ces rivières ne sont
pas navigables. C'est sur les lisières de terrain
qui bordent celles dont les eaux sont favorables
aux exportations, et seulement là, qu'une partie
des nouveaux habitans de cette république ont
établi et continuent d'établir leurs demeures.
C'est là qu'après avoir abattu les portions de forêts qui couvrent ces terrains, bâti avec le bois
qu'ils ont coupé des espèces de hutte comparables à celles de nos paysans les plus misérables,
défriché et ensemencé l'enclos qu'ils ont ainsi
conquis à force de bras, c'est là, dis-je, que ces
pauvres gens forment des espèces de villages auxquels, soit par niaiserie, soit par dérision, on se
plaît à donner les noms des cités les plus célèbres de l'histoire ancienne et moderne (1). Il
arrive ensuite que, suivant la position plus ou
moins heureuse de la place qu'ils ont choisie, ou
ils restent stationnaires dans la pauvreté et presque dans l'isolement, ou bien un échange facile
et lucratif des produits de leur culture leur ouvre
des sources de prospérité. Alors leur population
s'accroît, leurs habitations deviennent plus solides et plus commodes, leurs villages se chan-

(1) Nous avons ici Troie, Ithaque, Memphis, Sparte, Athènes
(et quelle Athènes!), Rome, Carthage, Syracuse, Jérusalem, Flo-
rence, Paris, Francfort, Pétersbourg, etc., etc. Et tout cela
tiendrait dans la ville de Pontoise.

gent en petites villes, où commencent à s'établir des artisans, des médecins, et surtout des
avocats. Mais quoi qu'il en arrive, riches ou pauvres, ces hommes, qui n'ont pu créer de pareils
établissemens que parce qu'ils étaient endurcis
aux travaux manuels, et par conséquent sortis
des dernières classes du peuple, conservent la
rudesse et la grossièreté de leurs premières mœurs;
et, dans les Etats du nord principalement, leurs
manières rustiques et sauvages présentent un
contraste frappant avec la politesse européenne
des habitans des villes qui bordent les rivages de
la mer. C'est dans ces villes que s'arrêtent les
émigrans qu'une éducation plus honnête, quelque profession plus relevée, ou quelques débris
de fortune sauvés et emportés dans l'exil, excitent à tenter la fortune par des voies différentes.
Ils arrivent ordinairement avec des illusions qu'en-
tretient et fortifie le spectacle qu'ils ont sous les
yeux de fortunes brillantes, créées par les divers
genres d'industrie qu'ils sont eux-mêmes capables d'exercer. Mais ils arrivent maintenant trop
tard, ainsi que je l'ai déjà dit. Ce qui faisait autrefois les fortunes les détruit aujourd'hui. Soit
dans le commerce, soit dans les arts mécaniques,
il est une certaine mesure de force et d'activité
en proportion avec les besoins de la société, qui,
dès qu'on la dépasse, produit l'effet contraire à
celui que l'on voulait obtenir ; et alors *ruine*

et *concurrence* sont deux mots qui deviennent synonymes. Or, cette mesure est depuis long-temps dépassée dans les Etats-Unis. La terre, au contraire, y appelle sans cesse des bras pour la cultiver. De long-temps elle n'en saurait trop avoir, et elle est toujours prête à fournir les premiers besoins de la vie à ceux dont le travail vient les lui demander. C'est donc avec juste raison qu'on a dit que ce pays n'offre des chances favorables qu'à celui qui ne *possède rien;* à quoi il faut ajouter qu'il doit être prolétaire, vigoureux, bien portant, et ne répugner à aucun des travaux qui n'exigent que les forces du corps. A ces conditions, il peut trouver partout, dans les grandes villes comme dans les campagnes, des moyens d'existence assurés (1).

Lorsque je parlerai spécialement des Etats du sud, où presque tous les travaux de l'agriculture sont faits par des esclaves, ce que j'ai dit des fermiers et des laboureurs des Etats du nord ne s'appliquera pas exactement aux *planteurs* (c'est ainsi qu'on les nomme) de ces autres Etats. Une position différente a dû nécessairement produire

---

(1) Ceci toutefois n'est pas sans exception : la cupidité trouve trop souvent le moyen d'abuser de la misère, de l'inexpérience, de la crédulité des émigrans, et de faire un odieux trafic de leurs sueurs et même de leurs vies. C'est ainsi que les leurrant de fausses espérances, on en détermine un grand nombre à aller travailler aux canaux, dans des contrées désertes, marécageuses, où des fièvres épidémiques moissonnent annuellement des populations entières.

quelques résultats différens. Sont-ils meilleurs?
Je les crois *pires*, s'il est possible, et je vous
réserve sur ce sujet des détails que je crois
curieux.

Maintenant, vous pouvez, ce me semble, vous
faire de ce pays l'idée que j'ai voulu vous en donner et que je crois exacte. La population y a pris
dans tous les sens un grand accroissement, surtout sur les côtes, où les villes grandes et petites,
et toutes plus ou moins agrandies et embellies,
ne présentent aucune différence sensible avec nos
villes d'Europe, dont elles ont les mœurs, les besoins, les habitudes, les manières et presque
tous les genres d'industrie. Or, tout cela existait
il y a vingt ans, mais dans de plus petites proportions. Aujourd'hui, de même qu'il y a vingt ans,
à mesure que vous avancez dans l'intérieur des
terres, la population devient moins nombreuse ;
les villes décroissent graduellement et sont séparées les unes des autres par de plus grands inter-
valles. A ces petites villes, succèdent des villages ; les mœurs polies du citadin sont brusque-
ment remplacées par les mœurs grossières du
paysan et du manouvrier, avec cette différence,
que ces peuplades toujours croissantes d'hommes
ignorans et brutaux forment maintenant, au
milieu de l'immensité des solitudes, des lignes de
communication tracées, ainsi que je l'ai déjà dit,
par le cours des rivières, et présentent des lisiè-

res étroites de culture qui traversent le pays dans tous les sens.

J'ai peine à croire qu'un semblable tableau vous paraisse fort séduisant. Il se rembrunira encore dans mes lettres suivantes; et quoique vous ayez sur ce peuple-*modèle* des opinions faites, qui, quelque chose qu'on en puisse dire, semblent devoir vous préserver de l'étonnement, j'ai l'espérance que plus d'une fois je parviendrai pourtant à vous étonner.

Adieu.

LETTRE IV.

Baltimore , le 1. Mai 1832.

Etat religieux du pays. — Nombre et variétés des sectes. — Catholicisme. — Son premier établissement dans le Maryland. — Persécution des catholiques par Cromwell. — Etablissement des non-conformistes dans les Etats du nord. — Leur intolérance. — Etablissement de l'Eglise épiscopale. — Tolérance mutuelle après la guerre de l'indépendance. — Le catholicisme admis partout à cette tolérance. — Richesse des congrégations protestantes. — Pauvreté de l'Eglise catholique. — Ses causes. — Ce qui en résulte. — Laïcisme. — Ses funestes effets. — Aspect de la ville de Baltimore.

Mon cher Ami,

Maintenant que je vous ai donné de la statistique de ce peuple , moitié sauvage et moitié civilisé (¹) , une idée , sinon complète , du moins exacte et suffisante pour mon dessein , que vous en dirai-je , et par où commencerai-je ce qui me reste à vous en dire ? Cette lettre sera-t-elle politique ou religieuse ? Raconterai-je d'abord la merveille

---

(1) Je crois à propos de faire observer que j'entends ici par *civilisé*, un peuple *matériellement* habile en beaucoup de choses, et chez qui se perfectionne de jour en jour davantage ce *matériel* de la vie ; c'est-à-dire que je prends ce mot en mauvaise part et dans le sens que lui donnent les libéraux.

d'environ douze millions d'individus , à qui , pour être gouvernés *libéralement* , il ne faut pas moins de quarante-huit à quarante-neuf chambres de sénateurs et législateurs , sans cesse parlant , délibérant , vociférant ; vingt-quatre pouvoirs exécutifs particuliers , et un pouvoir exécutif général ; des assemblées de maires et d'*aldermen* jusque dans le plus petit village , lesquels délibèrent et vocifèrent encore , sans compter le droit qu'ont partout tous les citoyens de la république , qui ne sont pas positivement déclarés vagabonds , de s'assembler en grand ou en petit nombre , de nommer un président et des secrétaires , de délibérer et de vociférer à leur tour sur les affaires publiques , de contrôler , de blâmer ou d'approuver ce que font les délégués du peuple souverain , de leur dire à haute et intelligible voix les plus grossières et les plus sales injures , de publier par les journaux ces injures et ces délibérations , de provoquer d'autres rassemblemens de la même nature , d'ameuter enfin impunément toute une population , s'il leur est possible de le faire ? Vaut-il mieux commencer par supputer , au moins par approximation , combien a de *religions* ce peuple qui possède tant de gouvernemens , et d'examiner à quel degré il est moral , avant d'admirer à quel point il est libre ? Après avoir hésité un moment , je me suis décidé à prendre ce dernier parti ; car ce n'est pas le tout que d'être favorisé de la plus belle constitution politique qu'ait jamais éclairée le soleil, et de se considérer, *avec un juste orgueil*, comme le premier peuple du monde : « Si » Dieu ne garde la ville, disait il y a quelques » trois mille ans, un homme qui n'a pas encore » perdu tout crédit, même au dix-neuvième siè- » cle, c'est vainement que ceux qui la gardent, » veillent pour la défendre (¹). » Il est donc à propos de s'enquérir avant toutes choses, si la république américaine, ce chef-d'œuvre des gouvernemens modernes, peut réclamer l'assistance d'en haut, à un titre moins chanceux que les révolutionnaires de chez nous, qui, tout en faisant des lois athées et *qui devaient l'être*, inscrivaient logiquement, et peut-être inscrivent encore sur leurs monnaies : *Dieu protège la France.*

Si je ne me trompe, je crois vous avoir dit en courant, dans ma première lettre, que nous avions ici des religions de toutes les sortes, et pour preuve, avoir jeté sur le papier les noms de sept à huit sectes, qui me revenaient à l'esprit. Ce nombre a pu vous sembler fort honnête ; mais vous seriez-vous abusé au point de croire que j'avais épuisé en quelques lignes cette singulière nomenclature ? Pour vous tirer d'une semblable erreur, si effectivement vous y êtes tombé, il me suffira de vous dire que je suis maintenant dans la ville la plus catholique des Etats-

(1) Ps. 126.

Unis, dans cette ville de Baltimore que l'on considère comme le centre de la Catholicité américaine. Maintenant faisons des chiffres. Il y a, dans cette ville, 47 églises ou chapelles : 5 appartiennent à l'Eglise catholique ; les autres sont partagées comme suit : Protestans épiscopaux, 2. — Méthodistes associés, 2. — Presbytériens, 4. — Réformés associés, 1. — Baptistes, 4. — Méthodistes épiscopaux, 8. — Méthodistes africains (c'est-à-dire nègres), 3. — Luthériens allemands et anglais, 2. — Béthel des marins, 1. — Congrégation évangélique, 1. — Calvinistes allemands réformés, 1. — Congrégation des amis, 3. — Unitaires, 1. — Dunkards (1), 1. — Missionnaires, 1. — Ecossais séparés, 1. — *Branch tabernacle* (2), 1. — Nouvelle Jérusalem, 1. — Universalistes, 1. — Total, 19 sectes possédant ensemble 42 églises.

Est-ce tout ? Hélas ! non. Qui en sait le nombre ? Qui peut les compter ? Nous avons encore l'Eglise indépendante, l'Eglise de Sion, des frères Moraves, des Latitudinaires, des Quakers qui tremblent et des Quakers qui ne tremblent pas, des Bryonites, des Mormonites, des Ranters, et une foule d'autres dont les noms sont peut-être encore plus étranges (3). La réforme

(1) Cette secte est ainsi nommée du nom de son fondateur.

(2) C'est une synagogue.

(3) Nous avons même ici une ville d'Athènes,.... Entendez-vous

est ici en pleine terre et y donne la plus grande abondance de ses fruits. De ce tronc infecté surgissent chaque jour des branches nouvelles ; et un Catholique éclairé, qui a parcouru avec soin toutes les parties de ce royaume de confusion qu'elles couvrent de leur ombre, m'a assuré qu'il pourrait rassembler sans beaucoup de peine cent cinquante noms de sectes, tous plus bizarres les uns que les autres, et qu'il se croirait loin d'avoir épuisé ce triste et honteux vocabulaire. Entrons maintenant dans le détail.

Afin d'éviter toute profanation des choses saintes, il convient, pour le moment, de laisser de côté tout ce vil ramas de sectes absurdes et mensongères, et de chercher d'abord, à travers ces innombrables ruines du sens-commun et de la vérité, quelle est ici la véritable part de la religion catholique. Ah ! mon cher ami, que *l'Avenir* a dit de belles choses sur ce grave sujet ! « C'est Washington, *le plus grand des hommes,*

bien ?.... Oui, une ville fondée et bâtie spécialement pour recevoir des athées, où l'on n'est admis qu'en faisant profession d'athéisme, où il y a des animaux à face humaine, mâles et femelles, qui font des petits, qui les nourrissent, qui les élèvent, etc. Cela vous semblera non pas seulement prodigieux (ou peut croire à des prodiges), mais absurde, impossible ; et vous serez tenté de croire, qu'au lieu de faire un voyage aux États-Unis, je m'amuse à faire un voyage dans la lune. Eh bien, je vous reparlerai de cette ville-là, je vous dirai son nom, sa situation, je vous ferai connaître le nom de son fondateur, ce que j'ai pu savoir de sa police, des mœurs de ses habitans ; et je prendrai l'Amérique entière à témoin de la vérité de mon récit.

» qui a opéré ici *la* RÉDEMPTION *du Catholicis-*
» *me;* et sa tombe reçoit aujourd'hui, dans les
» respects des deux mondes, le prix d'une
» *grande mission* FIDÈLEMENT remplie, etc. —
» L'Eglise des Etats-Unis est *une merveille qui*
» *ne s'est jamais vue,* etc. » Enfin si ces Messieurs ont une protestation à faire contre des nominations d'évêques gallicans, « c'est à leurs *frè-*
» *res* des Etats-Unis, à tous ceux qui *sont en*
» *travail* de la liberté du monde, quelque part
» qu'ils soient, qu'ils la confient, etc. » La suite
nous apprendra jusqu'à quel point ces bons frères se montreraient touchés d'une semblable mar-
que d'attention, si jamais cette protestation tra-
versait heureusement la mer et parvenait à leur
adresse, et en supposant toutefois que, par un
effort miraculeux d'intelligence, il fût donné au
plus grand nombre d'entre eux de la comprendre. Jusque là, nous nous abstiendrons de mouvemens oratoires; et invitant ces Messieurs qui
annoncent l'intention de faire un pélerinage,
pieds nuds, leur protestation à la main, à ne pas
délier encore les cordons de leur chaussure,
nous les prierons de vouloir bien nous écouter
sur ce que nous avons à dire de *cette merveille*
qui ne s'est jamais vue, de cette fille de la primitive Eglise, plus belle encore que sa mère.
Matre pulchrâ filia pulchrior.

On varie beaucoup sur le nombre de catholiques que contiennent les Etats-Unis. Je lisais , il y a quelque temps , dans un journal , qu'il n'était que de 5oo,ooo. Depuis , des personnes que je crois mieux informées , m'ont assuré que le nombre en était beaucoup plus considérable : peut-être serait-ce l'exagérer que de le porter à un million : toutefois adoptons ce chiffre.

Ceci posé , si l'on considère le catholicisme relativement à chaque secte protestante en particulier , il offre sans contredit la congrégation la plus nombreuse (¹) ; mais si l'on réfléchit que toutes ces sectes ont un principe commun , qui , bien qu'elles l'entendent chacune à sa manière , et qu'il produise entre elles de grandes dissidences, les réunit toutes dans la même opposition , ou plutôt dans la même haine contre l'Eglise catholique, il sera vrai de dire que cette Eglise renferme à peine dans son sein la douzième partie de la population du pays ; tandis que le protestantisme enveloppe la république américaine toute entière , depuis l'Océan Atlantique jusqu'aux limites du désert. En effet il est partout.

Non-seulement le catholicisme , considéré ici comme une secte parmi mille autres , n'a aucune prépondérance par le nombre , mais encore en

(1) Il faut toutefois en excepter le méthodisme , qui va sans cesse croissant et dans une progression qui épouvante ; je ne tarderai pas à en parler.

raison de la pauvreté de ses membres , et de tous
les inconvéniens qui en découlent presque nécessairement , il n'a pas même l'influence *relative* qu'il devrait avoir. Il s'agit maintenant de montrer comment il se fait qu'il n'y a pas de congrégation plus pauvre, et politiquement moins influente,
que la congrégation catholique. Dans ma dernière
lettre , je vous ai fait un peu de géographie ;
dans celle-ci , je vous ferai un peu d'histoire.

Vous savez sans doute comment se sont formées les diverses colonies dont se composent aujourd'hui les Etats-Unis d'Amérique. Si l'on en
excepte les Florides , la Louisiane , qui , jusqu'au
commencement du dix-neuvième siècle , ont appartenu à l'Espagne et à la France , et le Maryland où je suis maintenant , toutes ces colonies
ont été établies par des aventuriers protestans ,
Suédois , Hollandais , Allemands ou Anglais. Ces
derniers étaient des non-conformistes qui venaient y chercher la tolérance que leur refusait
l'Eglise épiscopale d'Angleterre. Les *papistes* ,
plus persécutés que les autres , ne furent pas les
derniers à fuir la persécution ; et vous n'ignorez
pas que cet Etat de Maryland est une concession
faite par Charles 1er à un lord catholique (lord
Baltimore) , qui en fit une terre de refuge pour
lui et pour tous ceux de sa communion qui voudraient échapper à cette persécution , inouïe depuis les Ariens , qu'exerçait contre eux cette Eglise

anglicane , la plus hypocrite , la plus rapace et la plus atroce de toutes les sectes protestantes , sans exception. Peu à peu la souveraineté des autres colonies , allemandes , suédoises , hollandaises , fut acquise à l'Angleterre, soit par la guerre , soit par les traités.

Or, il est à remarquer que ces non-conformistes, forcés de s'exiler de leur patrie à cause de l'intolérance de l'Eglise dominante, devenaient intolérans à leur tour , lorsqu'ils se trouvaient être les plus forts dans le canton où ils s'étaient établis. C'est ainsi que les Etats de New-Hampshire , de Rhode-Island et du Connecticut furent formés par des sectaires de diverses communions , que les calvinistes presbytériens du Massachusset voulaient soumettre violemment à leurs croyances. Au reste, rien ne prouve qu'il y eût alors des catholiques dans ces établissemens protestans ; tout porte à croire au contraire qu'ils s'étaient donné de garde d'y venir chercher une funeste hospitalité , sûrs qu'ils auraient été d'y trouver une persécution non moins opiniâtre et non moins cruelle qu'en Angleterre , de la part de toutes ces sectes d'exilés , qui déjà se persécutaient entre elles avec le plus grand acharnement. Tous ces enfans de l'Eglise romaine abordaient dans le Maryland , où ils ne tardèrent pas à former une colonie qui s'accrut rapidement, et qui , à peine formée, offrait déjà des signes frappans d'ordre et de prospérité.

Cette prospérité ne pouvait manquer d'exciter la calomnie et la haine protestantes. On dénonça à Cromwell ce rassemblement dangereux de catholiques anglais, qui avaient l'insolence d'être heureux et tranquilles à 1200 lieues de la mère-patrie, et tout fut bouleversé dans le Maryland, c'est-à-dire que ces *incorrigibles* papistes y furent dépouillés de la plus grande partie des terres qu'ils avaient défrichées et fertilisées à la sueur de leur front, et que le gouvernement de la colonie fut donné à une créature du Protecteur. Rétabli dans ses droits, lors de la restauration, lord Baltimore se vit encore dépossédé avant la fin du règne des deux derniers Stuart. A la révolution de 1688, on lui rendit ce qui lui avait été enlevé, à l'exception du gouvernement de la colonie qu'on ne voulait pas laisser entre les mains d'un catholique. Enfin, après sa mort, sa famille ayant changé de religion, obtint que ce gouvernement lui fût aussi rendu.

L'Eglise épiscopale n'avait pas attendu cette dernière révolution pour établir sa suprématie sur ces terres de refuge; et la politique du gouvernement anglais s'était empressée d'accorder à cette Eglise privilégiée, tant dans ses propres colonies que dans les colonies étrangères qu'il envahissait, des établissemens qui, en la faisant riche, y assuraient sa prépondérance. L'*épisco-palisme* était, comme on dit dans la langue constitutionnelle et parlementaire , *la religion de l'E-tat* , et par conséquent il y devait jouir partout de plus de priviléges et de considération que les autres religions. Son clergé n'eut donc , sous ce rapport , rien à envier à celui de la mère-patrie ; seulement , comme il aurait fallu vexer et opprimer les neuf dixièmes des habitans , c'est-à-dire détruire de fond en comble les nouveaux établissemens , s'il eût voulu y rendre sa communion exclusive , ce fut une nécessité , bien mortifiante sans doute pour lui , de n'être ni intolérant ni persécuteur (¹).

Enfin arriva la révolution dite de l'*Indépendance* (car avec le protestantisme et son fils bien-aimé le philosophisme, les révolutions se suivent de près , et l'une n'attend pas l'autre) ; Washington , qui était alors colonel au service du roi d'Angleterre , jugea , qu'en son ame et conscience , il pouvait trahir son serment et se mettre à la tête des insurgés , qui d'abord savaient à peine pourquoi ils s'insurgeaient , et ne pen-

---

(1) Je n'ai pas de Mémoires suffisans pour assurer que cette position *forcément* inoffensive des épiscopaux à l'égard des non-conformistes s'étendît jusqu'à la tolérance pour les catholiques. Je sais même que cette tolérance n'existait pas dans l'État de New-York, où ces honnêtes anglicans , se voyant les plus forts , s'étaient empressés d'établir contre eux les lois pénales de la mère-patrie. Mais il y a lieu de croire que c'était moins comme mesure de répression, que pour dégoûter les *papistes* de venir s'y établir ; car , hors du Maryland , rien n'était plus rare que de rencontrer des catholiques dans la Nouvelle Angleterre et dans les établissemens adjaçens.

saient pas plus à former une république, que
les vainqueurs de juillet ne pensaient, en éteignant les réverbères et en remuant les pavés, à
créer une *quasi-légitimité*. Ce serait une chose
curieuse à écrire que cette petite guerre d'escar-
mouches, faite par de prétendus généraux qui
n'étaient réellement que des chefs de partisans,
et dans laquelle, quoique leur bonne fortune
leur eût opposé le général le plus ignare que
l'Angleterre ait peut-être jamais produit (1), ils
se montrèrent, sinon moins courageux, du moins
fort inférieurs à leurs ennemis en expérience et
en tactique militaire; guerre en miniature, où
ils eussent infailliblement succombé, sans la folle
assistance que leur donna la France, et que depuis elle a payée si cher. Un récit exact de ces
grands faits d'armes serait un chapitre de plus à
ajouter à la longue histoire *des grands effets par
les petites causes.*

L'indépendance fut donc proclamée; et en vérité, ce serait abuser des termes que de dire

(1) Sir H. Clinton. Telle était l'incapacité de cet homme, que Washington ayant trouvé une occasion de le surprendre et de le faire
prisonnier dans la ville de New-York, en fut détourné par l'un
des officiers supérieurs de son armée (Alexandre Hamilton), lequel
lui fit judicieusement observer que le résultat immanquable de cette
capture serait de faire mettre à la tête de l'armée anglaise un général nécessairement moins inepte que Clinton; que par conséquent
l'intérêt de ses ennemis était de l'y maintenir (Voyez: *Observations
on The Writings of* Thomas Jefferson, etc. *by* H. Lee of Virginia).

qu'elle fut à la fois politique et *religieuse*. En effet, dans cette guerre déclarée à ce que l'on appelait alors un souverain légitime, je ne sache
pas qu'il ait été question le moins du monde de
la religion ou *des religions* du pays : on se bat-
tait pour ou contre les tarifs de la douane ; et
j'avoue qu'appeler cela *la rédemption du catholicisme* et une *grande mission* donnée d'en haut
à Washington, me semble une des imaginations
les plus bizarres qui soient jamais entrées dans
une tête humaine. D'abord, quelque concession
qu'on eût pu faire en ce genre (si l'on avait eu
quelque chose à concéder), ce n'est pas à Washington (¹), mais au premier congrès, représentant la république souveraine et seul investi
du pouvoir législatif, qu'en appartiendrait l'honneur ; et certainement la dernière des choses à laquelle ait pu penser cette assemblée, mélange

(1) Voici un portrait de ce prétendu *rédempteur* du catholicisme,
de cet homme *à la grande mission*, portrait tracé par l'un de ses plus
chauds admirateurs : « Cet homme illustre, dit-il, n'était ni admi-
« rable par son génie, ni supérieur par ses connaissances acquises,
« ni distingué par son éloquence, ni remarquable par son habileté. »
*This illustrious man was not admirable for genius, eminent for lear-
ning, distinguished for eloquence, or remarkable for address* (V. *Observations*, etc. *by H. Lee of Virginia*). Il lui donne ensuite, sous
d'autres rapports, de grands éloges ; mais enfin, de l'aveu même de
cet apologiste, c'était un homme *médiocre*; et j'ajoute qu'il n'y avait
en effet qu'un homme médiocre qui pût s'extasier devant le gouvernement que lui et les siens avaient fondé, et le considérer comme
la plus belle œuvre qui eût jamais été faite sous le soleil. Or, c'é-
tait l'opinion de Washington, et il en reste des témoignages écrits
de sa propre main.

bizarre de toutes les sectes qui peuplaient la Nouvelle Angleterre, et dans laquelle je n'ai pas entendu dire qu'il y eût un seul catholique, c'était le *catholicisme* et surtout sa *rédemption* (1). Elle représentait *religieusement* tous les sectaires non-conformistes et les anglicans eux-mêmes, qui tous avaient *politiquement* droit à leur part de la victoire. Cette victoire, le bien commun de tous, les avait ainsi placés sur un terrain où il leur était impossible de se maintenir, s'ils ne s'accordaient pas cette tolérance mutuelle que jusqu'alors ils s'étaient mutuellement refusée. C'est ce qu'ils s'empressèrent de faire ; et, par suite de cet accord *nécessaire*, il arriva ce qui devait *nécessairement* arriver, c'est que, de droit et de fait, l'Eglise anglicane perdit à l'instant même sa prééminence, et que toutes les sectes *nées ou à naître* se trouvèrent sur le pied de la plus parfaite égalité. Maintenant, si l'on considère, et la position où ils s'étaient mis, et l'esprit dont ils étaient animés, tombe-t-il sous le sens que les apôtres et les fondateurs de l'indépendance américaine eussent été assez insensés pour proposer une loi d'exception contre les catholiques, lorsqu'ils avaient des obligations si grandes et si récentes au Roi très-chrétien, et qu'ils

(1) On verra plus tard comment les choses se passèrent dans les premiers congrès ; et la *rédemption* du catholicisme n'en semblera que plus bouffonne.

leur eussent refusé cette même tolérance dont ils
venaient de se gratifier les uns les autres, et qui
était devenue comme le ciment de leur union fédérative ? Non-seulement une semblable exception
eût été barbare, en contradiction avec les principes qu'ils avaient solennellement proclamés, et
même sans aucun véritable résultat (puisque, je
le répète, tous les catholiques étaient à peu près
réunis sur un seul point et dans une colonie dont
ils avaient été les premiers propriétaires), mais
elle aurait encore été la plus impolitique qu'il fût
possible d'imaginer : car un pays qui ne pouvait
subsister que par l'émigration, qui l'appelait de
toutes parts à grands cris, se serait ainsi stupidement privé des émigrés que s'apprêtaient à
lui fournir les Etats catholiques de l'Europe ;
population nombreuse, industrieuse, qui n'aurait pas manqué d'aller chercher des contrées
plus hospitalières, et d'accroître ainsi, aux dé-
pens de la nouvelle république, la prospérité
des établissemens rivaux. Une pareille faute ne
pouvait être commise par des hommes qui s'oc-
cupaient avant toutes choses, comme on faisait
dès lors partout, d'intérêts purement *matériels*,
et dont les principaux meneurs étaient des espèces de philosophes, qui croyaient ce qu'il leur
plaisait, c'est-à-dire qui ne croyaient rien du
tout. La république fédérative, par cet instinct
d'athéisme qui préside à la formation de tous les

gouvernemens *constitutionnels - représentatifs*, eut donc pour loi fondamentale, et je dirais presque *nécessaire*, la liberté illimitée des cultes, autrement dit l'entière indifférence en matière de religion.

La tolérance religieuse, ainsi politiquement et universellement établie, on vit bientôt arriver des catholiques dans toutes les parties de l'Union. Est-il besoin de dire à quelle classe de la société appartenaient ces émigrans? Ils ne s'exilaient de l'Europe, de même que font encore presque tous ceux qui abordent ici chaque jour, que parce qu'ils n'y pouvaient plus supporter leur misère, et qu'ils espéraient trouver, dans cet autre monde, du travail et du pain; sauf quelques rares exceptions, c'étaient des artisans et des laboureurs. Sous ce rapport, leur espérance ne fut pas trompée : ils trouvèrent à travailler et à vivre; mais rien de plus. Toutes les positions qui pouvaient conduire à la fortune avaient été prises à l'avance par les protestans; et il en était de même de tout ce qui pouvait consolider et faire prospérer leurs établissemens religieux. L'Eglise épiscopale spécialement, et par l'effet de cette prééminence dont elle avait joui avant la révolution, ayant acquis tous les terrains qu'elle avait jugés à sa convenance, soit dans les villes, soit dans leurs environs, se trouva en peu d'années, par l'augmentation subite et

extraordinaire de la valeur de ces terrains (que
des circonscriptions nouvelles renfermèrent dans
l'enceinte toujours croissante des villes), plus riche qu'elle n'aurait pu espérer de le jamais devenir sous le gouvernement monarchique ; et dire
que ses propriétés décuplaient de valeur, ce n'est
pas assez dire. Les autres églises avaient de
même fait à bas prix toutes les acquisitions qui
leur étaient nécessaires, tant dans l'intérieur des
villes qu'au dehors, et participaient ainsi toutes,
plus ou moins, à cet accroissement de richesse
et de prospérité. Aux religionnaires, dont se composaient leurs congrégations, appartenaient les
villes elles-mêmes et le territoire environnant (¹);
ils étaient maîtres des manufactures, du haut
commerce et de tous les capitaux qui les vivifient ;
et les richesses de la plupart d'entre eux les pla-
çant nécessairement dans une position plus indépendante, ils avaient reçu et avaient pu procurer à leurs enfans une éducation, sinon savante
et littéraire, du moins suffisante pour qu'ils pussent les remplacer et continuer de maintenir entre eux et les familles de pauvres émigrans ca-

(1) Avant la révolution, le régime des esclaves était établi dans
tous les États du Nord, et s'y est maintenu long-temps après. Ils
cultivaient les terres, exerçaient les arts mécaniques sous la direction des maîtres auxquels ils appartenaient ; et de même que dans
nos colonies, il n'y avait point là, parmi les blancs, de basses classes
du peuple proprement dites. Elles ne se sont formées que par l'affluence des émigrations.

tholiques, la ligne de démarcation qui s'était d'abord établie, et qui semblait dès lors à peu près impossible à franchir. A la vérité, il y avait aussi une émigration protestante et de même toute populaire; mais si ces émigrés religionnaires arrivaient dans le même état d'indigence, les congrégations auxquelles ils appartenaient étaient riches, et ils y trouvaient certains secours et une sorte de protection, auxquels les catholiques n'avaient aucun droit et qu'ils ne pensaient pas même à demander. Ainsi s'établit parmi les protestans une espèce de patronage qui ressemblait à de l'aristocratie; et pendant quinze à vingt ans, c'est-à-dire jusqu'au commencement du dix-neuvième siècle, cette espèce d'aristocratie factice fut dominante et dans les assemblées législatives et dans la haute magistrature. La démocratie, qui est le principe fondamental de ce gouvernement, devait bientôt la déborder et la chasser de cette position usurpée : c'est ce qu'elle a depuis long-temps commencé, et ce qu'elle continue de faire avec une supériorité de force, d'activité, de moyens, sans cesse croissante, et qui ne peut laisser le moindre doute sur son triomphe. Mais dans cette lutte des partis, quel que puisse être le vainqueur, la congrégation catholique n'a été, n'est encore jusqu'à présent que simple spectatrice du combat, et ne peut prétendre à aucune part de la victoire. Elle n'a maintenant et, quelque chose qui arrive, elle ne peut avoir aucune influence dans les affaires publiques; non-seulement parce qu'elle n'a pu sortir de sa pauvreté primitive et par conséquent de son ignorance et de la grossièreté de ses premières mœurs (1), mais encore parce que, fût-elle plus riche, plus éclairée, et sous ce rapport au niveau des autres communions, elle rencontrerait toujours, pour lui barrer le chemin des honneurs et du pouvoir, les onze douzièmes protestans de la population du pays, divisés sans doute entre eux, je l'ai déjà dit, sur presque tous les points de leurs croyances, mais se réunissant à l'instant même contre elle, dès qu'ils la verraient prétendre à quelque égalité politique, et essayer de mettre son poids dans la balance des intérêts communs.

Cet abaissement des catholiques est moins sensible dans le Maryland qu'ailleurs, par cet avantage qu'ils ont eu d'en avoir été les premiers propriétaires; d'où il est résulté que, quoique opprimés et dépouillés par la tyrannie des protestans, ceux-ci ne pouvaient guères pousser la barbarie jusqu'à leur tout ôter. Ils sont donc moins pauvres ici qu'ailleurs, sans avoir pu toutefois se re-

(1) Il n'est pas besoin de dire qu'il y a des exceptions : j'ajouterai que ces exceptions sont nombreuses ; et qu'alors la comparaison entre le catholique et le protestant bien élevés est toute au désavantage de celui-ci.

lever de cette position inférieure où la spoliation
et l'oppression les ont fait descendre. Là comme
ailleurs, leur influence politique est nulle; et il
en est peu qui puissent prendre place, soit par
leurs richesses, soit par leur éducation, dans les
premiers rangs de la société.

Ainsi donc, tandis que c'est un jeu pour les
congrégations protestantes d'élever de toutes
parts et même de doter des temples, non pas seulement dans les villes, mais jusque dans les
moindres villages, bâtir la plus petite chapelle
catholique est une grande affaire, une affaire dont
les difficultés semblent quelquefois si insurmon-
tables, qu'il faut considérer comme un miracle
de la Providence d'avoir pu les surmonter. Il ne
s'agit pas moins que d'acheter une portion de terrain et souvent à grand prix, surtout dans les
villes un peu considérables; puis ensuite de passer des marchés avec un architecte ou soi-disant
tel, des charpentiers, des serruriers, des do-
reurs, des marbriers, etc., le tout sans crédit et
sans argent. Comment résoudre un semblable
problème? Il n'y a qu'un moyen: c'est de rencontrer, par la grâce de Dieu, quelque honnête prê-
teur qui, après calcul fait du nombre des membres de la congrégation, du terme moyen de
leur dévotion et de leur situation financière, du
produit net, frais du culte déduits, que peut en
conséquence rapporter la location annuelle des

bancs et des tribunes (seul revenu, absolument le seul d'une église catholique), consente à avancer la somme nécessaire pour acheter le morceau de terre suffisant, faire élever les quatre murs en briques dont se compose la bâtisse, et la faire garnir en dedans de ces bancs et de ces tribunes, sur lesquels est spécialement hypothéqué le remboursement de ses avances, y compris les intérêts qu'il n'a garde de négliger. Si l'on est assez heureux pour rencontrer cet homme *obligeant*, à quelque communion qu'il appartienne, l'église s'élève pour rester accablée pendant de longues années sous le poids de la dette à laquelle elle doit sa construction. Toutes sont dans ce cas ; et l'on n'a pu m'en citer une seule, même parmi les plus anciennes, qui fût entièrement libérée.

Maintenant vous pouvez juger de la position d'une congrégation qui n'est pas même propriétaire des édifices destinés à son culte ; qui n'a que le produit précaire d'une chétive location de places pour faire vivre ses prêtres et apaiser ses créanciers, et qui n'attend pas d'aumônes d'un troupeau de fidèles, dont le plus grand nombre serait plutôt disposé à lui en demander (1). Sur ce

(1) La première idée, celle qui se présente naturellement, est que les congrégations catholiques des villes du premier ordre qui sont très peuplées et très-opulentes, sont aussi les plus riches ; c'est le contraire qui est vrai, parce que là, ainsi que nous l'avons déjà dit, toutes les positions qui mènent à la fortune sont prises depuis long-temps, et qu'il n'y a plus d'autre moyen d'y gagner beaucoup

mince revenu, les prêtres obtiennent tout juste ce qui leur est nécessaire pour ne pas mourir de faim ; et je ne les crois guère plus à l'aise que ne l'étaient nos vicaires de campagne sous l'administration du ministre des affaires ecclésiastiques et sous la glorieuse protection des libertés gallicanes. Quant à l'influence qu'ils exercent sur la portion du troupeau confiée à leurs soins et la considération dont ils jouissent auprès de leurs ouailles, écoutez avec attention ce qui me reste à vous dire, et vous pourrez ensuite apprécier à sa juste valeur *la merveille qui ne s'est jamais vue*.

Nous savons tous que, du principe de la réforme, lequel fait passer l'autorité du chef aux membres de l'Eglise, sort nécessairement cette autre conséquence qui transporte la souveraineté des rois aux peuples, et que, dans ce système, ce sont, tant politiquement que religieusement, les *gouvernés* qui font la loi aux *gouvernans*. Pour établir le contraire, l'Angleterre avait forcé nature ; et cependant la *tyrannie* détestable de son Eglise épiscopale n'avait pu empêcher d'innombrables sectes *indépendantes* (toutes moins absurdes qu'elle sans aucune comparaison), de surgir de toutes parts dans son sein, et d'y vivre sous la

d'argent que d'en avoir déjà en très-grande quantité. Par exemple, l'Evêché de l'Etat de New-York qui compte plus de 200,000 catholiques, est certainement beaucoup plus pauvre que celui de Mobile, où il n'y en a que quelques milliers, mais qui trouvent de la terre à acheter tant qu'ils en peuvent cultiver, et à vil prix.

discipline démocratique qu'il leur avait plu de s'imposer. Si elles avaient osé, à la face de leurs oppresseurs, secouer ce joug intolérable, vous pouvez juger de ce qu'elles étaient disposées à faire dans un pays dont elles étaient devenues souveraines, et où cette Eglise anglicane, jadis si intolérante et si fière, n'avait maintenant pas plus de crédit que la plus petite congrégation de frères Hernhutes ou de Quakers trembleurs. Maîtres partout, et dans le congrès général et dans les législatures particulières, la première chose que firent les non-conformistes fut d'établir le *laïcisme* dans toutes les Eglises sans exception, et d'y mettre les ministres du culte dans la plus entière dépendance des membres de leurs congrégations. Ainsi fut créé et existe encore, dans toute sa vigueur, le régime des *Trustees* (1) ou administrateurs des églises. Nommés par la communauté à la pluralité des voix, ils ont seuls (sans la moindre participation, *même de simple conseil*, de la part des ministres), le maniement des fonds appartenant à l'église et leur dispensation ; réglant les honoraires de tel ou tel selon leur caprice, donnant ou refu-

(1) Dans le préambule de la loi portée par la législature de New-York pour l'établissement de cette institution, il est dit positivement, « qu'elle est créée pour mettre un frein à l'esprit de domi- » nation, qui est le caractère propre des ministres de toutes les » religions. » D'après ces dispositions bienveillantes à l'égard du pouvoir spirituel, il est à croire que si le gallicanisme n'existait pas, les *rédempteurs* du catholicisme l'auraient inventé.

sant à volonté pour les frais du culte, ajoutant en
toutes choses s'il leur plaît, réformant s'il ne leur
plaît pas , etc. Enfin jamais le despotisme ne se
présenta sous des formes plus absolues et plus
dures d'une part, et de l'autre, jamais la servitude
n'offrit plus d'impuissance et d'abjection.

L'Eglise anglicane , en minorité partout, par-
tagea donc le sort commun, et dut, ainsi que les
autres sectes, courber la tête sous la domination
des *Trustees*. Comment aurait pu s'y soustraire
l'Eglise catholique, qui n'avait pas même un seul
représentant dans les assemblées politiques? Ce
fut également une nécessité pour elle de recevoir
des maîtres tels qu'il plaisait à des protestans de
les lui imposer ; et elle devint ainsi, de même
que les autres congrégations, une église *démo-
cratiquement* gouvernée par les ouailles à la face
de leurs pasteurs. Tel est l'état de prospérité et
de bon gouvernement où elle n'a pas cessé d'être
depuis le commencement, et que, de long-temps,
rien ne paraît devoir changer , ni même adoucir.

Maintenant , de quelle espèce de chrétiens se
compose aux Etats-Unis la congrégation catholique ? Sauf quelques rares exceptions et particulièrement dans les grandes villes (et j'ai déjà fait
la part des exceptions), elle se compose de paysans, de manœuvres, d'artisans, presque tous Irlandais, les émigrations du nord de l'Europe n'a-
menant guères ici que des protestans. Or, il le-

faut bien avouer, tout en détestant la tyrannie
hypocrite et barbare qui, depuis trois siècles,
pèse sur un peuple innocent et sans défense, et
qui, pour n'avoir pu le corrompre, a mis tout
en œuvre pour l'abrutir, il y a, dans la plupart
de ces pauvres exilés, ignorance grossière, mœurs
brutales et habitudes intempérantes. Ils arrivent
ici, le cœur ulcéré contre leurs oppresseurs ; l'extrême licence qu'ils y voient régner partout leur
semble la vraie liberté, dont ils n'ont et ne peuvent avoir aucune juste idée, et ils s'y précipitent
avec une sorte de frénésie. Leurs prêtres, qui,
presque tous, sont aussi fournis par l'Irlande,
et qui, dans leur commune patrie et au milieu de
tant de misères qu'eux seuls pouvaient adoucir,
les trouvaient si confians, si soumis, si respec-
tueux, sont tout étonnés, dès que ces malheureux ont respiré l'air de ce pays-ci, de ne plus
rencontrer en eux que de l'insolence et de la révolte. Telles sont les traditions toutes faites qui les
attendent à leur arrivée ; et c'est merveille de voir
avec quelle facilité ils les reçoivent et avec quelle
promptitude ils savent les mettre en pratique (¹).

C'est parmi les plus anciennement établis et
les plus aisés de cette population irlandaise, que
sont presque toujours choisis les *Trustees* : car,
l'élection se faisant par la congrégation entière et

(1) « Oh ! le bon pays, écrivait l'un d'eux à ses amis d'Irlande, où
« l'on peut s'enivrer pour trois sous, et où l'on n'est obligé d'ôter
« son chapeau à personne ! »

à la pluralité des voix, les nominations sont immanquablement à la disposition des gens de cette nation qui sont partout les plus nombreux. Or, une des conditions les plus essentielles pour être élu, est, dans la cathédrale, de n'être pas en bons termes avec l'évêque ; dans les paroisses, de n'avoir aucune relation de bienveillance réciproque avec les desservans ; et même si on leur était quelque peu hostile, on aurait des chances de plus pour l'élection. Des administrateurs *ainsi éprouvés* une fois en place, malheur alors au pasteur qui ne se montre pas d'humeur à tolérer leurs désordres, qui les traite à leur gré trop sévèrement dans ses prônes, qui ne s'accommode pas à la bizarrerie de leurs idées, lesquelles, assez souvent, ne sont pas des plus orthodoxes ! il n'est point d'avanie qu'on ne s'étudie à lui faire, point de calomnie odieuse, quelle qu'en soit l'absurdité, qui ne soit avidement recueillie, amplifiée, commentée, etc. Suivant le droit qu'ils en ont, les *Trustees* commencent, en ce qui concerne les besoins ou l'ornement de l'église, à se refuser à toutes ses demandes, même les plus justes et les plus urgentes. S'il n'en devient pas plus souple et plus accommodant, ils ont des prétextes tout prêts pour diminuer ses honoraires. Ce second avertissement n'a-t-il pas réussi ? ils ont alors recours aux grands moyens, à une dernière mesure qui manque rarement son effet :

c'est de ne rien lui donner du tout, et en le faisant ainsi capituler par famine, de le déterminer
à demander à l'évêque son changement de résidence. Telles sont les douces lois sous lesquelles
fleurit le clergé catholique aux Etats-Unis. Aux
Trustees appartient encore le droit de nommer à
tous les emplois subalternes dépendans de l'église. Si cette église a des fonds suffisans pour établir et entretenir une école de charité, pensez-
vous que ce fût de la main de l'évêque ou du
desservant qu'ils consentiraient à recevoir le maître d'école ? Etre présenté par eux serait un titre à peu près certain d'exclusion. Il y a toujours
quelque *Trustee* qui recommande son protégé,
homme grossier comme lui, presque aussi ignare, quelquefois très-suspect dans ses mœurs et
dans sa religion. C'est celui-là qui a la préférence;
et quel qu'il puisse être, dès que la cabale l'a
choisi, c'est à cet homme que les membres de la
congrégation confient l'éducation de leurs enfans.
Le clergé est absolument étranger à cette éducation gratuite et prétendue religieuse, qui d'ailleurs n'existe que dans quelques localités. Là où
il n'y a point d'éducation catholique ou soi-disant
telle, les enfans sont envoyés, et sans aucune
répugnance, aux écoles protestantes, dont on est
partout abondamment pourvu (¹).

---

(1) Je citerai, à la preuve de ce que j'avance ici, quelques-uns des
faits qui sont parvenus à ma connaissance.

Que dites-vous de ces libertés *populaires* ? N'en valent-elles pas bien d'autres, et pensez-vous que

Il y a quelques années que l'évêque de Philadelphie ayant voulu ôter l'administration d'une église à un prêtre scandaleux, celui-ci, soutenu par les *Trustees*, s'obstina à rester à son poste, et prêcha même publiquement contre l'évêque. Après avoir inutilement épuisé tous les moyens, le prélat ne put mettre fin à cette lutte impudente qu'en jetant un interdit sur l'église. Alors, forcé d'en sortir, ce prêtre se maria et se fit ministre protestant.

Dans la ville de Saint-Augustin, aux Florides, au moment même où j'écris, les *Trustees* d'une église refusent de recevoir le desservant que l'évêque de la Nouvelle-Orléans leur a envoyé, prétendant qu'ils ont le droit de présentation, vu que ce droit appartenait au roi d'Espagne, qui, en cédant la colonie, a dû nécessairement comprendre dans la cession le *patronage* des églises. Ainsi raisonnent ces habiles théologiens ; et en conséquence de ce raisonnement, ils refusent au desservant ses honoraires, et il aurait été forcé de quitter sa place, si une dame pieuse de la ville ne l'eût recueilli dans sa maison. Cette affaire n'est pas encore arrangée, et pour en finir, l'évêque sera probablement dans la nécessité de se rendre lui-même sur les lieux.

Dernièrement, un des catholiques les plus honnêtes et les plus considérés de la ville de New-York a été repoussé dans une nomination de *Trustees*, sans qu'on eût d'autre objection à présenter contre lui, sinon « *qu'il était trop ami de l'évêque* » Ce digne prélat, dont la charité n'a point de bornes, dont l'activité, au milieu des glaces de l'âge, est sans exemple, et qui a fait dans les États-Unis de véritables prodiges (car il faut appeler ici *prodige* ce qui, dans tout pays catholique, serait un événement ordinaire et commun), voyant que l'église d'un village de son diocèse allait être saisie et vendue par autorité de justice, soit par l'effet de la mauvaise administration des fonds recueillis pour la construire, soit parce que ces fonds n'étaient pas suffisans, ce prélat, dis-je, reconnut que, pour prévenir une semblable catastrophe, il n'avait d'autre parti à prendre que de l'acheter lui-même. Il l'acheta en effet, et la rendit sur-le-champ à la congrégation, mais sous la condition, non-seulement juste, mais de conscience, que le bien des pauvres, qu'il avait employé à cette œuvre, lui serait rendu sur le revenu disponible de la fabrique. Ne voilà-t-il pas que les *Trustees*

les adversaires des libertés *gallicanes* fussent bien
venus ici à protester auprès de *leurs frères* contre les empiètemens du pouvoir temporel sur les
droits de l'Eglise et son pouvoir divinement acquis ? Ajoutez à ces misères qu'il n'y a point ici
de paroisses proprement dites , mais seulement
des *Missions* ; c'est-à-dire , qu'en raison de leur
petit nombre , les prêtres sont tous , et chacun
particulièrement , chargés du service de plusieurs
églises qu'ils parcourent les unes après les autres ,
et souvent à des distances considérables (¹) , ne
pouvant par conséquent exercer qu'imparfaitement le peu d'influence qui a pu leur rester ;
ajoutez encore que cette population catholique ,
déjà plus d'à moitié pervertie par une telle anarchie religieuse , vit pêle-mêle avec des protestans de toutes sectes , qui sont avec elle en communauté de travaux et d'intérêts ; et vous pourrez ensuite vous faire une idée de l'avenir conso-

furieux s'en vont répandant partout que l'évêque *leur a volé leur
église*, et la congrégation entière répète après eux, et sur leur parole : « L'évêque nous a volé notre église. » Il a fallu, pour mettre
fin à ce scandale, qu'il allât lui-même au milieu de cette multitude,
et que, montant en chaire, il leur expliquât comme quoi, s'il avait
volé l'église, *c'était au Shériff qu'il l'avait volée*. On assure qu'ils
eurent assez de peine à comprendre cette explication.

(1) Comme il s'en faut de beaucoup que tous les villages aient
des églises catholiques, les habitans de plusieurs villages se réunissent pour le service divin dans l'église la plus prochaine, et souvent
cette église la plus prochaine est à plusieurs lieues de leurs habitations.

lant que présente un tel état de choses pour le progrès de la religion aux Etats-Unis.

Comment accorder le tableau un peu sombre que je viens de vous présenter avec le fait très-constant que le nombre des catholiques augmente sans cesse aux Etats-Unis ? Quelques bonnes ames (et MM. de *l'Avenir* sans doute sont du nombre) ont supposé, dit-on, que c'étaient les *conversions* qui produisaient cet heureux accroissement, et se sont fait une image ravissante de ces nouveaux progrès du christianisme, qui leur rappelaient les prodiges de François Xavier aux Indes et les merveilles opérées par ses frères dans le Paraguay. Ce n'est pas tout-à-fait la même chose ; le nombre des individus professant la religion catholique s'accroît journellement, parce que, je l'ai déjà dit, il n'y a pas de navire arrivant des trois Royaumes, qui n'apporte, entassés dans son entrepont, des centaines de ces Irlandais affamés, qui viennent ici pour essayer d'apaiser leur faim, et qui y réussissent lorsqu'ils se dispersent, dès l'arrivée, dans les campagnes, et que la débauche, et spécialement l'ivrognerie, ne les arrête pas dans les grandes villes, où ils ont bientôt épuisé leurs dernières ressources, et où ils retrouvent des misères souvent pires que celles auxquelles ils viennent d'échapper. Voilà tout le secret de ce grand accroissement. Nous voyons sans doute, de temps à autre, quelques

ames touchées de la grâce , qui abjurent leurs erreurs pour rentrer dans le sein de l'Eglise ; mais
le nombre en est petit , extrêmement petit ; et si
l'on comptait celui des catholiques qui se perver-
tissent , soit par l'exemple de la licence de mœurs
et de l'anarchie de croyances qu'ils ont sous les
yeux , soit par les piéges que quelques congrégations fanatiques , et particulièrement les congrégations presbytériennes , savent habilement tendre à leur pauvreté et à leur cupidité , en ce sens ,
il faudrait plutôt dire qu'il y a ici journellement
diminution dans le nombre des membres de notre Eglise.

Sont-ce là toutes les plaies de la congrégation
catholique? Il en est une non moins profonde ,
dont il me reste à vous parler , et dont je ne vous
parlerai que la rougeur sur le front. Il y a ici
des Français , et en grand nombre , surtout dans
les principales villes de l'Union. Quels catholiques, mon cher ami , que ce ramas d'aventuriers
qu'on doit considérer (il y a encore ici des exceptions et même d'honorables exceptions , notez
bien ceci , s'il vous plaît) comme le rebut du petit commerce de notre malheureux pays , que
l'état désespéré de leurs affaires, ou l'espoir de
faire rapidement leur fortune , a poussés ici ,
après vingt-cinq à trente années de leur vie passées au milieu de toutes les phases de la révolution , et qui y sont arrivés , n'ayant d'autres doc-

trines politiques que celles qu'ils ont puisées dans le *Constitutionnel*, d'autres croyances religieuses que celles qu'ils ont pu recueillir dans le *Voltaire-Touquet !* Dans la seule ville de New-York, on ne compte pas moins de dix mille de ces mécréans qui, déshonorant le nom de catholiques, n'appartiennent en effet à aucune religion, et sont le scandale des sectes protestantes même les plus relâchées. Sur ce nombre, on n'en cite pas vingt qui aillent régulièrement à la messe, pas dix peut-être qui remplissent les autres devoirs du chrétien. Le reste professe ouvertement l'impiété, et plusieurs la poussent jusqu'au cynisme le plus révoltant. S'il n'y a rien à espérer de pareils hommes, qu'attendre de leurs fils qu'entourent, dès le berceau, de semblables exemples, et dont ces dignes pères se débarrassent quand ils commencent à grandir, en les envoyant dans des écoles protestantes où l'indifférence en matière de religion est la base de l'éducation, soigneux qu'ils sont en outre de ne leur faire apprendre que tout juste ce qu'il faut savoir pour gagner de l'argent ? J'ai eu occasion de voir de ces malheureux jeunes gens qui, sur ce qui est, en toute société, le premier besoin de l'intelligence humaine, m'ont paru fort au-dessous de leurs voisins les sauvages du Mississipi (1).

(1) Dans ces malheureuses familles, ce souffle contagieux de l'exemple n'épargne pas même le sexe le plus susceptible de re-

C'est là encore une portion de l'avenir réservé, dans ce pays-ci, à la religion catholique.

Cependant il y a encore ici de la piété. Ce peuple irlandais, quelle que soit la manière dont il entend la religion, se montre à l'église non-seulement décent, mais dévot, et aussi à sa manière. Dans les classes plus élevées, il n'est pas une seule congrégation qui ne renferme un certain nombre de familles édifiantes ; et l'intérieur d'une chapelle catholique, pendant qu'on y célèbre les saints Mystères, offre partout l'image du silence et du recueillement. On n'oserait s'y conduire autrement ; et ceux qui ne se sentiraient pas la force de dissimuler leur irréligion, prennent le parti de n'y point aller.

Vous n'attendez pas de moi des détails topographiques sur les villes que je parcours ; et je

cevoir et de conserver les impressions religieuses. Ce n'est certainement pas parmi les jeunes Françaises que l'on remarque le plus de piété et de recueillement dans les églises ; il en est qui n'y font que de rares apparitions ; quelques-unes même n'y vont point du tout. Une foi catholique qui a des racines si faibles, tant de sectes diverses dont elles sont environnées, et auxquelles le commerce de la vie les mêle continuellement, les mœurs protestantes qui dominent dans le monde et qu'elles ont en grande partie adoptées, tout semble se réunir pour les jeter dans un vague religieux si déplorable, qu'il en est, dit-on, qui ne balanceraient pas à adopter la religion du mari *de leur goût*, si c'était une des conditions du contrat, et qui l'avouent naïvement. Quelques-unes l'ont déjà fait.

Je reviendrai sur ce sujet avec plus de détail, lorsque je parlerai de la grande plaie des États-Unis, qui est aussi celle de tous les gouvernemens représentatifs. L'ÉDUCATION.

pense même que vous me demanderiez grâce si j'entreprenais de vous en donner. Que vous en dirais-je d'ailleurs? Toutes ces villes sont de construction anglaise, et par conséquent, sauf la grandeur relative, qui en a vu une, les a toutes vues. Baltimore ne diffère donc de New-York dans son aspect, qu'en ce que son enceinte ne renferme de maisons que pour loger 80,000 habitans, ce qui n'est pas la moitié de la population de l'autre ville. Son port, situé à peu de distance de la belle et immense baie de Chesapeak, peut porter de gros bâtimens ; mais qui a vu le port de New-York, daigne à peine regarder celui-ci. L'église cathédrale des catholiques est non-seulement l'édifice le plus remarquable de la ville, mais c'est encore la plus belle église qui existe aux Etats-Unis; elle fait à juste titre l'admiration de ceux qui, n'ayant pas quitté le sol de l'Amérique, n'ont qu'une idée imparfaite des merveilles gothiques de notre moyen âge.

Adieu. J'ai traversé Philadelphie en courant. J'y reviendrai passer quelques jours ; et c'est probablement dans cette ville des Quakers, que, pour l'amour de vous, je commencerai à pénétrer dans l'abîme des erreurs et des folies religieuses où le reste de la population des Etats-Unis est si misérablement plongé.

Adieu.

LETTRE V.

Baltimore, le 1. Juin 1832.

Catégories diverses des sectes protestantes. — Épiscopaux. — Luthériens. — Sectes calvinistes prêcheuses. — Presbytériens prêcheurs. — Marche envahissante de cette secte. — Missions. — *Tract-Societies.* — *Revivals.* — Écoles du dimanche. — Sociétés bibliques. — Despotisme politique de cette secte. — Fourberie et avidité de ses prêcheurs. — Description d'un *revival.* — Fanatisme qu'excitent de telles assemblées, et ses effets tragiques.

MON CHER AMI,

L'esprit de vertige qui a si long-temps enveloppé l'Europe entière, et qui, en dépit du malheur et de l'expérience, y exerce encore de si grands ravages, l'a, depuis près d'un demi-siècle, infatuée de tant de préjugés favorables aux États-Unis d'Amérique, les observateurs superficiels (¹) et les observateurs de mauvaise foi y

(¹) Un homme est arrivé en France, il y a quelque trente ans, apportant avec lui un recueil de fictions les plus extraordinaires sur cet autre monde, décrivant des contrées qu'évidemment il n'avait jamais vues ; racontant des scènes de la vie sauvage, impossibles en réalité, et qui n'avaient d'existence que dans son imagination ; et en ce qui concernait les peuplades policées parsemées sur

ont répandu tant de relations inexactes et mensongères sur l'état moral et politique de ce pays,

ce vaste territoire, leurs mœurs et leurs gouvernemens, ne s'élevant
pas au-dessus des trivialités morales, philosophiques, politiques,
qui en ont été débitées avant et après lui; mais arrangeant le
tout en phrases sonores et brillantes, qui pouvaient charmer et sé-
duire de jeunes esprits, moins encore par ce qu'on y rencontrait
de beautés réelles, que par ce qu'elles renfermaient de néologisme
et d'affectation. *Habent sua fata libelli.* De mémoire d'homme, aucun succès n'a été plus prodigieux. Élevé sur le pavois littéraire
par la coterie qui gouvernait alors la république des lettres, cet auteur, romanesque et romantique tout à la fois, au moyen de ce
livre et de quelques autres de la même catégorie qu'on ne lit plus
maintenant, et aussi, non pas *Dieu aidant*, mais en *s'aidant* d'un
JOURNAL, est parvenu à se faire considérer, pendant plus de vingt
ans, comme le premier écrivain, le premier orateur, le premier
moraliste, le premier publiciste, le premier royaliste, je crois même
aussi (du moins pour un peu de temps), le premier *théologien* de son
siècle. Tout en ne cessant de se plaindre de ce siècle *ingrat*, il a vu
s'accumuler sur lui, pendant quinze ans, les grandes places, les
grands honneurs, et surtout les grands honoraires; et encore aujour-
d'hui, après avoir perdu tout cela, et à cet âge où l'on pourrait
dire justement à tout autre, *solve senescentem*, il rentre dans la
carrière au milieu des jeunes candidats politiques que nous fournissent si abondamment l'école de droit, l'école polytechnique, le collége de France, les études de notaires et de procureurs, etc., avec
l'espoir de redevenir un grand homme et quelques chances d'y réussir. Je ne connais que M. le général marquis de La Fayette à qui
les États-Unis de l'Amérique aient été aussi profitables, avec cette
différence, qu'il a mieux su ménager ses profits.

C'est que, dans ce malheureux siècle, où la corruption du goût
littéraire a suivi celle des doctrines et des mœurs, un livre n'a la
chance d'obtenir un succès *populaire* qu'en remissant deux conditions : le *faux* dans la pensée et l'*étrangeté* dans le style. Ainsi s'explique le succès européen de *Walter Scott*, et le succès bien plus
extraordinaire, quoique infiniment moindre, qu'a obtenu sa caricature américaine, *Fenimore Cooper*, qu'on dirait avoir écrit tous
ses romans dans un entrepont et auprès d'une écoutille. M. le

que venant après tant d'autres pour en raconter, à peu près sur tous les points , le contraire de ce qui en a été dit , j'aurais quelque lieu d'être étonné , si, parmi les lecteurs de ces lettres , plusieurs ne me soupçonnaient pas de mentir, d'autres plus charitables, au moins d'exagérer. Comment pourrait-il en être autrement , lorsqu'on a vu tout dernièrement des écrivains, également remarquables par la science et par le talent (MM. les rédacteurs de *l'Avenir*) , écrire dans ce journal , ou du moins y laisser écrire sous leur responsabilité , les lignes étranges que j'en ai extraites sur l'état du catholicisme dans *cette terre de bénédiction?* Cependant s'il y a quelque chose de vrai au monde, c'est que ce que j'en ai dit *est au-dessous du vrai* ; car en peignant la religion catholique telle qu'elle est dans les Etats du nord , je ne l'ai offerte que de son beau côté : c'est bien pis encore dans les Etats de l'ouest et du sud ; et cette *ombre* à un tableau , dont les couleurs sont déjà si lugubres, trouvera sa place dans la peinture bien autrement effrayante qui me reste à vous faire de l'état religieux des onze douzièmes restans de la population américaine.

L'imagination puissante du Dante nous représente l'enfer comme un gouffre immense qui va

vicomte d'Arlincourt lui-même, si célèbre par ses éditions tirées à cinq ou six exemplaires, a dû une sorte de vogue à l'emploi encore plus exagéré de semblables moyens.

sans cesse se rétrécissant par une effroyable spirale, dont les circonvolutions diverses indiquent les divers degrés de ses supplices sans cesse croissans. On peut faire l'application de cette image terrible aux doctrines du protestantisme, qui, n'étant qu'une suite de négations progressives des vérités de la religion catholique, descendent par une sorte de fatalité, et de négation en négation, jusqu'à l'athéisme. L'inventeur et les premiers fauteurs de cette funeste hérésie semblaient l'avoir prévu ; car, après s'être divisés entre eux dès les commencemens, tant sur le dogme que sur la morale, leur principal soin fut d'arrêter, autant qu'il était en eux de le faire, le mouvement qu'ils avaient imprimé aux esprits, essayant de les circonscrire par l'autorité et, quand il était nécessaire, par la violence, dans le cercle de leurs doctrines telles que chacun d'eux les avait faites ; et s'il ne leur fut pas donné d'y parvenir, parce que cela était impossible, du moins vinrent-ils à bout, aidés par le bras séculier, d'établir, dans chaque pays protestant, une religion dominante qui, par l'intolérance et les vexations, arrêtait le développement des autres. Ainsi firent Luther et Calvin (1) ; et sans

(1) Luther ne détestait pas moins les zwingliens que les catholiques, et lançait également ses anathèmes contre les uns et les autres. « Il n'y a aucun prédicant, disait-il dans une de ses lettres, qui ne se croie cent fois plus savant que moi ; ils ne m'écoutent point. J'ai une guerre plus violente avec eux qu'avec le pape, et ils

parler des autres, ainsi s'est maintenue , pendant près de trois siècles , la *vénérable* Eglise anglicane, moyennant la *sainte* assistance des tortures, des gibets, des bûchers , de la prison , des amendes, de l'exil , des confiscations, etc., etc. Les choses ne pouvaient rester ainsi : le mot profond de l'Apôtre : *Oportet hæreses esse*, me porte à croire qu'il était dans l'ordre de la Providence qu'il s'élevât enfin une nation protestante , dont la loi politique , plus conséquente , autorisât la licence religieuse dans ses plus grands débordemens, et fît enfin connaître au monde

me sont plus opposés..... Je vous exhorte tous à vous défier de Melchior, et à faire en sorte *que le magistrat ne lui permette pas de prêcher*, quand même il montrerait *des lettres du Souverain.* Il nous a quittés fort en colère, *parce que nous n'avons pas voulu approuver ses rêveries* (or, ce même homme entendait et exigeait que le pape approuvât les siennes). Il n'est *ni propre ni appelé à enseigner.* Dites cela de ma part à tous nos frères , afin qu'ils le fuient et l'obligent à garder le silence. »

Calvin alla plus loin encore que Luther, parce que son pouvoir était plus grand. Devenu maître absolu dans la ville de Genève, il en fit bannir Bolsec, comme apostat qui argumentait contre sa doctrine, et il ne tint pas à lui qu'on ne lui infligeât des peines afflictives, comme pélagien et séditieux. Castalion fut traité de même, et pour la même cause; il fit arrêter Michel Servet, qui, en se sauvant de France , avait cru trouver un asile assuré dans une ville protestante, le fit condamner à être brûlé vif, pour avoir attaqué le mystère de la Sainte Trinité, et la sentence fut exécutée. Gentilis, Okin, Blandrat, qui voulurent renouveler à Genève les opinions de Servet, faillirent éprouver le même sort; Gentilis fut mis en prison et obligé de se rétracter; Okin fut chassé; Blandrat, poursuivi en justice, signa forcément une profession de foi, et se hâta de prendre la fuite.

ce qu'était le protestantisme. Si les fondateurs de l'indépendance américaine ont reçu *une grande mission* (comme dit *l'Avenir*), c'est évidemment celle-là, et l'on ne peut nier qu'ils ne l'aient *fidèlement* remplie. Grâce à leur libéralisme en matière de religion, il a été donné à la *grande nation* qu'ils ont si glorieusement constituée, d'offrir dans les cultes publics, autorisés, protégés, prônés, de toutes les sectes protestantes à qui il plaît de s'établir dans son sein, le développement complet et *synoptique* de toutes ces négations du christianisme, jusqu'à l'athéisme *inclusivement;* et non pas seulement dans la vaste étendue de son territoire, mais dans l'enceinte de chacune de ses villes, quelquefois même dans celle d'un village.

Maintenant si, dans cette progression d'erreurs, nous considérons le nombre des *errans*, la comparaison que m'a fournie l'Enfer du Dante n'est plus applicable, à moins qu'on ne la prenne en sens inverse : c'est-à-dire que les cercles, au lieu de se rétrécir, s'élargiront en descendant. En effet, et par cet instinct logique qui n'abandonne jamais l'homme, même dans la plus extrême dégradation de ses facultés intellectuelles, il arrive qu'il y a un plus grand nombre de sectaires là où la doctrine offre le moins de contradiction avec le principe fondamental du protestantisme, *le jugement particulier.* Ainsi les *épiscopaux,* qui sont les plus absurdes par cela même qu'ils se rapprochent davantage de l'Eglise catholique, en ce sens qu'ils ont la prétention d'établir quelques points de foi et de procéder dans leurs croyances par voie d'autorité, sont moins nombreux que les *luthériens*, dont le symbole est moins impérieux et encore plus dégagé de vérités catholiques. Comparés ensuite aux *presbytériens* qui, tout en conservant les doctrines de Calvin, ont introduit les formes démocratiques dans le gouvernement de leurs églises, ceux-ci (les luthériens) ne composent qu'un faible troupeau. Enfin viennent les *anabaptistes* et surtout les *méthodistes* qui, dans l'anarchie de leurs doctrines et dans la licence inexprimable des pratiques de leurs cultes, renferment la multitude presque entière des autres sectes, lesquelles n'en sont que des rejetons plus ou moins impurs, plus ou moins sauvages, toutes ces sectes s'accordant sur le principe d'indépendance, base fondamentale du protestantisme, au moyen duquel tout protestant n'a d'autre règle de foi « que sa propre interprétation de l'Ecriture, » ainsi qu'il est donné de l'entendre à tout chré- » tien humble de cœur, *avec l'assistance de l'Es-* » *prit du Seigneur* (1). »

Je me garderai bien d'entrer dans les détails

(1) *The rule of faith of the reformation is Scripture, as the humble of heart, assisted with the Spirit of the Lord, understand it.*

immenses du sujet que je me propose de traiter
ici : j'embrouillerais tout ; et ce travail, extrêmement pénible, deviendrait infructueux, sans cesser d'être incomplet. En me renfermant, sauf
quelques exceptions, dans les grandes divisions
que je viens d'établir, je crois que je porterai la
lumière au milieu de ces ténèbres, et que j'attein-
drai mon but, qui n'est pas de faire l'histoire des
sectes, mais de donner une juste idée de l'état
religieux du pays.

Je renfermerai donc toutes ces sectes dans trois
principales catégories. Les *épiscopaux* et les *luthériens* formeront la première, et je les appellerai
sectes *doctrinaires* ou *théologiques*. Dans la seconde, seront renfermés les *presbytériens* de toutes nuances, lesquels sont à la fois *doctrinaires*
et *fanatiques*. Dans la troisième, se presseront
en foule toutes ces innombrables sectes, dont le
méthodisme et l'*anabaptisme* sont la source, et
où il n'y a que *fanatisme sans doctrine* ; enfin,
j'ajouterai une quatrième catégorie des sectes
philosophiques, c'est-à-dire, des *unitaires* ou *sociniens*, et de ceux qu'on appelle *universalistes*.
Viendra ensuite l'*athéisme* qui enveloppe le tout.

Vous n'êtes pas curieux, je pense, de savoir
au juste quelles sont ces doctrines, quelle est
cette théologie des luthériens et des épiscopaux ; jusqu'à quel point ils se rapprochent ou s'é-
loignent, les uns des enseignemens de Luther,

les autres des *trente-neuf* articles ; s'il en était autrement, j'aurais le regret de ne pouvoir satisfaire votre curiosité , vu que je ne m'en suis point
informé , n'ayant pas de temps à perdre , et, de
toutes les inutilités du monde , considérant de
semblables recherches comme la plus inutile.
D'ailleurs qu'en savent-ils eux-mêmes ? S'il est
vrai, comme j'ai eu occasion de m'en assurer dans
un assez long séjour que j'ai fait en Angleterre ,
que , quoiqu'il y existe une hiérarchie très-régu-
lièrement constituée, qui , du dernier vicaire de
village , remonte jusqu'au pape du pays , c'est-à-
dire , jusqu'au roi , il serait difficile d'y rencontrer deux ministres anglicans qui s'accordassent
sur tous les points de leur croyance ; s'il en est
de même en Europe des luthériens, malgré leurs
synodes où ils ont fait des décrets sur le dogme
et la discipline , d'où ils ont lancé des excommu-
nications , comme aurait pu le faire un concile
œcuménique, qu'en peut-il être ici , où il n'y a ni
synodes pour les sectateurs de Luther , ni pape ,
ni même métropolitains pour les épiscopaux ?
Tout me porte donc à croire que , sauf quelques
points qu'ils appellent *fondamentaux* et qui sont en
effet comme le fond et la substance de l'une et l'autre secte, chaque prédicant endoctrine à sa manière ceux qui ont la complaisance de l'écouter (1).

(1) Le plus âgé de leurs évêques est de droit président du *banc
des évêques* (singerie du parlement d'Angleterre) : a ce titre hono-

Un homme né dans le sein du paganisme (mais aussi cet homme était Cicéron) a dit avec une sagacité qu'on ne saurait trop admirer, qu'en fait de religion , il y a deux écueils à éviter : « L'impiété et le fanatisme (¹). » Il a, dans ce peu de mots , caractérisé toutes les fausses religions ; et il aurait vécu du temps du protestantisme, qu'en ce qui le concerne , il n'aurait pu mieux dire. C'est en effet contre ces deux écueils que cette dernière des hérésies va sans cesse se heurtant et ne ces-

rifique se borne toute sa juridiction. Il n'est pas démontré que ces prétendus évêques, très-indépendans les uns des autres, soient, chacun dans son diocèse, parfaitement d'accord sur tous les points de la doctrine avec le clergé qui manœuvre sous leurs ordres : le contraire est beaucoup plus probable. Au reste, cette mascarade d'individus crossés et mitrés en vertu de la suprématie religieuse du roi d'Angleterre, *qu'ils ne reconnaissent pas*, est bien certainement l'une des farces les plus ridicules et les plus dégoûtantes du protestantisme américain.

Le roi d'Angleterre ne les nommant plus , il fallait cependant qu'ils fussent nommés par quelqu'un. Lorsqu'une place d'évêque est vacante, les congrégations du diocèse s'assemblent, et chacune ballotte ses candidats ; puis les voles sont envoyés à l'église cathédrale, où celui qui a obtenu le plus de suffrages est proclamé. Mais ce n'est point assez : il faut, pour dernière formalité, que sa nomination soit approuvée par *le banc des évêques* (singerie des bulles du pape). Ceci fait, l'individu en question est sacré, et c'est le président *qui lui impose les mains* (dernière singerie et la plus grotesque de toutes).

Les concurrens ne manquent pas pour ce poste lucratif ; quelques-uns sont désignés par la voix publique, d'autres se présentent d'eux-mêmes ; et une place de collecteur de la douane n'est pas plus avidement recherchée.

(¹) *De Divinat.* Lib. I, § IV.

sera de se heurter, jusqu'à ce qu'elle s'y soit entièrement brisée.

Or, avec un principe tel que celui du *jugement particulier*, quel rôle plus pitoyable que
celui d'un homme qui, se revêtant d'une robe
noire, monte dans une chaire ; et là, sans chercher à émouvoir les esprits, à les effrayer, à les
transporter hors d'eux-mêmes par quelque charlatanisme plus ou moins adroit, se contente d'ouvrir une Bible, d'argumenter sur les passages
qu'il rencontre sous sa main, de les interpréter
et de les expliquer comme bon lui semble, pour
déclarer ensuite à ses auditeurs que c'est indubitablement ainsi qu'il faut les comprendre ? Il
n'est certainement point de créature humaine,
jouissant de la plénitude de ses facultés intellectuelles, qui ne soit, à l'instant même, frappée de
ce qu'il y a de faux et de contradictoire dans la
position d'un pareil homme, tout à la fois dog-
matisant et reconnaissant en principe qu'il n'a
pas le droit de dogmatiser. Aussi, comme les ex-
trèmes se touchent, c'est dans ces sectes d'ergoteurs que se font le plus ordinairement les indifférens en matière de religion ; et c'est d'elles que
sort principalement le petit nombre d'âmes can-
dides qui se convertissent à la religion catholique.
Cherchant la vérité *dans la simplicité de leur
cœur*, il ne leur faut pas de grands efforts d'esprit
pour se convaincre, qu'en fait de croyances, s'il y

a obligation de se soumettre à une autorité, celle du *quidam* qui les prêche est indubitablement au-dessous de celle de l'Eglise catholique, qui, depuis dix-huit siècles, prêche, enseigne et éclaire le monde entier.

Aussi serait-il difficile d'imaginer rien de plus faible, de plus languissant, rien dont la vie ressemble plus à la mort, que ces sectes ridicules, dont les ministres perdent leur temps à raisonner, et prétendent en même temps commander par le raisonnement. N'ayant point ici d'autorité temporelle qui, par un argument sans réplique, donne privilége exclusif à leurs argumens, elles tombent de tout le poids de leur absurdité. Leurs prêcheurs n'ont pas ce qu'il faut pour entraîner la multitude : dans les classes plus élevées, le *jugement particulier* les repousse ; et, sauf les enfans et quelques femmes imbéciles, on peut considérer ceux qui fréquentent leurs temples comme des gens qui, dans un pays où les formes extérieures et pharisaïques du protestantisme sont encore dans toute leur vigueur, trouvent commode de les observer dans des réunions où tout se passe décemment, où il n'y a que très-peu de bas peuple, et d'où ils peuvent sortir comme ils sont entrés, sans qu'on ait violenté leur esprit ou troublé leur imagination.

Mais aussi il est vrai de dire que si ce troupeau écoute peu la voix de son pasteur, le pasteur se

soucie moins encore d'être écouté de son troupeau. Ces églises (je vous ai dit, dans ma dernière lettre, comment la chose était arrivée), sont
riches en biens fonds, et particulièrement celles
des épiscopaux. Il y a donc, dans ces congrégations, de bons honoraires pour les ministres :
ces hommes apostoliques n'en demandent pas davantage. Ils délivrent en chaire, chaque dimanche,
le discours obligé de la semaine, touchent très-
scrupuleusement leurs appointemens à chaque
trimestre, reçoivent leurs amis chez eux, vont
en soirées avec leurs femmes et leurs enfans, et
tout est fini par là. Eux payés, et bien payés, il
reste encore un excédent de fonds souvent considérable : cet excédent est employé par les *Trustees* à fonder des colléges et à doter des séminaires. Les membres de la congrégation font élever
leurs enfans dans ces colléges ; et la profession
de ministre, surtout de ministre épiscopal, étant
un des meilleurs métiers qu'il soit possible de
faire, beaucoup d'entre eux, même parmi les plus
riches, font passer leurs enfans des colléges dans
les séminaires, où *ils apprennent la théologie*.
Quand *ils savent la théologie* (¹), ils prêchent ,

(1) Un Français catholique demandait à l'un de ces jeunes sémi-
naristes ce qu'on leur enseignait dans leurs écoles : « On nous enseigne, répondit-il, l'*Histoire des hérésies*. » Il y eut un moment
de silence ; et le jeune théologien, interrogeant à son tour le catholique, lui dit : « On parle beaucoup d'un écrivain français nommé

ils se marient, ils distribuent la communion aux *Elders* (1), et touchent comme les autres de gros

Bossuet : ce M. Bossuet n'était-il pas protestant ? » J'atteste la vérité de cette anecdote.

Voilà la science d'un élève ; je vais maintenant vous donner un échantillon de celle d'un maître ; et ce maître, je le nommerai, parce que c'est publiquement et tout dernièrement qu'il a prononcé ces belles paroles : c'est le Rd. Docteur M. Doane, pasteur protestant de l'église épiscopale de la Trinité à Boston.

« Les Catholiques, dit ce profond théologien, *adorent du pain et du vin* (*), et c'est sans doute une absurdité révoltante de croire que du pain et du vin sont changés au corps et au sang de Christ. Par là, le peuple est entraîné à considérer la créature *comme créant son Créateur* et à mettre dans ses adorations *le prêtre à la place de Dieu.* »

The catholics adore bread and wine; and it must be a schocking absurdity to believe that bread and wine are changed into the body and blood of Christ. By it the people are led to look upon the creature as creating his Creator, and to worship the priest instead of God.
Ce docteur Doane touche par an un traitement d'environ 12,000 fr., pour enseigner ainsi à ses ouailles ce qu'il a appris, dans les séminaires des Etats-Unis, concernant l'*Histoire des hérésies* ; et il est fort estimé parmi les siens pour son érudition (**).

(*) Ceci me rappelle une note du comte de Maistre, à l'occasion d'un passage de Rome, dans lequel ce coryphée de l'athéisme se servait dérisoirement de l'expression Cakes God, pour exprimer la consécration eucharistique. « Il faut remarquer en passant, dit l'illustre écrivain, la belle expression Cakes Dieu ; nous avons beau répéter que l'assertion *ce pain est Dieu*, ne saurait appartenir qu'à un insensé (Bossuet, Hist. des Variat. Liv. III, n.° 3), les protestans finiront peut-être eux-mêmes avant que finisse le reproche qu'ils nous font *de faire Dieu avec de la farine* ; il en coûte de renoncer à cette élégance. » (Du Pape, t. I, p. 295—96.)

(**) Depuis on a fait un évêque de ce grand docteur et de ce digne pasteur. Un journal nous a annoncé qu'il était allé prendre possession de son évêché, accompagné de madame son épouse et de toute sa petite famille.

(1) C'est le mot dont ils se servent pour désigner leurs *saints*, c'est-à-dire ceux qui croient très fermement que le pape est l'antechrist, que les catholiques adorent les images, et plus particulièrement encore *du pain et du vin*, que les prêtres vendent les in-

appointemens. Tout cela se fait paisiblement *d'une façon fort civile* : et plût au Ciel que l'Eglise anglicane ou épiscopale n'eût jamais fait plus de bruit et plus de mal dans les trois royaumes qu'elle n'en fait aux Etats-Unis ! Là, c'était le protestantisme *féroce* ; ici, c'est le protestantisme *niais*.

Oh ! que de pareilles gens connaissent peu le cœur de l'homme ! Ce n'est point ainsi qu'il est fait ; et il faut autre chose que de froids raisonnemens et de pédantesques *ergoteries* pour former ou fortifier les liens mystérieux qui attachent sa faible intelligence à l'Intelligence infinie. « Je prierai mon Père, disait le divin Maître » à ses apôtres, et il vous enverra un autre con- » solateur, l'Esprit de vérité, qui demeurera » éternellement avec vous, et vous enseignera » toutes choses ; » et ensuite il ajoute : « Allez » et enseignez toutes les nations (1). » Dans ce peu de mots est renfermée toute l'économie, non-seulement de la véritable religion, mais, dans une application plus restreinte, de toute religion possible ; et si l'on en excepte ces imbéciles raisonneurs du protestantisme, vous ne trouverez pas, même dans les cultes idolâtriques les plus grossiers, qu'on ait jamais employé d'au-

dulgences, et qu'ils ont aussi un tarif dans le confessionnal pour l'absolution des péchés, depuis les plus petites fautes jusqu'aux crimes les plus énormes, etc., etc.

(1) Joan. *Cap. XIV*, *v.* 16 *et* 26 ; et Matth. *Cap. XXVIII*, *v.* 19.

tres moyens d'autorité ou de persuasion que de
faire descendre du ciel les croyances et les préceptes, sans permettre autre chose à ceux qui
les reçoivent que de les adorer dans le silence
absolu de leur raison. Ainsi, dans l'Eglise catholique, qui a tout rétabli, tout rectifié, tout per-
fectionné, les dons de l'Esprit saint sont com-
muniqués, dans une admirable et hiérarchique
unité, de son chef, surnaturellement infaillible,
aux pasteurs qui, sous sa direction, doivent distribuer la parole, et de ceux-ci à l'innombrable
troupeau qui l'écoute et la reçoit. Essayez de
concevoir un autre moyen de conserver l'unité
des croyances et de maintenir la foi et la piété
des croyans ; épuisez-y votre imagination : vous
ne le trouverez point.

Le protestantisme serait donc mort, et non-
seulement mort, mais depuis long-temps tombé
en poussière, si l'enfer ne lui eût suggéré la pensée salutaire d'emprunter au catholicisme quelques étincelles de son feu divin, et de sortir de
ce cercle étroit de la raison où il s'était d'abord
stupidement renfermé, pour chercher plus haut
ses inspirations religieuses. Ses sectateurs sont
donc revenus, il y a long-temps et en grand nombre, aux *dons* du Saint-Esprit, comme à un
moyen plus sûr de s'unir à Dieu, que d'apprendre le grec et l'hébreu et d'épiloguer sur les textes de l'Ancien et du Nouveau Testament ; mais

conservant en même temps le principe du *jugement particulier* qu'ils ne pouvaient abandonner
sans cesser d'être protestans, chacun d'eux dut recevoir *particulièrement* l'Esprit saint, et chacun fut
maître de décider quand et à quel degré il l'avait
reçu : ainsi se sont formées les sectes *fanatiques*.

Celles-là vivent donc de cette portion de vie
empruntée à la vraie religion : elles vivent dans
ce désordre mental qui résulte nécessairement
du mélange du mensonge avec la vérité, mais enfin elles vivent partout et particulièrement aux
Etats-Unis. Ce sont elles qui s'y sont établies les
premières pour fuir la persécution des sectes *rai-
sonneuses ;* et ceux qui les dirigent, ou fanatiques eux-mêmes ou simplement politiques, déploient une activité, une adresse, une vigueur,
pour entretenir et même accroître cette vie factice dont leurs congrégations sont animées, qui
présentent le contraste le plus frappant avec l'insouciance et la tiédeur des prédicans luthériens et
épiscopaux.

Ces meneurs ont senti, et ceci fait honneur à
leur sagacité, que l'indifférence générale en matière de religion devenait une conséquence nécessaire de la liberté indéfinie des cultes, établie par la grande charte de l'indépendance américaine, s'ils ne redoublaient d'efforts et s'ils ne
réunissaient tous les moyens d'influence que leur
donnait sur les esprits le principe fondamental

de leurs sectes. Or, ce principe fondamental, plus nettement posé par Calvin que par aucun hérésiarque (toutes ces sectes sortent du calvinisme), est, je le répète, « que la seule règle » de foi de tout fidèle se trouve dans l'Ecriture » Sainte, et que Dieu lui en fait connaître le » vrai sens et la vérité *par une inspiration du* » *Saint-Esprit.* » Avec une semblable doctrine, on fait du fanatisme tant qu'on veut; et en même temps, par cette invincible disposition des multitudes à soumettre leur intelligence à une autorité quelconque et à suivre aveuglément celle qui a su s'en emparer, on mène où l'on veut les fanatiques que l'on a faits. Ne me demandez donc point raison des contradictions monstrueuses que présenteront les récits que je vais vous faire : il ne peut sortir de l'erreur autre chose que des contradictions. Je suis seulement historien, et je garantis l'exactitude de ma narration.

Les détails que je vais vous donner s'appliquent généralement à toutes ces sectes; quelques-uns sont particuliers à celle des presbytériens. Elle n'est pas la plus nombreuse des congrégations *fanatiques*, et son Eglise est loin d'avoir des propriétés comparables à celles de l'Eglise épiscopale; mais elle renferme dans son sein les citoyens les plus riches et les plus industrieux des Etats-Unis : on y trouve par conséquent plus d'instruction et de développement d'intelligence que parmi les anabaptistes, les méthodistes, etc., etc. Ses ministres se piquent même d'être grands théologiens : quand ils croient utile de le faire, ils dissertent et pointillent sur les textes de l'Ecriture avec autant de subtilité, et plus d'aigreur et d'opiniâtreté que les plus habiles parmi les luthériens et les épiscopaux ; et néanmoins tout en dissertant, pointillant et cherchant à faire prévaloir leur opinion, ils conviennent, si on les presse sur le principe protestant, « qu'à la vérité, la Bible est un » livre scellé pour l'homme tant qu'il reste *dans* » *l'état de nature;* mais que, dès qu'il a reçu » la foi, ce qui était obscurité pour lui devient » lumière, et toutes choses lui sont découver- » tes. » C'est surtout à l'habileté et à la ténacité de ces ministres presbytériens qu'il faut attribuer ce grand plan de propagande qui embrasse l'Amérique entière et pénètre jusque dans ses moindres ramifications.

Les moyens employés par eux sont : les sociétés bibliques, les sociétés d'éducation, les *tracts-sociéties* dont l'objet est de répandre de petits pamphlets contenant des instructions religieuses, les écoles du dimanche, les prédications, les conférences des membres de la congrégation pour y délibérer sur quelque objet qui intéresse la religion, les sociétés pour l'entretien et la di-

rection des missions (*missionary societies*), enfin les *revivals*, institution dont l'origine est
presbytérienne et dont le nom peut se traduire
par *retour à la vie, renouvellement, conversion*.

Le grand objet de leurs prédications qui sont
très-animées, quelquefois même d'une extrême
violence, est de persuader à leurs auditeurs que
la seule œuvre véritablement agréable à Dieu, la
seule qui soit efficace pour le salut, est de con-
tribuer par ses aumônes à la propagation de la
foi, et par conséquent au soutien de toutes les
institutions créées à cet effet, sociétés bibliques,
sociétés de missions, *tracts-societies*, etc, , etc. ;
et pour le prouver, ils mettent à contribution
tous les textes de l'Ancien et du Nouveau Testament. Ils ne disent pas aux riches : « *Donnez
votre superflu aux pauvres* ; » ils leur disent :
« *Donnez-*NOUS *ce superflu ;* » puis ils disent aux
pauvres : « *Donne-*NOUS *ton nécessaire ;* » et
telle est l'influence prodigieuse qu'ils exercent,
que le pauvre se prive pour eux de son nécessaire (¹), que le riche leur abandonne son su-

(1) Dans ces extorsions, ils n'épargnent ni l'âge, ni l'infirmité,
ni la plus profonde misère. L'un d'eux se vantait en chaire d'avoir
arraché 6 schellings à une pauvre veuve qui n'avait que le produit
de sa quenouille pour se soutenir, elle et une fille en état d'imbé-
cillité. (Sermon prononcé en 1831 par un missionnaire-voyageur à
Palmyra, État de New-York. *The Jesuit, or catholic intelligencer.*)
On les a vus forcer, par leurs importunités et par les terreurs qu'ils
jetaient dans les ames, de jeunes filles vivant du travail de leurs
mains, à se dépouiller en leur faveur des petits bijoux, bagues

perflu. De là, des sommes prodigieuses, hors de toute proportion avec les moyens de ceux qui donnent : nous verrons plus tard comment elles sont employées.

Personne ne sait mieux qu'eux combien sont profondes et durables les premières impressions de l'enfance (¹). Ils ont donc institué les écoles du dimanche (*Sunday schools*); et cette institution, adoptée à l'instant même et avec la plus grande ardeur par les autres sectes, est sans doute une de celles auxquelles ils attachent le plus d'importance : car, quoiqu'elles ne soient, pour ainsi parler, que d'hier, on les trouve partout; et ces sectaires ont ainsi su mettre entre leurs mains la portion la plus considérable de la génération qui s'élève et va bientôt s'emparer

ou colliers, que leurs parens leur avaient donnés, et persuader à de jeunes garçons de 12 à 14 ans de partager avec eux le mince produit de leur petit commerce ou de leur journée de travail, le tout pour la plus grande distribution des bibles et le plus grand succès de la conversion des infidèles et des idolâtres.

(1) Nos révolutionnaires, qui ont si constamment, si ardemment défendu, soutenu, protégé l'université conventionnelle, directoriale, impériale, royale, et d'accord en cela avec les stupides royalistes-constitutionnels, survenus, pendant la prétendue restauration, pour donner à la France ce qu'on peut appeler le coup de grâce ; nos révolutionnaires, dis-je, le savaient aussi parfaitement. *Petit poisson deviendra grand*, a dit La Fontaine : quinze ans ont pu suffire sans doute pour faire surgir la génération pourrie d'impiété qui a renversé la monarchie française, et qui poursuit, au milieu de ses débris, le cours de ses monstrueux attenta's...

de la société (1). C'est là leur principale force ;
là, sont leurs plus sûres espérances ; là, est le
gage de leur puissance et de leur durée. Ils ne
se contentent pas d'y rassembler tous les enfans
de leurs congrégations, de forcer, par tous les
moyens de persuasion, d'importunité, de violence même, que leur fournissent leurs prédications furibondes, les parens tièdes ou négli-
gens à y envoyer les leurs, ils ont encore des
émissaires (ce sont le plus ordinairement de
vieilles femmes fanatisées) qui, contrefaisant
la charité chrétienne, vont visiter le galetas
du pauvre, quelle que soit sa communion, mais
seulement du pauvre qu'entoure une famille
nombreuse, nue et affamée, apportant un sou-
lagement à sa misère, mais y mettant pour prix
que ses enfans seront livrés aux écoles du dimanche ; et cette séduction, d'autant plus détestable qu'elle se cache sous le masque de la plus
angélique des vertus, n'épargne pas même le
malheureux émigrant catholique, lorsque des
circonstances fatales ou imprévues l'ont arrêté
dans les villes, où il succombe sans travail sous
le poids de toutes les misères. On lui offre aussi

(1) Le calcul vient d'en être fait et a été publié dans un journal
(*The New-York Evening-post*). On compte, dans les États-Unis,
environ 60,000 instituteurs et maîtres d'écoles, qui, depuis les plus
grandes villes jusqu'aux plus petits villages, envoient environ 500,000
enfans pour être catéchisés aux écoles du Dimanche.

des haillons et du pain ; et, s'il a la faiblesse
d'accepter (1), on lui ravit ses enfans pour les
jeter dans ce gouffre où ils apprennent, non-
seulement à renier et à haïr par-dessus toutes choses la religion catholique, mais encore à haïr le
genre humain entier, à l'exception des membres
de la secte à laquelle leur enfance a été initiée.
C'est ainsi que ces meneurs, et même ils ne
s'en cachent pas, espèrent organiser *intellectuellement* une force suffisante pour renverser
dans peu d'années la constitution religieuse de
l'Amérique, et y tout soumettre à la tyrannie de
leurs doctrines. On ne peut assurer qu'ils réus-
siront ; mais il est vrai de dire qu'il y a, dans
l'emploi de semblables moyens, des chances de
succès (2).

(1) Il y en a de malheureux et trop fréquens exemples.

(2) Dans le Connecticut, où ils sont les plus nombreux, et où
par conséquent ils occupent toutes les places municipales, cette
tyrannie existe déjà à un degré intolérable, et s'y exerce souvent
avec une barbarie dont un étranger ne peut se faire d'idée. Indépendamment des autres prohibitions du dimanche, qui existent partout sous la loi du protestantisme, il y est défendu de voyager ce
jour-là autrement qu'à pied ; et tout voyageur, soit à cheval, soit
en voiture, quelque pressées que soient ses affaires, est tenu, dès
que le jour du Sabbat a commencé à luire, de rester immobile au
point où il est arrivé. Il y a deux ou trois mois qu'un *gentleman* dont
la femme s'était trouvée saisie en route d'un mal violent et dangereux, supposant qu'un cas aussi grave rendrait la loi moins rigou-
reuse, entreprit de la faire porter chez lui en litière et sans avoir
égard à la prohibition du dimanche. Il fut impitoyablement arrêté
à peu de distance de sa maison, et forcé, malgré ses sollicitations
désespérées, de déposer la malade dans une auberge de village,

Les sociétés d'éducation sont chargées de surveiller les écoles publiques et gratuites, d'en établir de nouvelles, lorsqu'elles ont des fonds suffisans, ou d'en solliciter l'établissement auprès de la commune, d'exercer sur le choix des instituteurs la plus grande influence possible, afin de tout diriger, dans ce second enseignement, vers le but qu'on se propose dans les écoles du dimanche.

Leurs missions sont établies sur une échelle immense; et les revenus inépuisables, dont la crédulité de leurs dupes les rend dispensateurs (¹),

où elle expira dans la nuit, faute de secours. On dit qu'il a porté plainte à la Cour suprême contre cette violation de toutes les lois divines et humaines; mais qui se soucie ici de la Cour suprême? Il y a grande apparence qu'il n'aura jamais satisfaction des meurtriers de sa femme. Ce monsieur se nomme *Forster*.

Dans le New-Jersey, où ils sont aussi les maîtres, un homme qui fendrait un morceau de bois le dimanche pour allumer son feu, serait cité devant le tribunal, et, quelle que fût sa communion, condamné à une amende.

(1) Je veux vous citer un fait qui pourra vous donner quelque idée du fanatisme et de la prodigieuse stupidité de ces dupes. Il y a quelques mois (vers la fin de l'année dernière), qu'un de ces prêcheurs, nommé *Proudfit*, est revenu d'Europe à Boston, après avoir visité la France. A peine arrivé, ce Révérend a convoqué un *Meeting*, où se sont rendus les plus ferveus parmi *les frères et les sœurs*. Là, après avoir tracé une peinture, malheureusement trop vraie, des prodiges d'impiété qu'il y a vus (ainsi le royaume très-chrétien en est venu à ce point d'épouvanter par ses débordemens, même des hommes de cette espèce), il a fait savoir aux assistans que, dans son zèle apostolique, il les avait convoqués pour délibérer avec eux sur les remèdes qu'il serait convenable d'y apporter. On a donc délibéré; et le résultat de la délibération a été « que le moment ne

leur permettent de répandre leurs missionnaires dans toutes les parties de l'Union, d'en envoyer dans les îles de l'Atlantique, en Afrique et jusque dans la mer du Sud. Ces voyageurs de toutes sectes, et par conséquent de toutes doctrines, largement rétribués, et de manière à vivre très-

» semblait pas très-favorable pour tenter de faire en France une
» sainte régénération; que cependant (et ceci mérite d'être remar-
» qué), comme il était à craindre, si la dynastie de Louis-Philippe,
» *déjà chancelante*, venait à tomber, que la religion catholique *se*
» *prévalût de nouveau* dans ce royaume, pour s'y rétablir *plus*
» *solidement que jamais*, des arrangemens devaient être pris par
» les chrétiens *orthodoxes* d'Amérique, afin de prévenir un si fatal
» événement, en y introduisant, le plus tôt possible, la pure lu-
» mière de l'Évangile; qu'en attendant les grandes mesures à
» prendre à cet effet, l'assemblée jugeait à propos qu'on envoyât
» à Genève quelques jeunes gens de mœurs pures et sévères, pour
» apprendre, dans ce berceau de la réforme, à pénétrer dans toutes
» les voies du Seigneur, et se diriger ensuite vers la France, non
» pas ostensiblement et comme missionnaires, attendu que cette
» dénomination y était devenue *très-impopulaire*, mais sous tout
» autre titre qui leur permettrait également d'accomplir leur mis-
» sion. »

Les journaux de la secte ont, sur-le-champ, embouché la trompette; les vieilles femmes, collecteurs ordinaires de la secte, se sont mises en mouvement, sollicitant de toutes parts des aumônes pour cette bonne œuvre; et *elles en ont recueilli!*

Quelque temps auparavant, il avait été proposé par une circulaire, insérée également dans tous leurs journaux, une souscription pour *établir un collège dans la Grèce.* « Il est à craindre, y disait-on, que » la Grèce n'adopte les mœurs et les vices des peuples de l'Europe, » avec lesquels elle va se trouver dans de trop fréquentes commu- » nications. Si l'Amérique ne fait rien pour ramener dans la bonne » voie ce peuple intéressant, le temps de le faire sera bientôt » passé; hâtons-nous donc, mes frères. » Au moyen de cette manœuvre, ni plus ni moins grossière que l'autre, ils ont su encore escroquer de l'argent.

confortablement, eux et la famille qu'ils traînent
ordinairement à leur suite, apparaissent partout,
et restent ordinairement trois ans au poste qui
leur a été assigné. Ils y instituent les écoles du
dimanche, fanatisent la population par des prédications et des *revivals*, répandent des bibles
et des traités, s'occupent surtout avec le plus
grand zèle à lever sur leurs ouailles les contributions accoutumées, emploient la plus grande partie de leur temps à faire le commerce le plus lucratif que le pays où ils stationnent peut offrir,
et s'en reviennent ordinairement assez riches pour
céder sans regret la place à d'autres et même ne
pas recommencer le métier.

Chaque secte a ses missionnaires particuliers,
ses doctrines et ses instructions particulières : il
n'en peut être autrement ; mais toutes viennent
se confondre dans la grande société biblique,
parce que la propagation de la Bible est un devoir commun à toutes les sectes, et comme leur
point de ralliement. C'est à New-York que se tient
son assemblée générale et annuelle ; et toutes les
sociétés particulières y prennent part, soit par
leurs délégués, soit par les rapports qu'elles envoient. On se rend processionnellement à l'église
qui a été choisie pour tenir l'assemblée : après la
lecture d'un chapitre d'Isaïe (je crois que c'est le
55ᵐᵉ), le président, les directeurs, le trésorier
rendent compte tour-à-tour des travaux de cha-

que société, des sociétés auxiliaires qui se sont formées dans le courant de l'année précédente, des sommes qui ont été reçues (soit par la vente des bibles, soit par des legs pieux, soit par les contributions volontaires) et de la quantité de bibles distribuées ; et quoiqu'il n'y ait aucune proportion entre l'argent reçu et celui qui a été dépensé pour l'impression de ces bibles (¹), la balance des

(1) Un journal catholique (*The Jesuit, or catholic intelligencer*), après avoir fait le calcul de la recette et de la dépense des sociétés bibliques, a prouvé que chaque exemplaire de la Bible coûtait huit DOLLARS (environ 44 fr. de France) on a proposé publiquement aux honnêtes directeurs de ces établissemens d'imprimer pour eux à 33 fr. au-dessous du prix qu'ils sont supposés payer à leurs imprimeurs : ils ont fait la sourde oreille à cette proposition.

Il n'est pas besoin de dire que toutes ces éditions de la Bible sont remplies de textes falsifiés : personne ne l'ignore ; et c'est par de telles falsifications que les docteurs du protestantisme rendent témoignage au ciel et à la terre, qu'ils sont à la fois des imposteurs et des blasphémateurs, donnant ainsi pour la parole de Dieu leurs propres inventions et reconnaissant en même temps que, dans sa pure vérité, cette parole porte en elle ce qu'il faut pour les confondre. Mais ce qui n'est pas aussi généralement connu, c'est l'excès d'audace des falsificateurs et la marche progressive de ces falsifications.

Un travail très-exact fait dernièrement par un ministre anglican, nommé Curtès, a achevé de déchirer le voile qui couvrait encore ces turpitudes impies : ayant examiné avec le plus grand soin les éditions de la Bible publiées par les universités d'Angleterre, autorisées par le roi et imprimées par son imprimeur, il a trouvé, dans une de ces éditions, *six cents falsifications*, et dans une autre plus moderne, *huit cents* : « Falsifications, dit-il, dont plusieurs sont de la plus grande importance, qui toutes sont inexcusables, dont quelques-unes, qui sont les plus énormes, et qui semblent avoir été faites avec une *intention bien marquée*, n'ont pas plus de quarante ans de

comptes est toujours zéro. Ce compte rendu aux applaudissemens *obligés* de tous les assistans, est suivi de la lecture de la correspondance des missionnaires répandus dans les stations étrangères (1), lesquels, et par un concert admirable, se plaignent tous dans les termes les plus énergiques de « manquer de bibles, » font les prières les plus ardentes pour qu'on leur en envoie, assurant que la Providence a heureusement préparé les voies, et que ces envois produiront tout l'effet qu'on en peut attendre. On ne manque pas aussi d'exposer, avec un douloureux regret et presque les larmes aux yeux, que, malgré tout le zèle, toute l'activité, tout le désintéressement des distributeurs de bibles, il s'en faut de beaucoup que toutes les pauvres familles de l'Union soient fournies de cet unique aliment de toute lumière et de toute

date. —— « Les Saintes Écritures, ajoute-t-il, y sont extrémement détournées de leur véritable sens. » (*)

« Or, dit le journal américain qui donne ce document, il est de
» notoriété que nos *Églises* ont depuis long-temps adopté l'édition
» en question (la plus moderne) comme la *règle* des leurs. » (**)

(*) Six undred mistakes have been found in one book, and eight hundred in another ; many of them most important, and all of them inexcusable, some of the grosser ones, wich would seem to *have been concerted and intentional*, have been risa for forty years. The true sense of holy writ has been greatly warped by these errors.

(**) It is stated that te churches in america have long since adopted the edition in question, as a *standard* (*New-York courier and Enquirer.*)

(1) Dans la dernière assemblée, on a lu des lettres des missionnaires stationnés à Saint-Pétersbourg en Russie, à Canton en Chine, aux îles Sandwich dans la mer du Sud, et, qui le croirait ? dans l'ÎLE DE PATMOS !!!

piété ; d'où s'ensuit (et c'était là l'objet principal , comme c'est la conclusion de la séance) une
allocution pathétique à tous les membres des sociétés bibliques , absens ou présens , par laquelle
ils sont invités à puiser plus profondément encore dans leurs bourses , afin que , dans le courant de la présente année , l'œuvre du Seigneur
prospère encore davantage. La cupidité hypocrite
n'a jamais joué de plus odieuse comédie.

Quant à ces petites brochures religieuses qu'ils
appellent *tracts* , les sociétés instituées à cet effet
(et je ne pense pas qu'il y en ait ailleurs que dans
les congrégations presbytériennes) , les distribuent *gratis* et proportionnellement aux aumônes
qu'elles ont reçues pour cet objet, c'est-à-dire dans
une proportion telle que le petit pamphlet de 3
à 4 pages qu'elles donnent , leur est réellement payé quatre et cinq fois sa valeur. C'est
là une des manœuvres où ces sectaires déploient
le plus d'activité : ils y emploient pour distributeurs toutes sortes de personnes, hommes, femmes , jeunes et vieilles filles , de toutes classes
et de toutes professions. Ceux-ci prouvent ordinairement , par l'ardeur avec laquelle ils remplissent leur mission , qu'ils ont été judicieusement
choisis : ils répandent ces pamphlets partout ,
d'abord parmi les membres de la congrégation ,
ensuite dans toutes les maisons où ils peuvent
s'introduire , quelles que soient les croyances et les

dénominations religieuses de leurs habitans ; enfin ils les jettent sous les portes de celles qu'on ne veut pas leur ouvrir , et tout cela se fait avec l'indiscrétion , l'importunité et l'intolérance qui caractérisent cette secte insupportable.

Cependant ces attaques continuelles à la bourse de leurs *frères* , malgré tant de prestiges dont ils savent les entourer , auraient pu finalement refroidir le zèle de la communauté : il est même probable que , depuis un certain nombre d'années , ils avaient remarqué quelques signes de ce refroidissement , car c'est seulement depuis quatre à cinq ans que les *revivals* , qu'on peut appeler la grande machine de cette comédie religieuse , sont devenus le principal et presque le seul objet des manœuvres de l'Eglise presbytérienne ; et elle les a préparés et conduits avec un art qui surpasse toutes ses autres jongleries. Il ne s'agissait pas moins que d'appeler sur tous les chrétiens *orthodoxes* (c'est la qualification qu'ils se donnent) une effusion extraordinaire et spéciale des dons du Saint-Esprit , de produire simultanément ces effets miraculeux , et d'exciter ainsi dans les ames une ardeur religieuse , jusqu'alors sans exemple dans le pays. En hommes d'expérience et qui ont l'habitude de remuer le cœur humain , c'est par des degrés habilement ménagés , que ces ministres sont arrivés jusqu'aux grands effets dramatiques qu'ils voulaient produire, et qui, sans cette gradation entraînante, auraient probablement choqué, repoussé même les plus raffermis dans leur foi et dans leur fanatisme. On a d'abord fait des essais, et, pour ainsi dire, des répétitions dans lesquelles toute la théorie des *revivals* a été expliquée et même mise en action devant ceux qui devaient y jouer les plus grands rôles ; et cela s'est fait dans toutes les congrégations de la secte. Pendant qu'on dressait ainsi les ministres, les professeurs des écoles du dimanche faisaient des *revivals* le texte principal de leurs instructions ; et les *tracts* ou pamphlets imprimés ne parlaient d'autre chose. Si l'on découvrait quelque ministre étranger qui eût l'expérience de cette œuvre sainte, il était invité à aider de ses lumières les ministres attachés aux églises ; on demandait aux *frères* absens le secours de leurs prières ; les conférences religieuses devenaient de jour en jour plus fréquentes ; et les femmes, les enfans, les vieillards, les esprits faibles que l'on avait choisis pour recevoir, avant tous les autres, l'effusion céleste, y étaient l'objet d'une attention toute particulière. A mesure que le jour du *revival* approchait, l'ardeur des hommes de Dieu semblait prendre de nouveaux accroissemens ; et déjà elle était parvenue à mettre toute la ville en mouvement et quelquefois même la province entière. Les principaux *frères* étaient reçus dans l'église avec une solennité inaccoutumée ; et soit dans l'église, soit dans la salle des conférences, les exhortations, les prédications, les prières devenaient plus ardentes, s'élevant par degrés jusqu'à une sorte de frénésie qui répandait le trouble et l'exaltation dans les esprits. Alors commençait le grand mystère du *renouvellement des ames*.

Comment vous donner une idée de ces scènes étranges, à la fois grotesques, scandaleuses, impies, abominables ? comme je suis toujours poursuivi de la crainte de n'être pas cru, quoique je reproche souvent à ma plume de trop adoucir les couleurs des divers tableaux qu'elle fait passer sous vos yeux, je chargerai un presbytérien de vous en donner la description. Ce *gentleman* se nomme Ephraïm Perkins ; il habite Trenton, ville capitale du New-Jersey ; et voici ce qu'il raconte d'un *revival* (1) donné dans la ville qu'il habite par un M. Littlejohn, célèbre *revivaliste*, qui s'en va de ville en ville colportant son savoir-faire, et dont on raconte les choses les plus admirables.

Je vous prie de vouloir bien considérer que le D. Ephraïm Perkins parle très-*sérieusement* dans sa *serious adress*, qu'il est édifié de tout ce qu'il dit, et que son dessein est d'édifier ses lecteurs.

« Après que toutes ces dispositions prépara-

(1) Dans un petit écrit intitulé : « *A serious adress to the Presbitery of Oneida, on the manner of conducting the late Revivals within their bounds.* »

» toires eurent été faites (celles dont je viens
» de vous donner le détail), entendant parler
» de toutes parts des succès prodigieux de
» M. Littlejohn dans un grand nombre de villes,
» des arrangemens furent pris avec lui pour
» qu'il visitât aussi la nôtre, et le lieu choisi
» pour la séance fut l'école publique de la ville.
» Le peuple s'y étant rendu à l'heure marquée,
» et chacun ayant pris place, M. Littlejohn et
» le R. M. Foot, notre ministre presbytérien,
» eurent ensemble, à voix basse, quelques mo-
» mens de conversation ; ensuite M. Foot s'a-
» vança au milieu de cette salle qui est très-
» spacieuse et où se pressait une foule très-
» nombreuse, paraissant fixer tour-à-tour ses re-
» gards sur chaque individu avec une attention
» extraordinaire, et continuant ainsi jusqu'à ce
» qu'il eût passé en revue toute l'assemblée ; ce
» qu'ayant fait, il dit : *Je reconnais que ce lieu*
» *est sanctifié, car Dieu est ici.* — Alors
» M. Littlejohn se leva et dit : *En vérité Dieu*
» *est ici.* — Là-dessus il raconta que Dieu était
» venu le trouver dans le bosquet de la Veuve
» Villard, et qu'il avait conversé avec lui, Litt-
» lejohn, pendant deux heures et demie, lui
» ordonnant de venir ici aujourd'hui, parce
» qu'il s'y manifesterait de prodigieux effets de
» la puissance divine sur le cœur des pécheurs.
» — *Vous, mes frères, qui êtes en état de*

» mort, ajouta-t-il, *j'ai besoin de toute votre*
» *confiance. — Il ne faut pas que cette maison*
» *soit plus long-temps la maison de la mort.*
» — Alors tous les deux commencèrent à exhor-
» ter, à prier, l'un après l'autre et sans relâche,
» disant que, ce soir même, Dieu allait opérer
» de grandes choses, abattre et briser le cœur
» des pécheurs et des chrétiens froids et chance-
» lans ; puis s'adressant aux congrégations réu-
» nies, Littlejohn leur raconta les calamités dé-
» sastreuses et les morts subites qui étaient la
» suite ordinaire des *revivals*, et dont étaient
» frappés ceux qui n'en avaient pas profité pour
» se convertir. La soirée s'étant ainsi passée sans
» avoir produit ni défaillances, ni évanouisse-
» mens, ni un seul cri de merci, quelques si-
» gnes d'impatience et de désir de se retirer
» s'étant même manifestés dans l'assemblée,
» pendant que, d'un autre côté, quelques chré-
» tiens priaient avec une ardeur toujours crois-
» sante, Littlejohn dit : *Ne pouvons-nous don-*
» *ner à la roue un mouvement plus rapide*
» (ce sont ses propres expressions)? Alors il se
» mit à prier en poussant de grands cris, se je-
» tant la face contre terre, se frappant avec vio-
» lence, s'agitant dans une sorte d'agonie con-
» vulsive, quelquefois laissant échapper des
» soupirs et des sanglots, et faisant visiblement
» toutes ces choses pour les pauvres pécheurs.

» On tient, vous le savez, *des Assemblées du*
» *remords (Anxious meetings)* où les pécheurs
» livrés au trouble de leur conscience sont réu-
» nis dans des salles séparées, et même en cer-
» taines circonstances y sont renfermés avec des
» gardiens établis à la porte. Une personne qui a
» l'expérience des *revivals*, s'y fait quelquefois
» professeur de prières, apprenant aux autres
» comment il faut prier d'une manière efficace,
» interrompant de temps en temps celui qui
» prie, et lui disant : *Ne priez pas ainsi.* —
» *Ne priez pas maintenant pour vous et pour*
» *les idolâtres : priez pour telle personne,* ou
» bien : *Laissez aller toutes vos prières en fa-*
» *veur des pauvres pécheurs.* Après une très-
» longue prière, à laquelle s'étaient livrées un
» certain nombre de femmes parmi lesquelles il
» y en avait de très-jeunes, on vit Littlejohn sortir
» de la salle *du remords*, le visage décomposé :
» *Mes frères*, dit-il, *Dieu est dans l'autre salle,*
» *et je crois que le diable est dans celle-ci ;*
» *car, depuis que je prêche l'Évangile, je n'ai*
» *vu nulle part tant de méchanceté qu'ici. Ils*
» *sont là trente pécheurs qui désirent se conver-*
» *tir.* — *Ne prierez-vous donc point ici ce soir ?*
» — *N'y tomberez-vous pas dans une sainte ago-*
» *nie ?* — *Ne pousserez-vous pas un seul gémisse-*
» *ment ?* — *Ne devriez-vous pas vous revêtir*
» *de l'armure et lutter avec force contre le*

» *Dieu de Jacob? — J'ai prié avec la plus*
» *grande ferveur dans l'autre chambre ; j'ai fait*
» *de mon mieux. — Je voudrais que vous eus-*
» *siez vu une seule fois prier vos frères de*
» *Floyd : vous seriez étonnés, ils prient ceux-*
» *là comme des chrétiens. — Quand ils appro-*
» *chent du trône de la grâce, ils reçoivent Jé-*
» *sus-Christ dans leurs bras, et se pr...r...r*
» *ré...ci...pitent* (1) *à travers les portes du*
» *ciel; et là, ils prient pour les pécheurs. —*
» Il ajouta que dans un autre *anxious meeting*,
» il était tombé dans une agitation si violente
» pendant que quelques femmes priaient, quoi-
» qu'elles fussent à plusieurs milles de l'endroit
» où il se trouvait, qu'il avait été forcé de quit-
» ter la place et de monter dans sa chambre, où il
» ne s'était remis qu'après s'y être promené vive-
» ment de long en large.

» Voici, continue M. Perkins, ce qui se passa
» dans une autre occasion : Littlejohn avait sou-
» vent des conférences familières avec Dieu sur
» l'importance qu'il y a d'inculquer aux enfans
» les principes de la religion dès leurs plus ten-

(1) C'est ainsi qu'il a plu à Ephraïm Perkins d'imiter, autant qu'il est possible de le faire avec des signes écrits, la manière énergique dont l'homme apostolique a prononcé ce mot; toutefois avec différence que mon imitation n'est qu'une faible copie de la sienne, le mot anglais prêtant bien davantage à ce bel effet que le mot français qui m'a semblé le plus propre à le rendre. Voici le texte : *and R.....US.....H.....in the gates of the heaven.*

» dres ans. Il essayait de peindre le bonheur du
» Ciel et les tourmens effroyables de ce feu in-
» fernal qui brûle éternellement : il semblait en
» quelque sorte ouvrir les gouffres de l'enfer. —
» Pendant ce temps, les chrétiens assemblés dans
» la salle voisine priaient avec la plus grande fer-
» veur. — Après des peintures très-animées du
» Ciel et de l'enfer, faites avec une grande va-
» riété d'expressions et d'inflexions de voix, il se
» leva tout-à-coup, tremblant de tous ses mem-
» bres, et s'écriant dans une agitation inexpri-
» mable : *Ne le faites pas !... ne le faites pas!...*
» *ne le faites pas !.... Que ces petits enfans ne*
» *soient pas jetés,.... jetés.... jetés..... dans les*
» *flammes éternelles.... Oh !.... Oh !.... sau-*
» *vez.... sauvez.... sauvez.... sauvez !....* ajou-
» tant plusieurs autres mots pleins de tendresse
» paternelle, continuant de crier jusqu'à ce que,
» dans l'entier épuisement de ses forces, il tom-
» bât étendu sur le plancher, murmurant encore
» *Oh !.... Oh !.... Oh !....* Alors les *repentans*
» (la plupart *jeunes enfans*) se mirent à pousser
» des cris aigus, disant : *Je veux donner mon*
» *cœur à Dieu ! — Je désire élever mon cœur*
» *vers Dieu !..... je m'abîme dans l'enfer !....*
» Pendant ce temps, Littlejohn gardait le silen-
» ce ; et après qu'ils eurent cessé de crier, il fit le
» tour de la salle, demandant à plusieurs des assis-
» tans pourquoi ils n'avaient pas donné leur cœur

» à Dieu en même temps que les autres, les aver-
» tissant du danger où ils étaient, et les assurant
» que leur damnation allait être irrévocablement
» prononcée, s'ils ne se hâtaient de le faire. »

Je m'arrête : de dégoût la plume me tombe des mains. Les sauvages avec leurs *Manitous* sont placés moins bas sur l'échelle de l'intelligence. Toutefois auriez-vous la pensée que tout cela n'est que ridicule ? vous vous tromperiez ; c'est, comme disait le cardinal de Retz, *le ridicule dans l'abomination*. Ces scènes de fourbes et de maniaques, où se montre et se cache tout à la fois le dogme exécrable de la *prédestination fatale*, établi par Calvin, sont presque toujours suivies d'aliénations mentales qui se terminent souvent par des suicides (1).

(1) J'en citerai quelques exemples pris dans les journaux que j'ai sous la main : ces sortes de preuves sont sans réplique.

Miss Annah Marsh, de Walpole (New-Hampshire), et âgée de trente ans, s'est coupé la gorge avec un rasoir, dans un accès de frénésie religieuse (*Courrier*, 25 juin 1831).

A Portland (capitale du Maine), Mme..... s'est jetée à l'eau et noyée, immédiatement après les jours de *revivals* tenus dans cette ville (*Ibid.*).

Mme Laura Holcomb s'est suicidée vendredi dernier, à Peru, étant tombée en démence par suite d'une extrême exaltation religieuse (*Utica paper*, octobre 1831).

M. Barnabas Thayer, de Sidney, membre de la congrégation ana-baptiste, a mis fin à son existence, à la suite d'un *revival*, en se jetant à la rivière (*Christian intelligencer*, octobre 1831).

Un jeune homme d'une honnête famille de Brandon s'est empoisonné la semaine dernière avec de l'opium, sa tête s'étant perdue

Adieu ; quelques affaires m'ont retenu à Baltimore plus que je n'aurais voulu : j'en partirai la semaine prochaine pour retourner à Philadelphie, où je ferai quelque séjour, et, de là, je vous écrirai ma prochaine lettre : elle sera la continuation de celle-ci, dont le sujet est loin d'être épuisé.

Adieu.

après un *revival*, et l'image des feux de l'enfer, auxquels il se croyait dévoué, étant sans cesse présente à ses yeux (*Boston-paper*, oct. 1831).

Une jeune personne de la ville d'Antrim (comté de Millsboroug) s'est suicidée après un *revival* de trois jours. Jusque là, elle avait joui de toute sa raison, et n'a donné des signes d'aliénation mentale que depuis cette fatale époque (*The Concord. N. H. Patriot*, janv. 1832).

Un jeune homme d'Ellisburg, nommé Bates, appartenant à une famille honorable, s'est pendu la semaine dernière. Cet acte de désespoir est attribué à un dérangement mental, à la suite d'un *revival* (*Kingston Patriot*, décembre 1831).

Remarquez que le plus ancien de ces suicides a à peine un an de date.

LETTRE VI.

Philadelphie, le 1. Juillet 1832.

Retour à Philadelphie. — Aspect de cette ville. — Quakers. — Anabaptistes. — Méthodistes. — Progrès extraordinaires de cette dernière secte. — Son origine. — Détails biographiques sur son fondateur. — Ignorance et grossièreté de ses prêcheurs. — Ses doctrines, les plus populaires du protestantisme. — Sa force vitale dans l'institution dite *la Conférence*. — Despotisme habile de ce conseil supérieur. — Méthodisme épiscopal, peu différent de l'autre. — Prépondérance du méthodisme sur les autres sectes prêcheuses. — Ses *camp-meetings*. — Description d'une de ces assemblées. — Principaux caractères des sectes prêcheuses.

Mon cher Ami,

En vous dépeignant, dans ma dernière lettre, l'Eglise anglicane ou épiscopale, telle qu'elle m'a paru être aux Etats-Unis, et telle qu'elle y languit, privée qu'elle est de l'appui du bras séculier, je vous ai dit que c'était maintenant, en ce pays, *la partie niaise* du protestantisme. Il était toutefois sous-entendu que, par une semblable assertion, je ne prétendais pas faire tort aux quakers, à qui appartient, au-dessus de toutes les sectes sans exception, la palme de la niaiserie.

On en trouve partout ; mais la ville de Philadelphie, où je suis maintenant (1), doit être considérée comme leur métropole. J'y ai fait mon entrée un dimanche, et je ne pense pas que les ruines de Pompéïa aient jamais offert aux voyageurs qui les visitent un silence plus profond et une plus profonde solitude. Le lendemain, tout avait repris le mouvement et la vie : car au milieu de ces multitudes d'enfans de l'Amérique qui s'agitent du matin au soir pour gagner de l'argent, il n'en est point, qui pour l'activité, la cupidité, la sagacité, puisse l'emporter sur le plus dévot et le plus innocent des quakers ; et les véritables niais alors, s'ils n'y prennent garde, sont ceux qui traitent d'affaires avec eux. Cependant, entouré que je suis, en parcourant les longues et larges rues coupées à angles droits de cette grande ville, d'hommes à chapeaux plats et à habits sans boutons, de femmes jeunes ou vieilles, laides ou jolies, coiffées d'une petite capote plissée et sans rubans, ce n'est pas de cette secte, de tous temps inoffensive et dont le fanatisme ridicule n'est du moins ni intolérant, ni persécuteur, ni envahisseur, que je veux d'abord vous parler. Elle trou-

(1) On sait que cette ville fut fondée, en 1683, par le célèbre quaker William Penn, et qu'il y établit, ainsi que dans le pays environnant, dont il avait reçu la concession de Charles II, un grand nombre de sectaires qui l'avaient suivi d'Angleterre, et dont la majeure partie se composait de membres de sa congrégation.

vera sa place au milieu d'une catégorie secondaire de sectes plus ou moins insignifiantes, et ne me fournira probablement matière qu'à une seule observation, mais curieuse et d'une application dont l'importance me semble de nature à frapper les bons esprits.

J'ai commencé le tableau des sectes fanatiques, *prêcheuses* et *convertisseuses* : il le faut achever. Toutefois, si j'y ai donné la place d'honneur aux presbytériens, ce n'est pas qu'ils soient les plus nombreux et qu'ils aient la plus grande influence. Je suis même allé trop loin en vous les présentant comme les plus habiles dans l'art d'étendre et de diriger la propagande religieuse. Mieux informé depuis, je pense (et la suite le fera voir) que, sous ce rapport, ils pourraient même recevoir des leçons des chefs de l'Eglise méthodiste. Mais, en général, leurs ministres sont mieux élevés, moins ignorans, moins dépourvus de toute espèce de vergogne que les autres marchands de fanatisme : ce sont, si l'on peut s'exprimer ainsi, les fanatiques de bonne compagnie. Or, par les échantillons que je vous ai donnés de l'élégance de manières et de la politesse de langage de cette bonne compagnie, vous pouvez vous faire une idée de ce qu'est la mauvaise dont il me reste à vous parler.

C'est donc aux anabaptistes, ou *baptistes* comme on les appelle ici, et plus particulièrement aux méthodistes, que cette lettre sera en grande partie consacrée. De toutes les sectes protestantes, il n'en est point dont l'inconsistance et les continuelles variations dans les doctrines soient plus frappantes que le méthodisme : et ce qui va vous étonner, c'est que cette circonstance a été pour moi un motif de chercher à pénétrer plus profondément dans les mystères de cette secte singulière, afin de me rendre compte, s'il était possible, du phénomène de son existence et de ses succès toujours croissans. Je crois y être parvenu ; et ce que je vais vous en dire est peut-être neuf et curieux.

Cette secte, vous le savez, compte à peine un siècle d'existence. Ce fut en 1729 que son fondateur John Wesley, fils d'un ministre de l'Eglise anglicane, conçut, avec son frère Charles et quelques amis, parmi lesquels était un certain Whitfield, l'idée de former une petite société, uniquement dans l'intention de mener une vie plus régulière, et c'est de cette règle de vie qu'ils s'imposèrent, qu'ils furent appelés *méthodistes*. Fermement attaché à la religion de ses pères, Wesley était loin alors de penser à créer une religion nouvelle, et se doutait encore moins du rôle extraordinaire qu'il jouerait un jour dans l'Eglise réformée. Toutefois, sa tête s'échauffant de jour en jour davantage, d'anglican plein de ferveur qu'il était, il passa dans la secte des frères moraves dont il jugea la doctrine plus parfaite que celle de l'Eglise d'Angleterre , puis s'en dégoûta bientôt pour tomber dans une mer d'incertitudes , tantôt penchant vers le calvinisme, tantôt se sentant ramener vers sa première religion , sans qu'il lui fût possible de prendre une détermination et de s'arrêter dans aucune croyance. Fatigué de ce trouble d'esprit auquel il était livré, il résolut, pour y mettre fin , de se faire une religion à son usage particulier , et se montra plus troublé et plus incertain que jamais, tantôt inspiré par le Saint-Esprit pour croire une chose , tantôt pour en croire une autre, retournant quelquefois à la prédestination fatale de Calvin , prêchant dans d'autres temps (car il s'était fait prêcheur et cherchait déjà à répandre la religion à moitié faite qu'il avait d'abord imaginée pour lui seul), prêchant, dis-je , la doctrine des bonnes œuvres , selon la croyance de l'Eglise catholique. Qui le croirait ? Cet enthousiaste à tête faible eut bientôt des partisans , tous laïques comme lui , et parmi lesquels il y avait des hommes beaucoup plus habiles que leur chef. Dans cette position nouvelle , il montra encore tout ce qu'il y avait de vacillation dans son caractère et dans sa doctrine , défendant d'abord à ses disciples d'exercer , sauf la prédication , aucune des autres fonctions du ministère qu'il disait appartenir exclusivement au clergé anglican , puis leur permettant , bien-

tôt après , de baptiser et d'administrer le Sacre-
ment. On sait peu de chose des voyages qu'il
fit (¹) , des travaux qu'il entreprit pour l'établissement de sa nouvelle religion ; mais ce ne fut
que dans un âge très-avancé, et vers la fin du siècle dernier , qu'il lui fut donné d'en recevoir le
prix , le méthodisme se trouvant alors établi dans
toute l'Angleterre et ayant déjà commencé à prendre racine en Amérique. On vit alors cet homme ,
qui d'abord s'était considéré comme un simple
laïque , et aurait cru commettre une usurpation
en exerçant des fonctions qui , selon lui , n'appartenaient qu'aux ministres de l'Eglise anglicane ,
ordonner lui-même des prêtres et consacrer des
évêques. Ce fut un évêque sacré de sa main qui ,
en 1784 , fonda aux Etats-Unis l'Eglise épisco-
pale-méthodiste.

L'inconsistance des doctrines du fondateur du
méthodisme , et le vague de ses idées religieuses
ont passé dans sa secte ; et l'on peut dire qu'elles
en sont le trait caractéristique. De même qu'était

(1) Avant d'entrer dans la communion des frères moraves, Wesley avait fait un voyage en Amérique, et y avait visité la Géorgie ,
dans le dessein de convertir les Indiens; mais ce voyage apostolique n'avait eu aucun succès.

Whitfield alla aussi en Amérique dans la même intention, et ne
réussit pas davantage ; mais s'il n'y fit aucune conversion , il s'y
convertit lui-même au calvinisme , auquel il demeura attaché le reste
de sa vie. Il est le fondateur de la seconde branche du méthodisme,
dite *Eglise méthodiste-protestante* , dont je dirai plus bas quelques
mots.

Wesley, tels sont tous les prêcheurs méthodistes : à peine en trouverait-on deux qui prêchassent la même doctrine sur les mêmes points de foi ; et l'on voit souvent le même prêcheur altérer du jour au lendemain son symbole, et varier sur le dogme et la morale « avec autant de facilité et » d'insouciance, dit un homme qui connaissait » bien ces sectaires, qu'il en pourrait mettre à » changer de chemise ou de manteau (1). » Les uns sont pour la nécessité du baptême, d'autres contre ; ceux-ci soutiennent que le témoignage immédiat du Saint-Esprit est nécessaire pour la justification ; il est rejeté par ceux-là ; plusieurs croient à la sanctification parfaite ; il en est qui nient que l'homme soit jamais assez saint pour ne pas avancer sans cesse vers une plus grande sainteté ; tels sont pélagiens, tels sémi-pélagiens, tels sémi-ariens, tels sémi-calvinistes ; plusieurs mêlent ensemble les erreurs des sacramentaires, des anti-sacramentaires, des millenaires, des anti-millenaires, etc., et font, de ce mélange, ce

(1) M. J. A. Mason, ci-devant prêcheur de l'Église méthodiste d'Angleterre, et aujourd'hui prêtre catholique. Une grande partie des détails que je donnerai ici sont tirés d'une relation qu'il a publiée des circonstances et des motifs de sa conversion. On peut, d'après cela, compter sur leur exactitude. Personne mieux que lui ne pourrait connaître la secte à laquelle il a appartenu depuis son enfance jusqu'à la maturité de l'âge, et où il avait exercé des fonctions importantes. Il paraît seulement ne pas avoir bien compris tout ce qu'il y a de force et d'habileté dans la partie politique et administrative de cette secte, j'en parlerai tout-à-l'heure.

qu'on pourrait appeler le *pot-pourri* du méthodisme. D'autres enfin (et c'est le plus grand
nombre, ce qui mérite surtout d'être remarqué)
sont d'une ignorance qui va jusqu'à l'abrutissement, incapables de lier ensemble les idées les
plus communes, de donner quelque suite au
moindre raisonnement. Toute leur éloquence
consiste à se meubler la mémoire d'un certain
nombre de maximes triviales, vraies ou fausses,
et à les débiter ou plutôt à les hurler du haut de
leur chaire, à propos, hors de propos, ne se comprenant pas plus eux-mêmes qu'ils ne sont compris par ceux qui les écoutent, « aussi étrangers
» à la moindre notion supportable de la Divinité,
» dit M. Mason déjà cité, que le boueur qui
» nettoie les rues. »

De cet état singulier de leur secte, ils con-
cluent eux-mêmes (et l'on peut dire que c'est là
leur véritable symbole), « que l'orthodoxie des
» croyances n'est pas une partie essentielle de la
» religion : qu'en conséquence, aucune croyance
» n'est absolument nécessaire pour le salut ;
» que la religion consiste dans la sainteté de l'a-
» me, dans l'amour de Dieu et du prochain, et
» dans la prière ; que pour ceux qui ont entendu
» et reçu l'Évangile, la *justification* se fait par la
» foi seule, c'est-à-dire par une conviction inté-
» rieure et produite en nous par l'Esprit saint
» que Dieu nous pardonne nos péchés, convic-

» tion qui se manifeste au moment même où
» nous recevons ce pardon et, avec lui, le gage
» de la vie éternelle ; que toutes les bonnes œu-
» vres que l'on peut faire avant d'avoir eu cette
» justification, sont désagréables à Dieu et de vé-
» ritables péchés. » Et comme (sauf un petit
nombre, qui même commencent à chanceler
dans leur doctrine) ils excluent de cette *justification* le dogme de la prédestination fatale de
Calvin (1), il en résulte que cette doctrine ainsi
que l'autre, favorable à tous les vices et compa-
tible avec tous les crimes (2), n'a rien de déso-
lant, rien qui porte, comme le calvinisme, à la
tristesse et au désespoir. Que l'on considère donc
le méthodisme dans son ensemble, on verra que
le protestantisme n'a jamais produit de système
religieux plus facile à mettre en pratique, par
conséquent plus populaire, et où le problème de
concilier à la fois dans le cœur de l'homme la licence des passions et le besoin qu'il a de senti-

(1) Wesley avait d'abord soutenu et prêché cette doctrine de la
prédestination absolue. Deux de ses principaux disciples, Horne et
Coke, hommes, comme je l'ai déjà dit, bien plus habiles que leur
maître, virent d'abord qu'en adoptant cette prédestination absolue,
le méthodisme se traînerait à la suite de toutes les sectes calvinistes :
ils engagèrent donc Wesley à la supprimer, et il se rendit à leur
avis.

(2) « Il est évident, dit M. Mason, que cette doctrine de la *justification* peut se concilier avec tous les désordres et tous les crimes,
avec l'impureté, l'orgueil, la colère, la haine, etc. » Il avoue qu'a-
vant de s'être fait catholique, il n'avait pas la moindre idée de ce
qu'était un devoir et de ce qu'était un péché.

mens religieux et de l'espérance d'une meilleure vie, ait été plus complètement résolu.

Populaire dans ses doctrines, on a vu qu'il ne l'était pas moins dans ses enseignemens et dans l'exercice de son culte. Tous ceux que le méthodisme a su fanatiser, des artisans, des bateliers, des hommes de charrue, des femmes mêmes (1), ont qualité suffisante pour être prêcheurs ; de manière qu'en tous lieux, depuis les plus grandes villes jusqu'aux plus petits villages, dès que cette secte a rassemblé quelques prosélytes, elle peut à l'instant même, et sans employer d'élémens étrangers, y fonder des congrégations. Aussi est-elle partout, s'accroissant sans cesse de l'ignorance de ceux qui prêchent, de la stupidité de ceux qui sont prêchés, et de la corruption des uns et des autres.

Tout ceci étant d'une vérité incontestable, pour m'avoir été démontré par des faits qui se passent en quelque sorte sous mes yeux, et par des témoignages qui équivalent à des faits, m'a

(1) Il y a quelques mois qu'une dame méthodiste, nommée Mrs Thompson, fit annoncer, dans tous les journaux de New-York, qu'elle prêcherait, à un jour fixé, dans une des églises de sa communion (*Broom Street-Hall of Science*). Un pareil événement qui, en France, semblerait prodigieux, est ici une chose ordinaire et commune, à laquelle on ne fait pas attention. Les anabaptistes et les presbytériens ont aussi des prêcheuses, choisies parmi les dévotes les plus instruites de leur communion ; mais ils n'ont pas encore, comme les méthodistes, l'heureux privilège de faire prêcheur le premier venu.

d'abord jeté dans un grand étonnement, et m'a présenté un problème qui me semblait difficile à résoudre. Je ne pouvais comprendre comment il se faisait que, dans cette anarchie de croyances, où des multitudes d'hommes ignorans et grossiers reçoivent leur instruction de prêcheurs qui ne leur cèdent en rien pour l'ignorance et la grossièreté, comment, dis-je, la secte des méthodistes ne s'était pas, dès son origine, divisée en des milliers de sectes; comment, après cent ans, au lieu d'être réduite, pour ainsi parler, en poussière presque impalpable, elle conservait la vie, le mouvement, l'unité d'action, poursuivant l'édifice informe qu'elle a commencé, et l'élevant contre le ciel au milieu de la confusion des langues, sans que rien de ce qui se passe autour d'elle puisse interrompre ou ralentir ses travailleurs.

Montesquieu dit en parlant des Romains : « Un dieu leur inspira la Légion. » J'ignore quel est le diable qui a inspiré *la Conférence* aux fondateurs du méthodisme : mais ce diable était certainement l'un des plus fins et des plus rusés que l'enfer ait jamais mis en œuvre. Ce n'est probablement pas à Wesley qu'il envoya cette inspiration : ce que nous savons de ce visionnaire nous prouve qu'il n'était qu'un instrument entre les mains d'hommes plus habiles que lui. Que ce soit donc Horne ou Coke qui ait imaginé la Conférence, c'est dans cette institution qu'il faut chercher le principe de vie et le progrès du méthodisme.

La Conférence est le conseil supérieur de l'E-glise méthodiste : elle se compose de cent membres que l'on doit considérer, (sauf les exceptions qui sont nécessaires à leurs desseins), comme les seules intelligences de cette association de brutes et de fanatiques, espèce de sénat qui se renouvelle lui-même à mesure que la mort vient éclaircir ses rangs, n'admettant dans son sein que les individus qu'il a éprouvés par de longs services, ou dont il a reconnu l'aptitude et l'habileté. Tous les membres de la Conférence sont prêcheurs, mais prêcheurs *missionnaires*, qui, n'étant attachés à aucune localité, vont sans cesse parcourant les congrégations, en fondant de nouvelles dans tous les endroits qui leur paraissent offrir les conditions suffisantes pour leur établissement et pour leur entretien, règlent leur administration intérieure, en nomment les prêcheurs, y font des prédications extraordinaires et solennelles, quand ils le jugent nécessaire pour ranimer la ferveur du troupeau, président aux *Camp-meetings* dont je parlerai plus bas, et qu'on peut appeler les grands jours du méthodisme, font rendre compte à chaque receveur particulier des contributions volontaires qu'il a reçues des membres de sa congrégation, pour ensuite les verser eux-mêmes dans la caisse de la Conférence ([1]).

Indépendamment des cent membres dont se compose cette assemblée, elle a, partout où elle le juge utile à sa politique, des agens qu'elle sait choisir parmi les prêcheurs subalternes les plus actifs et les plus intelligens ; hommes dont elle s'assure le dévoûment, soit par des récompenses secrètes, soit en leur offrant la perspective d'être tôt ou tard admis dans son sein, et qui l'instruisent à point nommé de tout ce qu'il lui importe de savoir. Elle tient ses séances une fois l'an ; et à moins de quelque obstacle impossible à sur-

([1]) Ces congrégations sont fort habilement organisées ; car il faut bien que la police soit tout, et jusque dans les plus petits détails, là où les croyances ne sont absolument rien. Elles sont divisées en *classes* composées d'un petit nombre de personnes mariées ou non mariées, ayant chacune un chef. Elles ont en outre un assistant, ou prêcheur, et le receveur dont je viens de parler. Chaque chef de classe assemble une fois par semaine la division placée sous sa surveillance. Son office est de demander à chacun l'état de son ame, de conseiller, de reprendre, de consoler, d'exhorter (le tout à sa manière et suivant l'occasion), de recevoir la contribution volontaire de chacun pour les pauvres et pour les besoins de la communauté, et de la remettre immédiatement aux mains du receveur. Dans ces réunions, qu'on nomme *class-meetings*, et où les deux sexes sont séparés, ils se confessent de temps en temps les uns aux autres, et le chef de classe donne l'exemple. M. Mason se moque beaucoup de ces prétendues confessions, où l'on dit tout, excepté ce que l'on veut cacher. Beaucoup même y font l'éloge de leurs vertus et de la régularité de leur vie. Le prêcheur, ou assistant, est dans l'obligation de prêcher soir et matin, d'assembler tous les dimanches la congrégation, et de conférer toutes les semaines avec les chefs de classes, qui l'instruisent de tout ce qui est de nature à appeler son attention.

monter, ou de quelque grand intérêt public, ses membres, épars dans les diverses stations, ne manquent pas d'arriver au jour désigné. Elle délibère à huis-clos : nul n'est admis à ses délibérations que les prêcheurs ou agens qui sont en rapport direct avec elle : tout autre membre de l'Eglise, soit qu'il veuille donner un avis, soit qu'il ait une réclamation à faire, ne peut correspondre avec elle que par voie de pétition. Entièrement indépendante de la communauté, elle y traite souverainement de ses affaires, et décide, sans contrôle, de l'emploi des deniers levés sur les membres des diverses congrégations.

Pour se maintenir dans ce despotisme politique et spirituel, qui va jusqu'à excommunier ceux qui oseraient faire la moindre remontrance contre les abus de son pouvoir, la Conférence a l'art de persuader à ce peuple de fanatiques que, « comme ministres, ses membres sont des hom- » mes envoyés de Dieu et spécialement appelés » par l'Esprit saint pour prêcher l'Evangile, des » hommes choisis et éprouvés à qui il a été don- » né de représenter ici-bas le pouvoir invisible, » etc. » Ses agens, dont la leçon a été faite, répètent de concert ces louanges qu'elle se donne, et font partout des récits pompeux du bien qu'elle fait et des miracles de conversion qu'elle opère ; et comme, par un autre trait d'habileté, les prêcheurs *non-initiés* sont choisis parmi les plus fanatiques de chaque congrégation, elle y trouve ce double avantage, que, facilement persuadés de ce qu'on leur en raconte, ils usent de toute leur influence pour le persuader à ceux qui sont sous leur direction particulière, sans qu'elle ait sujet de craindre que ces ministres du dernier ordre qu'elle a su isoler les uns des autres, puissent jamais former contre elle une coalition sérieuse et qui soit de nature à ébranler son pouvoir (1).

C'est ainsi que la secte la plus relâchée dans ses croyances et dans sa morale, également grossière et dans son culte et dans ses enseignemens, n'offrant, dans tout ce qu'elle a d'extérieur, que des caractères de licence et de folie, est devenue la plus populaire de toutes les sectes, et, sauf les quakers, celle qui a en elle-même le plus de garanties de sa durée. Par ses doctri-

(1) Un prêcheur, nommé Kylham, fatigué du despotisme de cette assemblée, demanda, après avoir mis quelques autres ministres dans son parti, que la Conférence rendît des comptes, et qu'elle admît dans son sein quelques prêcheurs locaux et quelques membres de la congrégation. Pour toute réponse, il fut excommunié. Alors, se séparant lui-même avec éclat de l'église-mère, il entraîna à sa suite un assez grand nombre de sectaires, qui, du nom de leur chef, ont été appelés *Kylhamites*.

Il y a d'autres exemples de prêcheurs qui, se croyant assez forts et assez populaires pour secouer un joug si dur, ont de même formé de petites Églises particulières; mais, jusqu'ici, la Conférence s'en est peu inquiétée. Séparées d'elle, ces faibles associations languissent, et il n'y en a point encore d'exemples assez nombreux, pour que son crédit et son autorité en aient été sensiblement altérés.

nes, qu'on peut réduire à une seule, celle de la *justification*, elle concilie, comme je l'ai déjà dit, ce que l'homme veut accorder à ses passions et ce qu'il croit devoir à la puissance presque toujours invincible du sentiment religieux; par ce gouvernement habile et vigoureux, dont la police occulte et vigilante sait employer le fanatisme et l'ignorance pour diriger à son gré des ignorans et des fanatiques, l'ordre se maintient comme par enchantement au milieu de ce désordre extrême des intelligences (¹).

Et ce qui prouve l'influence, la popularité du méthodisme, et qu'en effet, au milieu de tant de voies d'erreur que le protestantisme a ouvertes, il a su choisir la plus large, la plus aisée, la plus attrayante et en même temps la plus sûre, c'est la révolution singulièrement remarquable, *et pas assez remarquée*, qui s'est faite depuis environ deux ans dans les doctrines des anabaptistes et même des prêcheurs presbytériens. Si l'on en excepte leur croyance particulière sur le baptême des enfans, et cette autre

(1) Ce qu'ils font dans l'ordre religieux, nos comités-directeurs l'ont fait et le font encore dans l'ordre politique. C'est ainsi que, par la vigueur, l'activité et les ramifications immenses de leur police secrète, ils savent maintenir une sorte d'ordre dans ce qui est le désordre même, faisant tourner au profit de leur effroyable despotisme l'abrutissement de cette populace d'anarchistes qui manœuvre sous leurs ordres. Hors de *la liberté des enfans de Dieu*, c'est définitivement et toujours à un semblable despotisme, sans bornes et sans mesure, que toute licence vient aboutir.

croyance plus dangereuse encore de *la liberté évangélique* dont j'aurai occasion de parler, les doctrines des premiers diffèrent peu de celles des seconds : ces deux sectes appartiennent au calvinisme, et la prédestination fatale fait partie du symbole de l'une et de l'autre. Les succès toujours croissans des méthodistes leur ont enfin ouvert les yeux, et leur ont prouvé qu'avec une telle doctrine qui porte dans toutes les ames l'anxiété et le désespoir, il leur était difficile, ou pour mieux dire impossible de lutter contre leurs rivaux dans la propagande religieuse. Ils ont donc commencé à en dévier ; et pour ce qui concerne les presbytériens, vous avez pu voir dans la description que je vous ai donnée d'un de leurs *revivals*, qu'il y a là comme une espèce de mélange de cette doctrine avec celle de la justification *par la prière*. Les anabaptistes semblent avoir abordé la question encore plus franchement et s'être fait une doctrine qui, sauf ce que le respect humain leur commande de conserver de l'ancienne, se confond, dans ses principaux points, avec celle des méthodistes (¹).

(1) Il y a quelques mois que le *Catholic intelligencer* de Boston publia sur ce sujet une lettre extrêmement curieuse, écrite par une prêcheuse anabaptiste, qui, s'étant décidée à abandonner cette communion, faisait connaître à ses frères, et plus particulièrement à leurs ministres, les motifs de sa résolution. Dans cette lettre, farcie de citations tirées de l'Ecriture Sainte, et qui offre tous les symptômes du fanatisme le plus exalté, elle leur reproche : 1.° d'a-

Il y a bien des preuves de cette tendance des deux sectes vers le méthodisme ; je n'en présenterai qu'une, mais elle est décisive. Aux anabaptistes et aux presbytériens appartiennent également l'invention et la pratique des *revivals*, des *anxious meetings*, auxquels il faut joindre encore un grand nombre d'autres *meetings* extraordinaires, de deux, trois, quatre, cinq et neuf jours, qui sont comme des espèces de *retraites* consacrées, du matin au soir, à la prédication et à la prière. Mais aux méthodistes seuls appartiennent les *Camp-meetings*, qui rappellent les *Conventicules dans les champs* des anciens puritains d'Ecosse. Ce sont là leurs grandes réunions religieuses, leurs *revivals* ; c'est dans ces occasions solennelles, que se montrent avec le plus

voir, depuis deux ans, entièrement changé le fond de leurs prédications, et de prêcher maintenant l'*Arminianisme et le franc-arbitre*, tout en déclarant qu'ils ne cessent de prêcher leur ancienne doctrine ; 2.° de mettre tous les mérites dans la prière, et de regarder les bonnes œuvres comme indifférentes ; 3.° de montrer la tolérance la plus coupable pour les péchés, même pour les plus énormes, les traitant de faiblesses, d'inconséquences, de caprices, etc., afin d'être en droit de dire à ceux qui mettraient au jour les iniquités de leur conduite et de leurs doctrines : « Ne jugez point, pour n'être pas jugés ; vous manquez à la charité ; sans la charité, vous n'êtes rien ; » 4.° de recevoir maintenant dans leur communion quiconque se présente pour y être reçu, sans s'informer de sa croyance, considérant avec une indifférence absolue toute espèce de doctrine, etc. — Elle y ajoute, sur leur cupidité, sur leur hypocrisie, sur toutes les turpitudes de leurs missions, des détails inouïs, mais qui ne diffèrent pas de ceux que je me propose de donner à ce sujet sur toutes les sectes prêcheuses.

d'éclat et d'influence les prêcheurs de la Conférence ; c'est là que tous les ans , et dans une enceinte préparée à cet effet , ils savent réunir en plein air les congrégations nombreuses des districts qu'ils ont parcourus , ce qu'il leur serait impossible de faire dans l'enceinte d'un édifice ; et c'est dans ces réunions qui se composent quelquefois de plus de vingt mille personnes de tout sexe et de tout âge , qu'ils ont l'art de faire , pour ces multitudes , comme un lien commun des impressions violentes qu'elles y reçoivent et du fanatisme dont elles y sont enivrées.

Or , dans le courant du mois de septembre 1831 , près d'une ville nommée Bolivar , nouvellement bâtie dans la partie Ouest du Ténessée , des missionnaires anabaptistes et presbytériens , confessant en quelque sorte leur impuissance à rien produire dont l'effet approchât de celui d'un *Camp-meeting* projeté et annoncé par les missionnaires méthodistes , ont prié ceux-ci de leur permettre de s'associer à eux et d'y conduire leurs congrégations. Leur demande ayant été agréée , un grand *Camp-meeting* a été tenu , vers la fin de ce même mois , par les missionnaires réunis des Eglises presbytériennes , baptistes , méthodiste-épiscopale et méthodiste-protestante (1).

(1) J'ignore quelle est au juste l'influence qu'exerce l'évêque dans l'Eglise méthodiste-épiscopale ; mais tout me porte à croire qu'il se

C'est ici le lieu de vous donner la description d'une de ces singulières réunions. Celle que je vais traduire m'est fournie par un témoin oculaire ; et je ne pense pas que rien puisse mieux qu'un pareil récit vous faire comprendre l'état religieux d'un pays où domine la secte qui préside à de telles assemblées (1).

L'auteur donne d'abord le détail de tout ce qu'il vit sur la route qui le conduisait au *Camp-meeting*. Elle était couverte d'une foule considérable qui se hâtait de s'y rendre ; tous avaient pris leurs habits de fête ; et parmi les jeunes filles qui, la plupart, étaient accompagnées par de jeunes garçons, il remarqua des toilettes fort élégantes.

« Il faisait déjà nuit, dit-il, et j'avançais tou-
» jours, lorsque mon oreille fut tout-à-coup frap-
» pée d'un bruit qui me paraissait éloigné. Je
» m'arrêtai aussitôt et je prêtai attentivement l'o-
» reille : c'étaient des chants qui partaient du

borne à exercer les fonctions de président de la Conférence, et à désigner les diverses stations des prêcheurs-missionnaires.

Quant à l'Église méthodiste-protestante, fondée par Whitfield, elle a depuis long-temps abandonné ses doctrines calvinistes, pour entrer dans les voies de l'autre. Si ces doctrines y survivent encore, c'est seulement dans quelques petites congrégations isolées, qui ne prennent pas part à ce grand mouvement du méthodisme.

(1) Il est bon que vous sachiez que, sauf le nombre plus ou moins grand des assistans, toutes se ressemblent. Qui en a vu une, les a toutes vues.

» *Camp-meeting*, et qui pour parvenir jusqu'à
» moi, se prolongeant à travers des vallées étroi-
» tes et ombragées d'arbres épais, avaient quel-
» que chose de mélancolique et de religieux.
» Plût au Ciel que je fusse resté sur cette agréa-
» ble impression ! mais je continuai ma route,
» et à la vue du *Camp-meeting*, mes illusions
» commencèrent à s'évanouir. Arrivé aux limites
» du camp, j'aperçus, à la lueur de plusieurs
» feux allumés de distance en distance, des grou-
» pes d'hommes qui causaient entre eux avec
» beaucoup de vivacité : m'étant mêlé à ces grou-
» pes, je vis qu'il s'agissait d'une course de che-
» vaux qui avait eu lieu, dans cet endroit même,
» environ deux heures auparavant. Un *Camp-*
» *meeting* et une course de chevaux en même
» temps et dans le même lieu !.... cela me parut
» déjà singulier.

» Je suivis le chemin qui m'avait été indiqué,
» et ayant poussé mon cheval au travers d'une
» pièce de terre en friche, je me trouvai bientôt
» près de l'espace que les prêcheurs appellent *la*
» *terre sainte*, *le bosquet consacré*. Je m'appro-
» chai d'une porte, composée de pieux entrela-
» cés avec des branches de saule, et qui était
» entr'ouverte : cette porte conduisait à une es-
» pèce de taverne où l'on vendait des comesti-
» bles de diverses sortes, de la bierre, du vin,
» de l'eau-de-vie, et dans laquelle se pressait

» une foule de gens qui buvaient et mangeaient.
» Mes regards s'étant alors portés vers le bos-
» quet, j'y vis une multitude considérable d'au-
» tres individus qui écoutaient avec attention la
» prédication d'un missionnaire. Je décrirai tout-
» à-l'heure cette scène.

» Le bosquet où je désirais entrer était clos de
» toutes parts par un mur impénétrable formé de
» grosses pièces de bois et de broussailles très-
» épaisses : je pensai alors à chercher quelque
» moyen de me débarrasser de mon cheval. Il y
» avait un pré au delà des feux que j'avais d'a-
» bord aperçus : ayant à traverser l'espace où ils
» étaient allumés, j'y rencontrai une autre mul-
» titude, et si considérable que ce ne fut qu'a-
» vec les plus grandes précautions que je parvins
» à passer au milieu d'elle. Ne sachant ce qui
» pouvait attirer tant de monde en cet endroit,
» je supposai d'abord que les *Elders*, ou offi-
» ciers du camp, y avaient fait dresser leurs ten-
» tes, et que c'était là qu'ils donnaient au peuple
» des instructions touchant les exercices du jour;
» mais lorsqu'après avoir fait entrer mon cheval
» dans le pré, je revins au milieu de cette foule,
» mon étonnement fut grand ; je croyais y trou-
» ver des gens occupés des choses du Ciel ; j'y vis
» comme une légion de diables, jurant, blasphé-
» mant, lançant des chevaux à la course, faisant
» des paris, luttant, sautant, se livrant à toute

» espèce de jeux les plus désordonnés. Là, il y
» avait encore des tavernes où l'on allait boire et
» manger.

» Au moment où j'entrai dans *le bosquet sa-*
» *cré*, le prêcheur décrivait et énumérait les
» beautés de la religion, sa puissance, et expli-
» quait ce qu'il fallait être pour jouir de tous ses
» bienfaits. Ce qu'il en disait se réduisait à peu
» près aux phrases suivantes : *Mes frères, vous*
» *devez bénir Dieu de ce que vous n'êtes pas nés*
» *parmi les catholiques, espèce de gens la plus*
» *abrutie par les prêtres qu'il y ait jamais eu*
» *dans le monde, et tous adorateurs de saints*
» *et d'idoles.* — Après avoir développé ce texte,
» il attaqua les presbytériens, *les accusant de*
» *damner au moins la moitié des créatures, qui*
» *toutes cependant étaient l'ouvrage de Dieu*(1),
» ensuite les quakers, les baptistes, les universa-
» listes, et en définitive toutes les sectes qui ne

(1) C'est là un trait qui prouve leur immense supériorité sur leurs
rivaux. Dans leurs sermons, où toutes les sectes sont l'objet de leurs
invectives les plus violentes, ils n'épargnent, comme on voit, ni les
anabaptistes ni les presbytériens, tandis que ceux-ci ménagent les
méthodistes, et font tous leurs efforts pour s'en rapprocher, jusqu'à
ce qu'ils puissent se confondre avec eux en un seul corps. Ce vœu,
du reste, a été publiquement exprimé l'année dernière par un missionnaire presbytérien, dans une ville du Kentucky. Il déclara,
dans un de ses sermons : « que les presbytériens, les baptistes et
« les méthodistes se considéraient comme formant ensemble une
« corporation chrétienne, *dont les membres pourraient s'unir un jour*
« *plus intimement ensemble* (*Catholic intelligencer*).

» partageaient pas ses doctrines , déclarant que
» toutes, sans exception , étaient dans la voie de
» perdition. Après les avoir ainsi passées en re-
» vue, *mes frères*, ajouta-t-il, *c'est en vous et*
» *en vous seuls que la puissance de la religion a*
» *été révélée : l'homme est sorti dépravé des*
» *mains de son Créateur; mais il peut acquérir*
» *une sanctification parfaite en combattant avec*
» *le Seigneur , jusqu'à ce qu'il se soit emparé*
» *de lui.* Aussitôt s'élevèrent de grands cris :
» *Amen! Amen!* .... criait-on de toutes parts,
» *Gloire! Gloire!* .... *Jésus! Jésus!* .... et au-
» tres choses semblables.... Alors le prêcheur
» leur dit que cette nuit était le terme fixé aux
» pécheurs repentans *pour qu'ils combattissent*
» *le Seigneur* et qu'ils pussent enfin *l'avoir en*
» *leur possession* , et que ceux qui voulaient
» tenter cette sainte entreprise eussent à entrer
» dans *l'enceinte réservée.* Prêt à quitter la chai-
» re , il finit en exhortant tous ceux qui aspiraient
» à se sanctifier , à faire d'abondantes aumônes
» pour le soutien des ministres qui prêchaient
» l'Evangile et pour les sociétés des missions :
» *car*, dit-il, *celui qui donne beaucoup est agréa-*
» *ble à Dieu.* La multitude répondit encore par
» des *Amen* et des gémissemens.

» Après qu'il eût cessé de parler, j'examinai
» plus à loisir le lieu dans lequel je me trouvais.
» Il était éclairé par de grands feux de bois rési-

» neux, placés sur des espèces d'autels qu'on
» avait élevés aux quatre coins de l'espace con-
» sacré. La barrière qui l'entourait était circu-
» laire, et le terrain enclos pouvait contenir à peu
» près les trois quarts d'un acre. Autour de la
» partie intérieure de cette barrière, étaient ran-
» gées des tentes si variées dans leurs formes et
» dans leurs couleurs, que ce serait perdre le
» temps que d'essayer de les décrire; elles étaient
» jonchées intérieurement de paille, et d'espace
» en espace il y en avait des tas plus élevés sur
» lesquels s'appuyaient ceux qui, retirés dans
» ces tentes, continuaient d'y faire leurs prières.
» Au-devant s'abaissait un rideau. A partir de sa
» circonférence, l'espace renfermé formait jus-
» qu'au centre une pente douce; là, s'élevait un
» petit bâtiment à deux étages. Dans la salle in-
» férieure, le ministre se revêtait de son cos-
» tume, et il prêchait d'une croisée pratiquée
» dans l'étage supérieur.
» Les sermons étant finis, (car un grand nom-
» bre de missionnaires avaient prêché avant celui
» que j'avais entendu, et depuis le matin ils s'é-
» taient relevés les uns les autres presque sans
» interruption), un signal fut donné par un cor
» de chasse : aussitôt les *Elders* commencèrent à
» donner des ordres comme des officiers qui fe-
» raient manœuvrer des troupes; des individus
» furent nommés pour remplir l'office de sur-

» veillans, et il y eut ordre que tous ceux qui
» n'auraient pas de tentes ou qui ne seraient pas
» recommandés par des amis, eussent à sortir à
» l'instant même du bosquet consacré. Le hasard
» fit que je rencontrai là une personne de ma
» connaissance, et je pus rester.

» Au moment où le prêcheur avait invité les péni-
» tens à entrer dans *l'enceinte réservée*, toute cette
» multitude s'était prosternée : alors plusieurs mi-
» nistres se réunirent et se placèrent au milieu de
» l'endroit désigné, lequel était circonscrit en
» face de la chaire, et commencèrent à chanter
» un hymne. Tout-à-coup, et au milieu de leurs
» chants, un grand bruit se fit entendre, formé
» par la confusion de voix la plus étrange, depuis
» les cris les plus aigus des voix de femmes jus-
» qu'aux sons graves des plus fortes voix d'hom-
» mes. Je montai sur une butte, et placé ainsi
» au-dessus de la foule dont j'étais entouré, je
» pus contempler à loisir une des scènes les plus
» déplorables et les plus dégoûtantes qui se soient
» jamais offertes à mes yeux. Les Derviches qui
» tournent sans cesse sur eux-mêmes, les Faquirs
» qui portent des clous dans leurs souliers, ceux
» qui se déchirent avec des fouets, les adorateurs
» de Juggernaut, et tout ce que le Gange voit sur
» ses bords d'idolâtres et de superstitieux, sont peut-
» être moins insensés. Pères, mères, maris, fem-
» mes, filles, enfans, étrangers, jeunes, vieux,

» tournaient ensemble, sautaient, se renversaient
» les uns sur les autres, et dans toutes sortes de
» postures ; ceux qui entraient les derniers dans
» le cercle tombaient souvent, la tête la première,
» sur ceux qui déjà étaient étendus par terre,
» tandis que ceux-ci se glissant sur le ventre,
» s'aidant, comme ils pouvaient, de leurs pieds et
» de leurs mains, s'efforçaient ainsi de regagner
» la surface de cette masse vivante, ce qui pro-
» duisait une sorte d'ondulation que l'on pourrait
» assez justement comparer à un nid de serpens
» qui viendrait d'être remué. Cependant quel-
» ques frères, détachés de la bande, circulaient
» parmi les spectateurs, engageant, excitant les
» mères à faire entrer leurs filles dans le cercle,
» quelquefois même mettant une sorte de violen-
» ce à les y faire entrer ; tandis que de leur côté
» les prêcheurs les y exhortaient avec la plus
» grande véhémence, disant que *si elles s'y refu-*
» *saient, le sang de leurs enfans rejaillirait sur*
» *leurs vêtemens dans un jour qui n'était pas*
» *très-éloigné*, et autres choses semblables, tou-
» tes de nature à exalter les sentimens de ces
» pieuses mères, qui consentaient enfin à se lan-
» cer au milieu de cette foule, y entraînant leurs
» filles ; et quelques frères zélés, saisissant celles-
» ci par la main, les aidaient souvent à remplir
» ce devoir religieux. Plusieurs de ces pauvres
» jeunes filles paraissaient fort troublées de ces

» violences, et jetaient sur les spectateurs des
» regards qui semblaient implorer leur pitié et
» leur assistance. Cependant tout s'animait par
» degré dans le cercle ; et bientôt ce ne fut plus
» qu'un mélange inexprimable de cris confus ,
» perçans, inarticulés , de battemens de mains ,
» de gens qui sautaient , se poussaient , se ren-
» versaient : il faut l'avoir vu pour s'en faire une
» idée.

» La nuit commençait à être froide : je sortis
» un moment pour aller visiter mon cheval et
» chercher mon manteau ; et ce fut une occa-
» sion pour moi d'être témoin d'un spectacle en-
» core plus révoltant. Beaucoup de jeunes fem-
» mes s'étaient échappées de l'enceinte avant
» moi, des hommes les avaient suivies ; j'enten-
» dais très-distinctement le bruit de leurs pas ,
» qui devenait plus faible à mesure que ces
» groupes s'enfonçaient dans les bois environ-
» nans ; et quelques paroles qui purent parvenir
» jusqu'à mes oreilles me donnèrent la triste
» conviction que ces retraites solitaires allaient
» devenir, au milieu des ténèbres, un théâtre de
» prostitution.

» Au point du jour, la porte du camp qui
» avait été fermée toute la nuit, fut ouverte ;
» et la multitude s'y précipita. Les prédications
» recommencèrent à dix heures ; on lut en chaire
» les règles du *Meeting* qui défendaient aux

» hommes d'approcher des places occupées par
» les jeunes filles, sous peine d'être, à l'instant
» même, chassés du *bosquet sacré*. Je réfléchis
» qu'ils s'étaient montrés beaucoup moins sé-
» vères la nuit qu'à la lumière du soleil, et lors-
» que ces pauvres filles auraient eu bien autre-
» ment besoin d'être protégées et surveillées. Ce
» second jour fut la répétition du premier : les
» prédications n'y furent pas moins forcenées ;
» les prêcheurs ne mirent pas moins d'ardeur à
» faire entrer les mères et les filles au milieu du
» cercle. Le soir on ralluma les feux ; ils recom-
» mencèrent leurs bacchanales effrénées et les
» continuèrent ainsi jusqu'à trois heures du ma-
» tin. Alors commença une forte pluie qui bien-
» tôt tomba par torrens. Ceux qui n'avaient pas
» entièrement perdu le sens, coururent cher-
» cher un abri ; les autres continuèrent de sau-
» ter, de crier, de tourner au milieu de ce dé-
» luge d'eau ; toutes les lumières s'éteignirent ;
» les tentes furent renversées ; et lorsque le jour
» commença à poindre, ce fut un spectacle hi-
» deux que celui qu'offrirent tous ces fanatiques,
» hommes, femmes, enfans, mouillés depuis les
» pieds jusqu'à la tête, leurs vêtemens souillés
» de boue, et leurs visages décomposés portant
» l'empreinte de toutes les fatigues et de toutes
» les angoisses de cette horrible nuit. De dé-
» goût, je quittai la place ; et Dieu me préserve

» de me trouver jamais à un autre *Camp-mee-*
» *ting* (¹)! »

(¹) Les méthodistes ont encore une autre espèce de réunion, qui
a son caractère particulier, fort différent de celui des *Camp-meetings;*
ils les appellent *Love-feast* (fête d'amour, fête de charité); ce sont
des assemblées trimestriales, où se réunissent un certain nombre de
congrégations, et dans lesquelles, comme symbole d'une affection
fraternelle, un gâteau est partagé, et chacun en reçoit un petit morceau. Puis ils se séparent en disant : *Que cela puisse durer jusqu'à
la vie éternelle!*

Mais, sous ces apparences innocentes, se cache beaucoup d'hypocrisie et de corruption. Les hommes non mariés vont ordinairement
à ces assemblées pour y chercher des femmes à leur convenance,
et les jeunes filles pour tâcher de s'y faire épouser. Un bal de guin-
guette n'est pas plus indécent.

M. Mason raconte à ce sujet plusieurs petites anecdotes assez divertissantes : — « J'ai vécu trois ans sans commettre le moindre
» péché, » disait une de ces jeunes filles *justifiées* au jeune homme
qui lui faisait la cour. — « Vienne le démon, s'écriait une autre en
» baissant les yeux, il ne trouvera rien en moi. Il peut me tenter :
» ce sera l'effet d'une pierre qui rebondit contre un mur. —
» Retournez-vous-en chez vous, disait un ministre méthodiste, plus
» honnête que les autres, à une troupe de jeunes filles qui avaient
» fait cinq milles par un temps de neige très-rigoureux, pour se
» trouver à un *Love-feast;* vous ne seriez pas venues ici, si vous
» n'aviez eu l'espoir d'y rencontrer des jeunes gens. — Je suis lasse
» de servantes *justifiées*, disait une dame méthodiste : leur *justifi-
» cation* les met de pair avec leur maîtresse, et elles s'en font un
» droit d'être sans cesse hors de la maison. »

Il n'est pas besoin de dire que les méthodistes ne connaissent rien
de plus agréable que leurs *Love-feast :* ils n'ont garde d'y manquer.
Ainsi, dans cette religion, tout tend à flatter et à justifier les pen-
chans les plus corrompus du cœur humain.

Tout ceci vous explique comment le méthodisme, déjà si puissant aux États-Unis, est devenu si formidable en Angleterre. On peut
dire qu'il l'enveloppe de toutes parts comme un vaste réseau; il est
le ver rongeur qui a attaqué au cœur l'Église épiscopale, et l'on
peut le considérer comme le principal instrument de sa ruine.

L'auteur de cette description finit en nous apprenant que, d'après les renseignemens qui lui sont parvenus et qu'il avait été curieux d'obtenir, les prêcheurs de ce *Camp-meeting* n'ont quitté la place qu'après avoir fait une collecte très-satisfaisante (*very satisfactory*), tant pour leurs peines et soins, que pour la société biblique, la société des missions, et autres saintes œuvres qui doivent être soutenues par la congrégation.

Je ne dois pas oublier de vous dire que les églises de ces sectaires offrent en miniature les scènes qui se passent dans leurs *Camp-meetings*. A l'exception de la grande danse des pécheurs repentans, ce sont des cris, des gémissemens, des battemens de mains, et autres signes frénétiques, qui se mêlent aux hurlemens du prêcheur. Dans la rue, à cinquante pas de distance, vous êtes averti par ce bruit épouvantable, que vous approchez d'une église de méthodistes.

Ces formes extérieures si repoussantes ont, jusqu'à ce jour, éloigné d'eux la plupart des personnes qui ont reçu quelque éducation et qui ont des habitudes de vivre décentes et modérées; et c'est ce qui maintient, parmi ces classes plus élevées de la société, l'ascendant des presbytériens. Ceux-ci, qui sont dominans dans les Etats du nord, ont donc aussi leur succès dans l'ouest et dans le sud, surtout depuis qu'ils ont

sensiblement modifié leurs doctrines désespé-
rantes; mais le caractère orgueilleux et bigot
de cette secte, son fanatisme triste et farouche, ses pratiques pharisaïques, la suivent partout; et là où elle peut établir son empire, elle
change à l'instant même l'aspect d'une ville ou
d'une contrée; les amusemens les plus simples,
les distractions les plus innocentes, y sont proscrits, non-seulement dans les réunions de société, mais encore dans le sein des familles; et
tout y prend un air de tristesse, d'inquiétude et
de sauvagerie (1). Leurs missionnaires parcourent également toute l'Amérique et ont même
des stations jusqu'au milieu des tribus indiennes.
Dans la même année, il est peu de villes un
peu considérables qui ne voient, d'un côté, les
distributions de *tracts*, les conférences dans les
églises, les *revivals*, et de l'autre, les *camp-
meetings*, entraîner et fanatiser la plus grande
partie de leurs habitans.

(1) Dans l'Ohio, où les presbytériens sont parvenus à la prépondérance qu'ils se sont créée dans le Connecticut et dans quelques
autres États du nord, les cartes sont prohibées, et la vente d'un
seul jeu de cartes rendrait le vendeur passible d'une amende de
50 dollars. Il n'y a là ni bals ni concerts, et même les dîners où l'on
rassemble une société nombreuse y sont vus de mauvais œil. Une
femme qui se montrerait le matin dans les rues avec quelque
apparence de toilette y serait un objet de scandale. Il y a un théâtre à Cincinnati; mais elles n'y paraissent jamais se réunir quatre
ou cinq ensemble pour prendre le thé et aller au prêche, voilà
tous leurs amusemens.

Les anabaptistes me semblent faire la nuance entre les méthodistes et les presbytériens; mais j'ai quelque lieu de douter qu'ils puissent jamais atteindre aux succès de ces deux autres sectes. Leurs baptêmes par immersion, qu'ils font tous les ans vers la fin du printemps, dans les rivières et à la vue des nombreux spectateurs qu'attire cette cérémonie bizarre, ne sont pas du goût de tout le monde; et leur doctrine sur *la liberté évangélique* (¹), qui tend à soulever les esclaves,

(1) On n'ignore pas que cette doctrine, prêchée avec tant de violence par Luther, laquelle établit que tous les hommes ont été rendus libres par le sang de Jésus-Christ, amena la révolte des paysans de Souabe et les exécutions sanglantes qui la suivirent; qu'elle fut également cause de l'événement de Munster, où Jean de Leyde, tailleur d'habits et roi des anabaptistes, soutint un siége d'un an, accompagné de toutes les cruautés et de tous les excès de licence qu'il est possible d'imaginer.

Depuis ce temps, les anabaptistes n'ont plus osé reparaître en Allemagne; mais, réfugiés en Angleterre et aux États-Unis, où ils se sont propagés, ils ont imaginé tout dernièrement de porter cette doctrine au milieu des esclaves de la Jamaïque. On sait ce qui vient de s'y passer, et comment la révolte de ces malheureux n'a pu être éteinte que dans des flots de leur sang. Peu de mois auparavant (en août 1831), une révolte moins générale, mais qui n'en a pas moins coûté la vie à des familles entières de planteurs, et dont les détails font frémir, a éclaté dans la Virginie, par l'effet des prédications de ces fanatiques : ils ont été chassés pour toujours de cet État de la Jamaïque.

Les méthodistes ont bien un autre esprit de conduite : ils ont su introduire leurs doctrines parmi les Noirs ; mais c'est à la Conférence qu'appartient le choix de leurs prêcheurs, qui sont des Noirs comme eux, libres ou esclaves, peu importe. La leçon leur est bien faite : il leur est permis de prêcher tout ce qu'ils veulent à leurs frères, pourvu qu'ils ne disent pas un seul mot qui soit de nature

et dont la Virginie et la Jamaïque viennent de
faire de sanglantes expériences, sont fort mal
reçus dans les Etats où l'esclavage est établi.
Cependant on y voit encore de leurs missionnaires, ce qui me porte à croire qu'ils ont modifié
cette doctrine ainsi que tant d'autres. Du reste,
ainsi que je l'ai déjà dit, les pratiques de leur
culte diffèrent peu de celles des presbytériens :
leurs *meetings* de prières et leurs *revivals* offrent
les mêmes scènes de fanatisme ; et, dans les
Etats du nord, leurs congrégations sont très-nom-
breuses.

Si nous jetons maintenant un coup d'œil général sur ces sectes prêcheuses, nous y décou-
vrirons trois principaux caractères qui leur sont
communs, et qui méritent d'être remarquées.

1.º L'emploi de moyens violens, et souvent
même purement physiques, pour troubler les
ames, ébranler les imaginations, produire, surtout dans des constitutions faibles ou nerveuses,
telles que celles des femmes, des enfans, des
vieillards, des désordres qui vont quelquefois
jusqu'au délire, et au milieu desquels s'opèrent
ces œuvres puissantes de l'*Esprit saint*, auxquelles

à les rendre impatiens du joug de l'esclavage. Il en est résulté que
les planteurs ont laissé le méthodisme s'introduire parmi leurs esclaves, parce qu'ils n'y ont pas vu de véritables inconvéniens ; c'est
maintenant la religion de presque tous les hommes de couleur. Leurs
prêcheurs ont souvent une place marquée dans les *Campmeetings*,
où ils font leurs prédications.

définitivement tout doit aboutir, et qui sont à la fois la preuve de la *vérité* de leurs doctrines et le gage de la crédulité de leurs dupes (¹).

2.ᵉ Une cupidité qui passe tout ce qu'il est possible d'imaginer, et dont je ne vous ai donné, dans ma dernière lettre, qu'une idée imparfaite. Pour arracher de l'argent à leurs auditeurs, souplesses, mensonges, menaces, basses flatteries, tous les moyens leur sont bons. « C'est à eux, » disent-ils, qu'il faut donner plutôt qu'aux pauvres, parce qu'en soulageant ceux-ci, on ne » pourvoit qu'aux besoins du corps, tandis qu'ils » sont, eux, les pourvoyeurs des besoins de » l'ame. » Leur effronterie va jusqu'à dire de pareilles choses publiquement. Tous les péchés sont remis à celui qui donne ; et ceux qui donnent le plus, ou qui contribuent davantage par leurs soins à leur procurer des dons, sont les modèles de piété et de vertu qu'ils proposent sans cesse

(1) Si l'on y réfléchit, on reconnaîtra que ces réunions fanatiques, quelles que soient leurs dénominations, sont des imitations grossières et impies de l'œuvre sublime des Missions de l'Église catholique. Ils cherchent à l'imiter en tout, même dans ses miracles, que le protestantisme a si long-temps dénigrés et combattus. Dans le courant de l'année dernière, des méthodistes de Boston avaient formé le dessein de rappeler à la vie un de leurs frères agonisant et prêt à rendre le dernier soupir : ils se mirent donc en prières, et avec une grande ferveur. L'homme étant mort pendant qu'ils priaient encore, ils dirent que le miracle ne s'était pas fait, parce qu'il y avait dans la chambre des étrangers, qui n'auraient pas dû y être.

(Catholic intelligencer.)

à leurs frères. Le malheureux qui ne donne pas parce qu'il est trop pauvre pour donner, devient pour eux un objet de mépris et de dédain ; il est oublié, abandonné, jusqu'à ce que s'ôtant à lui-même une partie de sa substance, il vienne enfin apporter son tribut : alors seulement il rentre en grâce, et peut espérer de faire son salut avec ses frères qui ont déjà donné. L'aisance dans laquelle vivent ces misérables hypocrites, le luxe et l'appareil avec lequel ils voyagent, rendent encore plus odieuses, plus criantes, ces extorsions infâmes, ainsi étendues jusque sur celui qui est nu et affamé. Des cris s'élèvent en effet contre eux de toutes parts ; mais ils s'en inquiètent peu : le fanatisme leur répond de tout, et tant qu'ils auront pour auxiliaires des *revivals* et des *Camp-meetings*, et que la foule s'y portera, ce Pactole ne cessera pas de couler (¹).

5.º Une haine pour la religion catholique,

____

(¹) M. Mason raconte qu'un prêcheur-missionnaire à qui un chef de classe disait que la congrégation était si pauvre, qu'il était impossible d'en tirer la moindre contribution, lui répondit avec humeur : *C'est de l'argent qu'il me faut ; le diable m'en offrirait, que je le prendrais à l'instant même.*

Il doit être remarqué que, dans le méthodisme, les prêcheurs locaux qui tous ont une industrie qui les fait vivre (et l'on a grand soin de les choisir ainsi) remplissent ordinairement les fonctions du ministère par pur zèle et sans demander aucun salaire ; d'où il résulte que tout le produit des contributions reçues tourne au profit des prêcheurs-missionnaires.

commune à toutes les sectes protestantes, mais poussée dans celle-ci jusqu'à la plus inconcevable fureur. Je ne sais quel instinct diabolique les avertit que si sa lumière venait seulement à poindre au milieu de leurs ténèbres, elles ne tarderaient pas à se dissiper devant elle; et de là, un concert d'insultes, d'invectives, de calomnies, de dérisions contre le catholicisme, dont aucune langue ne saurait donner une juste idée. C'est le texte principal de tous leurs sermons; la haine de la religion catholique est le premier article de foi qu'offrent leurs catéchismes; et l'enfant y reçoit cette impression en même temps que la notion de l'existence de Dieu. Enfin un bon membre d'une de ces trois communions ne sait autre chose de l'Eglise romaine, sinon que c'est idolâtrie, superstition, ignorance, folie, tyrannie, cruauté et perversité (¹).

(1) Cette haine va au point de ne pas vouloir même la compter au nombre des sectes *chrétiennes*. Là où elle a le moins de sectateurs, et où elle est plus faible et plus pauvre, c'est là qu'elle est le plus insultée et le plus calomniée, comme, par exemple, dans le Kentucky; et tout porte à croire que, si la loi générale des Etats-Unis ne s'y opposait, la persécution contre elle y commencerait à l'instant même. La seule concession que voulut bien dernièrement lui faire un ministre presbytérien qui préchait dans cet Etat, ce fut de lui donner *la dernière place* dans une révision qu'il fit des sectes chrétiennes, disant : « que tout bien considéré, il valait encore « mieux être catholique que n'être rien du tout. »

Les méthodistes poussent peut-être cette haine plus loin que les autres : « Il suffit, dit M. Mason, qu'un homme se montre disposé à bien penser et à bien parler du catholicisme, pour qu'il devienne

Aussi, lorsque je vous ai présenté le tableau de l'état du catholicisme dans le nord de l'Amérique, vous ai-je dit, avec juste raison, que, quelque attristant qu'il pût être, je vous présentais cependant les choses de leur beau côté ? Dans le sud et dans l'ouest, où les mœurs sont encore plus brutales et plus dépravées, et où ne se portent point encore en masse les émigrans que l'Irlande jette à tous momens sur les côtes de l'Amérique, le nombre des catholiques, comparé à celui des autres communions, y est dans une telle disproportion, ils y sont tellement disséminés, tellement dépourvus, sur presque tous les points, de secours spirituels, que déjà plusieurs personnes pieuses, effrayées et de ce manque de pasteurs et de la dispersion d'un si petit troupeau, sont dans la triste persuasion que si un pareil état de choses doit continuer et qu'il ne plaise pas à la Providence d'y pourvoir, le catholicisme

à l'instant même leur ennemi. »—On demandait à un jeune méthodiste s'il embrasserait la religion catholique, en supposant qu'il eût la conviction *qu'elle fût la seule vraie religion ?* La réponse qu'il fit est le délire même du fanatisme : « J'irais plutôt en enfer, » répondit-il.

Lorsque la conversion de M. Mason fut connue, plusieurs de ses ci-devant frères dirent publiquement « que ce ne serait pas un péché de l'arracher de l'autel et de l'assassiner. »—Un autre plus modéré lui disait à lui-même : « Vous m'étonnez ; j'aurais pensé que vous pouviez devenir tout ce qu'il est possible d'imaginer, plutôt que de vous faire catholique. » Apparemment juif, idolâtre, mahométan ! ajoute M. Mason.

ne tardera pas à disparaître entièrement de ces vastes contrées (¹).

C'est précisément là que le méthodisme fait les progrès les plus rapides et les plus effrayans : il finira par y tout envahir (²).

Adieu ; j'acheverai, dans ma prochaine lettre, ce qui me reste à vous dire sur ce grave sujet.

(¹) D'après des renseignemens que je crois exacts, dans l'Alabama, dont la population s'élève à plus de 300,000 ames, il n'y a que trois à quatres prêtres, qui quittent rarement la ville de Mobile, siége épiscopal de cet Etat, et une seule église succursale à Huntsville, c'est-à-dire à l'autre extrémité de ce vaste district. Dans le Ténessée, où l'on compte plus de 600,000 habitans, il n'y a pas, dit-on, un seul prêtre, et cependant il y a là des familles catholiques. Qu'en résulte-t-il? Dans les maladies, dans les infirmités, dans les afflictions de la vie, ces pauvres catholiques, la plupart hommes ignorans et grossiers, restant ainsi abandonnés sans consolations et sans secours spirituels, deviennent une proie aisée pour les ministres sectaires, qui se montrent très-ardens à les rechercher et à les convertir, qui les étourdissent alors d'argumens captieux, auxquels ils sont incapables de répondre, et finissent le plus souvent par les faire apostasier. On m'a cité des exemples tout récens de familles catholiques du Ténessée qui se sont faites méthodistes; et il y en a malheureusement beaucoup d'autres.

(²) Les *Camp-meetings* y attirent maintenant une foule si considérable, qu'ils en ont acquis une importance politique, et sont devenus une arène que ne doit pas négliger celui qui aspire aux suffrages dans les élections. Le candidat qui y envoie les provisions les plus considérables en lard, pain, wiskey, etc., pour y être distribuées gratuitement en son nom, s'y procure ainsi un grand nombre de votes, et est à peu près sûr de l'emporter sur ses concurrens.

LETTRE VII.

Philadelphie, le 1. août 1835.

Moyens de propagande des sectes protestantes supérieurs à ceux de l'Eglise catholique. — Leurs mensonges et leurs extorsions. — Sectes séparées innombrables. — Plus fanatiques encore. — Doctrine des quakers et leur tolérance. — Causes de leur durée. — Quakers-Trembleurs. — Sociniens. — Universalistes, — hostiles aux sectes prêcheuses. — Athéisme, dernière conséquence de cette confusion de doctrines. — Ses progrès. — Arrivée aux Etats-Unis de deux prêcheurs athées, mâle et femelle. — Leurs succès effrayans dans presque toute l'Union. — Détails biographiques sur ces deux personnages, *Owen* et *Frances* Wright. — Ville des athées. — Education publique. — Son caractère systématiquement irréligieux. — Le missionnaire *Stephen Girard*. — Fondation d'un collége athée à Philadelphie.

MON CHER AMI,

Je n'ai pu m'empêcher de sourire en lisant ce passage d'une de vos lettres, où vous m'invitiez à vous donner la description d'une mission catholique aux Etats-Unis. Hélas! le Ciel ne m'a pas accordé la moindre parcelle de ces trésors d'imagination qu'il a répandus à pleines mains sur l'illustre auteur de *René* et d'*Atala* ; les forêts du Nouveau-Monde n'ont pas le privilége d'être devenues pour moi, comme elles l'ont été pour lui, des forêts enchantées, ni ses villes une image touchante de l'âge d'or et de l'innocence de la vie patriarcale. Je ne sais faire ni des phrases élégantes et harmonieuses sur les choses *que je n'ai jamais vues*, ni des réflexions profondes et sentimentales sur celles que personne ne peut voir, parce qu'elles n'existent pas et n'ont jamais existé (1). Je parle de ce qui se passe sous mes yeux, ou de ce que j'ai pu recueillir d'après des témoignages, le plus souvent incontestables et toujours d'une assez grande autorité pour justifier ce que je dis. C'est ainsi que j'ai commencé ces lettres, c'est ainsi que j'espère les finir; et s'il s'y glisse quelques inexactitudes, je ne manquerai pas de les relever au moment même où j'aurai pu les apercevoir.

Or, vous m'apprenez que j'ai trouvé en France quelques contradicteurs sur ce que j'ai dit de l'état assez triste où se trouve ici la religion catholique; et que, tout en avouant qu'il y a du vrai dans mes peintures, on prétend toutefois que les couleurs en sont un peu exagérées. J'aurais désiré que ces observations critiques eussent été moins vagues, qu'elles eussent opposé quelque chose de positif à mes assertions : jusque là elles ne peuvent suffire à me convaincre que j'ai don-

(1) « A beau mentir qui vient de loin. »
J'aurai, par la suite, occasion de vous en donner quelques exemples, qui peut-être vous sembleront amusans.

né des renseignemens inexacts, et je persiste dans ce que j'ai dit (¹).

.... Août 1834.

(¹) Au moment où je me préparais à réunir ces lettres et à en former la présente édition, on m'apporte l'extrait d'une relation écrite par un missionnaire du séminaire de Ste.-Marie-des-Barrens, diocèse de St.-Louis (état du Missouri), et insérée dans le *Diario di Roma*. L'auteur de cette relation prétend « que la religion chrétienne fait de *rapides progrès* dans cette partie du monde ; que tandis que l'industrie change les vastes déserts de l'Amérique en campagnes fertiles, de pauvres prêtres, ministres du Dieu de paix, *s'efforcent* de répandre partout la lumière de la vraie foi ; que le concile provincial qui s'est tenu le 20 octobre dernier (1833) dans l'église métropolitaine de Baltimore, a donné la preuve de *l'accroissement sensible de notre Église naissante* ; qu'une multitude immense était accourue pour jouir de la vue de dix évêques, venus de pays éloignés, dans le dessein de prendre des *mesures nouvelles*, afin d'agrandir le domaine de Jésus-Christ ; que nos frères séparés semblaient eux-mêmes prendre part à la *joie commune*, et que, dans leurs journaux, ils ont parlé du concile *en termes très-honorables*, etc., etc. »

Je suis fâché d'être obligé de dire que ce document ne prouve absolument rien, sinon l'ignorance où est le digne ecclésiastique qui l'a donné, exilé qu'il est dans un petit coin des États-Unis, de ce qui se passe dans leur vaste étendue. « 1.° Le catholicisme y fait de *rapides progrès*. » Est-ce par l'arrivée annuelle de *cent mille* Irlandais catholiques, plus ou moins, ou par des conversions nombreuses de protestans ? C'est ce qu'il aurait fallu expliquer ; car il n'y aurait réellement progrès que dans le dernier cas. Or, je soutiens ce que j'ai déjà avancé, que, jusqu'à présent, ces conversions sont rares, et sont plus que contrebalancées par le nombre d'émigrans catholiques qui viennent se perdre dans ce gouffre de toutes les corruptions religieuses.—2.° « Que de pauvres prêtres (bien pauvres en effet !) *s'efforcent* de répandre la lumière de la vraie foi dans ces contrées. » C'est un fait, à la vérité duquel je me suis plu à rendre hommage ; mais, pour en tirer une preuve à l'appui de ce qu'il avance, l'auteur de la relation aurait dû faire connaître, du moins par approximation, le résultat de leurs efforts, et c'est ce qu'il n'a pas fait.—3.° Il ne me semble pas, par cela seul que dix évêques se sont assemblés au concile provincial à Baltimore, qu'il y ait preuve encore de *l'accroissement de cette Église*

Vous savez maintenant que le mot *Mission* signifie, dans ce pays-ci, à peu près le contraire de ce qu'il veut dire dans les diocèses de l'Eu-

naissantes; et, sans avoir assisté à ce spectacle, j'oserais assurer que la multitude *immense* accourue pour en jouir, se composait, ni plus ni moins, de la population catholique de Baltimore, et uniquement parce qu'elle était sur les lieux; les Américains, catholiques ou non, ne se dérangeent pas ordinairement de leurs affaires, et n'étant pas dans l'usage de courir le pays pour assister à un spectacle, quel qu'il puisse être. — 4.° Dire que les frères *séparés* ont pris part à la joie commune, parce que quelques-uns de leurs journaux ont parlé du concile *en termes très-honorables*, c'est peut-être pousser un peu loin cette simplicité qui fait prendre dans le sens le plus favorable tout ce qui se peut dire ou écrire. A l'exception des journaux qui appartiennent aux sectes *prêcheuses* (et certes ceux-là n'auront pas parlé du concile, ou n'en auront parlé que pour vomir contre lui des torrens d'injures), qui ne sait, en Amérique, que les autres, absolument indifférens à toutes les sectes, ne parlent jamais qu'*honorablement* de leurs ministres? J'ai vu cent fois l'éloge d'un prêtre catholique accolé, dans leurs colonnes, à celui d'un ministre anglican, ou luthérien, ou presbytérien, etc., etc.; c'est là une chose ordinaire et commune, qui ne valait pas la peine d'être remarquée.

Presque tous les renseignemens que j'ai donnés sur l'état de l'Eglise catholique dans la république américaine, m'ont été fournis par l'évêque d'un des diocèses les plus vastes et les plus populeux de la contrée; et il est probable que ce pieux et vénérable prélat assistait lui-même à ce concile de Baltimore. J'ai présenté des faits qui, malheureusement, ne sont que trop constatés; et ce sera pour moi une grande consolation qu'on puisse les contredire autrement que par des paroles aussi vagues et d'aussi faibles allégations (*).

(*) Un petit fait, récemment arrivé à New-York (dans le courant de 1833), pourra donner une juste idée de ce qu'est en effet ce mouvement vers le catholicisme, dont cette relation présente un si haut tableau. Trois prêtres catholiques, brutalement provoqués à une controverse publique, qu'ils étaient bien loin de désirer, par un certain révérend nommé Brownley, ministre presbytérien, acceptèrent enfin son défi, sur la permission qui leur en fut donnée par l'évêque, et par cette seule considération qu'on les aurait crus hors d'état de soutenir l'attaque, s'ils n'eussent pas accepté. C'étaient trois hommes habiles, et l'un d'entre eux particulièrement (M. Powers, curé de la chapelle Saint-Pierre), est justement considéré comme l'on

rope catholique. Là, ce sont des hommes apostoliques qui, plus exercés que d'autres dans les fonctions du ministère dont l'objet spécial est de ranimer les tièdes et de convertir les pécheurs, parcourent les villes et les villages à la voix des évêques et des pasteurs, et concourent avec eux, par des prédications ardentes et des solennités extraordinaires, à ramener la foule dans les églises désertes, à y faire couler par torrens les larmes de la pénitence, et qui, particulièrement en France pendant quelques années de la restauration, semblaient avoir reçu la seconde mission d'épouvanter et de faire rugir les libéraux. Ici, c'est un pauvre prêtre qui, supportant à lui seul pour plusieurs le poids du jour et de la chaleur, traverse, souvent à pied, des espaces considérables et de tristes solitudes, pour aller remplir presque à la hâte, auprès de quelque petite Congrégation, les fonctions les plus essentielles du culte; qu'on attend quelquefois pendant la cé-

des plus savants théologiens de sa congrégation. Ce fut dans deux journaux que s'engagea le combat. Dès les premiers pas qu'ils firent dans la discussion, ils arrêtèrent tout court leur antagoniste; bientôt ils le forcèrent à reculer, lui prouvèrent qu'il était un ignorant, un homme de mauvaise foi, un raisonneur absurde, le précipitèrent d'abîme en abîme, le réduisirent enfin à une telle confusion, à de tels accès de rage, qu'il ne sut plus répondre que par des injures de crocheteur à leurs argumens errans; ce qui le fit huer de toutes les congrégations protestantes, ce qui le perdit sans retour dans sa propre congrégation, où il avait joui jusqu'alors du plus grand crédit et de la plus haute réputation. Jamais victoire ne fut plus complète et plus éclatante que celle des trois défenseurs du catholicisme; et c'est en face d'une population de plus de deux cent mille ames qu'elle avait été remportée: combien supposez-vous qu'elle ait produit de conversions?... Une seule. Ceux-là mêmes qui s'étaient le plus moqués du stupide et furieux presbytérien, s'étaient empressés immédiatement après, de rentrer dans leur indifférence.

lébration du saint sacrifice , pour l'emmener , au sortir de l'église , à plusieurs milles de là , faire un baptême ou assister un mourant ; qui, en toute hâte , va immédiatement après visiter et consoler quelque autre Eglise où il est depuis long-temps attendu , et dont la vie est un cercle continuel de veilles , de privations , de durs travaux , quelquefois insuffisans (¹). Je vous ai offert un tableau des seules missions que l'on connaisse dans ce pays-ci : les *revivals* et les *Camp-meetings*. Ce n'est pas à pied et un bâton blanc à la main , que voyagent ces apôtres du Nouveau-Monde , mais dans de belles et bonnes voitures, traînées par de beaux et bons chevaux, que les bateaux à vapeur transportent avec eux, quand il est nécessaire , d'un point à l'autre du pays ; c'est en s'arrêtant dans les meilleures auberges , où ils ont su retenir à l'avance le dîner le plus

(1) Je suppose qu'il fût possible de faire ici une Mission catholique, dans l'acception que vous avez donnée à ce mot, ce dont les missionnaires devraient se garder par-dessus tout, ce serait d'y planter la croix. Il est reconnu comme vérité incontestable parmi nos frères les réformés, que nous adorons les deux pièces du bois dont elle se compose, dès qu'elles sont arrangées de manière à se traverser à angles droits ; et l'on trouverait, à l'instant même, plusieurs millions d'abatteurs de ce signe idolâtrique. On s'est hasardé à en placer une petite sur la pointe du clocher de nos chapelles, et elle y reste, parce que la main du fanatisme ne peut encore atteindre jusque là.

Avec un bon sens qui leur fait honneur, les protestans, au lieu de la croix, ont partout, sur le point le plus élevé de leurs églises, des *girouettes*, emblême de leurs doctrines aussi juste que frappant.

succulent et l'appartement le plus *confortable* (¹). Ce n'est pas isolément qu'ils vont distribuer , ou plutôt vendre ce qu'ils appellent *la parole de Dieu :* c'est par caravanes ; et l'on compte souvent jusqu'à vingt et trente missionnaires arrivant à la fois pour un *revival* ou un *Camp-meeting* , non compris le cortége nombreux d'assistans inférieurs dont ils sont accompagnés. Ce scandale de leur manière de voyager n'est guères moins choquant que celui de leurs prédications et de leurs jongleries.

Aidé de la puissance de tant de moyens de tous genres qu'il a su se créer , le fléau s'étend de toutes parts. Sachant aussi-bien que nos libéraux , les prodiges , ou , pour mieux dire , les monstres que l'on peut produire avec la presse , ces forbans religieux ont des journaux partout , dans les grandes , dans les petites villes , et jusque dans les villages. L'insulte et la dérision de la religion catholique en sont toujours le texte principal , de manière qu'avant de les entendre, leurs dupes les ont déjà lus et relus, et que ,

(¹) Un journal catholique (*the Catholic intelligencer*) a publié, il y a quelque temps, la relation donnée par un témoin oculaire d'une halte de missionnaires méthodistes, avec femmes, enfans, domestiques, chevaux, voitures, dans une auberge peu distante du lieu où ils allaient tenir un *Camp-meeting*. La description des noces de Gamache est à peine au-dessus. N'y pouvant obtenir un lit pour se coucher, et y mourant de faim au milieu de l'abondance de provisions de toute espèce dont regorgeait la maison, le voyageur se vit forcé d'aller chercher gîte ailleurs.

quelque part qu'ils arrivent, tout se trouve préparé pour l'effet de leurs prédications. Grâce à cette politique machiavélique des cabinets modernes, qui, depuis le traité impie de Westphalie, cède les peuples avec les territoires comme on vend de vils troupeaux, et dans son indifférence religieuse, fait passer des populations entières de catholiques sous le gouvernement ou plutôt sous la verge des Etats protestans ; le Canada, la Louisiane, les Florides ont vu s'introduire dans leur sein ces propagandes de l'erreur et du mensonge. Il y a des *revivals* et des *Camp-meetings* dans le Canada ; la Nouvelle-Orléans est à moitié protestante ; les prêcheurs méthodistes et presbytériens infestent cette vaste partie de la Louisiane connue sous le nom de *Vallée du Mississipi* ; et pour la première fois depuis la naissance de la réforme, on a vu des protestans au milieu d'une population espagnole. Repoussés jusqu'à ce jour de toutes les colonies de l'Amérique du sud que la révolte a rendues indépendantes de l'Espagne, il a bien fallu les recevoir dans les Florides, devenues propriété des Etats-Unis ([1]).

([1]) Le roi d'Espagne paraît avoir été forcé à faire cette cession par des procédés inouïs de la part du gouvernement des Etats-Unis, accompagnés, en pleine paix, de la violation de son territoire : c'est ce que j'espère pouvoir éclaircir. A peine le traité était-il signé, que la plupart des propriétaires de cette colonie, peu curieux de vivre pêle-mêle avec les tourbes de sectaires qui allaient s'y préci-

Cependant, et le charlatanisme impudent et grossier de ces sectes prêcheuses, et le scandale de leurs extorsions et de leurs commerces (1), et l'inconsistance de leurs doctrines qui varient sans cesse suivant le caprice de chacun ou les intérêts de tous, n'ont pas été du goût d'un grand nombre de leurs congrégations ; et de là, dans ces diverses sectes, des schismes qui ont donné naissance à des sectes nouvelles. Je vous ai déjà parlé des congrégations méthodistes *séparées* : il en est de même un grand nombre, parmi les anabaptistes et les presbytériens, qui se sont mises à l'écart des congrégations - missionnaires et hors de ce mouvement qu'elles impriment autour d'elles ; celles-là conservent da-

piter, vendirent leurs terres, emmenèrent leurs esclaves, et allèrent former de nouveaux établissemens dans l'île de Cuba.

(1) Les exemples que je vous ai donnés, dans ma cinquième lettre, de l'effronterie de leurs mensonges, et de la crédulité stupide de leurs dupes, pourraient sembler suffisans ; toutefois, ce qu'un prêcheur anabaptiste vient d'oser en ce genre à Boston, et tout dernièrement, est si prodigieux, que je crois devoir vous le raconter.

Ces sectaires ont établi des écoles en Irlande : le prêcheur en question y était envoyé ; et, désirant ajouter à la somme qui lui avait été allouée pour ses frais de voyage, il imagina d'assembler un *Meeting* de ses frères ; et là, dans une allocution pathétique, dont l'objet était de solliciter leur charité pour le succès d'une si bonne œuvre, il leur déclara « que ces écoles étaient déjà si florissantes, « qu'elles comptaient plus de cent cinquante mille élèves, et que, « DU HAUT DE LEURS CHAIRES, *les prêtres catholiques engageaient les* « *parens* A ENVOYER LEURS ENFANS AUX ÉCOLES DES ANABAPTISTES. » Cet épouvantable mensonge lui a valu une collecte de plus de 400 dollars (2,000 fr.). (*Catholic intelligencer.*)

Ils ne se contentent pas, dans leurs missions chez les sauva-

vantage de ce fanatisme dur et farouche du calvinisme dont toutes ces sectes sont sorties. Séparées ainsi de la masse turbulente de leurs anciens frères, elles s'isolent avec le même soin les unes des autres, vu qu'il n'en est pas deux qui pussent s'accorder ensemble sur un point quelconque de doctrine; et de là, dans leur propre sein, de nouvelles divisions, de nouveaux déchiremens, d'où sortent chaque jour de nouveaux essaims de sectaires à doctrines plus bizarres les unes que les autres, qui, un prédicant à leur tête, vont former, suivant leur nombre plus ou moins grand, soit dans une chapelle qu'ils font

ges (*) de leur subtiliser leurs fourrures en leur donnant en échange les plus misérables bagatelles, ce qui leur a été mille fois reproché : une déclaration authentique des chefs et sachems d'une tribu d'Indiens, dite *Seneca*, qui résidait encore en 1831 à Sandusky, sur l'Ohio, déclaration en date du 5 mars de la même année, et imprimée dans le *Washington globe*, nous apprend que les *Black-coats* (ou habits noirs) (**) leur ont volé les aumônes qui avaient été recueillies pour eux dans diverses congrégations des Etats-Unis, dans l'intention de soulager l'extrême détresse où ils se trouvaient.

(*) Il ne s'agit point ici des tribus indépendantes qui habitent par delà le Mississipi (ils n'ont garde d'aller chez ces sauvages-là, et les abandonnent volontiers aux Missionnaires catholiques); mais de ces petites tribus que les Américains souffrent encore sur leur territoire, en les soumettant à une certaine police, et qui, reléguées dans leurs immenses solitudes, y vivent de la chasse et de la pêche. Ces prêcheurs peuvent bien voler ces pauvres sauvages, mais jusqu'ici il ne leur a pas été donné d'en civiliser un seul, et ils l'avouent eux-mêmes; tandis que les Missionnaires espagnols convertissent encore tous les jours au christianisme des peuplades entières de sauvages indépendans et ont su introduire la civilisation, même parmi leurs tribus les plus féroces, celles de la Californie.

(**) Ils appellent les Missionnaires catholiques *Black-gowns* (robes noires), ce qui est fort différent. Ceux-là, sans compter le reste, *leur donnent et ne les volent pas.* Ils en conserveront long-temps le souvenir.

bâtir, soit dans une maison qu'ils prennent à loyer, quelquefois même dans une simple chambre, des congrégations particulières, lesquelles ne tardent point à se subdiviser encore. Qui les pourrait compter ? Qui les pourrait nommer ?

> Quàm multa in silvis autumni frigore primo
> Lapsa cadunt folia; aut ad terram gurgite ab alto
> Quàm multæ glomerantur aves, ubi frigidus annus
> Trans pontum fugat, et terris immittit apricis.
>
> ÆNEID., *Lib. VI.*

Ainsi se multiplient ces sectes (1) qui, attenti-

(1) M. Félix de Beaujour en comptait déjà 63 avant 1810 : on assure qu'aujourd'hui ce nombre a plus que triplé. Il faudrait, seulement pour rassembler la nomenclature de ces sectes, plus de temps et de soins que la chose ne vaut et que je n'en puis donner. J'ai obtenu quelques détails sur plusieurs de celles que je vous ai déjà nommées, mais ils sont d'une nature si hideuse, si dégoûtante, que ma plume se refuserait presque à les tracer, et que d'ailleurs ils ne vous offriraient qu'un bien médiocre intérêt. Que vous importe, par exemple, de savoir que les *Mormanites* (*) sont des fanatiques ainsi nommés du *livre de Mormon,* autrement dit la *Bible dorée,* recueil de sottises et de rêveries dont ils ont fait leur évangile ; qu'il leur tombe du ciel des lettres écrites par le doigt de Dieu, et dont les caractères s'effacent à mesure qu'on veut les transcrire ; qu'il leur arrive quelquefois de recevoir de ces *pierres blanches* dont il est parlé dans l'Apocalypse, etc. ? Ne seriez-vous pas épouvanté au récit de l'histoire de deux frères, appartenant à la secte plus fanatique encore des *Bryonites* et *Ranters,* dont l'un s'est arraché un œil *qui le scandalisait,* dont l'autre avait commencé à se couper le bras, et aurait achevé cette œuvre sanglante, si on ne l'eût arrêté ? (Cet horrible événement est arrivé à Bodmin en Pensilvanie.) En quoi peut-il vous intéresser d'apprendre qu'il y a dans la Pensilvanie d'autres fanatiques plus doux, connus sous le nom de *Chrétiens de la Bible* (*Bible christians*), qui ne boivent que de l'eau et ne mangent que

(*) Ces sectaires ont une congrégation très-nombreuse à Kingston dans le Massachusetts.

tives à ne pas laisser échapper une seule des erreurs et des folies du protestantisme européen, y ajoutent sans cesse leurs propres extravagances, de manière que jamais confusion plus effrayante et spectacle plus lamentable n'ont été offerts au monde dans aucun temps, et même dans les plus extrêmes corruptions du paganisme.

Je crains de vous avoir fatigué de ces odieux tableaux : j'en suis fatigué moi-même ; et c'est assez parler de ces tourbes d'hypocrites avides et de fanatiques imbéciles (¹). Vous le savez, les

des végétaux ; que les *Illuminés* du baron de Swedenborg ont transporté ici, sous le nom de *Nouvelle Jérusalem*, leur grand-prêtre, leur mysticisme, et leurs contes des Mille et une Nuits? etc., etc., etc. Les matériaux d'une histoire de ces sectes seraient presque impossibles à rassembler ; cette histoire formerait un gros livre, et ce livre serait loin d'être amusant.

(1) Ces deux derniers mots me rappellent que je vous ai promis une note sur les quakers ; ils ont, vous devez le savoir, une doctrine commune à tous, que l'on doit considérer comme le principe fondamental de leur religion, tout le reste se composant de croyances accessoires qui peuvent, sans inconvénient, varier d'un individu à un autre : « la Lumière divine habite en nous, nous illumine et nous » découvre toutes vérités. » Cette lumière n'est pas celle de la conscience ; c'est autre chose, et vous concevez que lorsqu'ils entreprennent de la définir, ils se brouillent fort dans leur définition ; mais enfin la chose est ainsi. Ils se rassemblent donc pour recevoir la Lumière ou l'Esprit, et restent ainsi assemblés dans le plus profond silence, les hommes d'un côté, les femmes de l'autre, attendant que cet Esprit de vérité se soit manifesté à quelqu'un d'entre eux. Celui qui a senti sa présence se lève aussitôt, monte sur une estrade, et là, dans une attitude singulière, les bras collés le long du corps, ne remuant que les mains et se soulevant de temps en temps sur la pointe des pieds, il répète, mot pour mot, à ses frères, ce que l'Envoyé d'en haut vient de lui communiquer. Ce sont quelque-

extrêmes se touchent : parmi les personnes que leur éducation a placées au-dessus des classes po-

fois les dernières des trivialités ; car cet Esprit ne fait acception ni du sexe, ni de l'âge. Dès qu'il a cessé de parler, le silence renaît, et n'est interrompu que lorsqu'il plaît à l'Esprit de produire une nouvelle inspiration. Il arrive assez souvent qu'il s'abstine à se faire lui-même, et qu'aucun frère n'a l'avantage d'être inspiré : dans ce cas, les heures consacrées au *Meeting* étant expirées, tous se lèvent, et chacun se retire de son côté, aussi silencieux qu'il y était entré.

Ces hommes qui se fanatisent ainsi avec un sang-froid imperturbable, refusent en même temps, avec une obstination que, jusqu'à présent, rien n'a pu vaincre, de remplir aucun devoir de la vie civile, de porter les armes, de prêter serment, de paraître devant les tribunaux, etc. Comment se fait-il donc qu'une secte qui, religieusement et politiquement, semble plus faible et même plus absurde qu'aucune autre, ait cependant en elle-même un principe de durée et de fixité qu'on chercherait vainement dans tout le protestantisme ? Car c'est un fait incontestable, que les quakers d'aujourd'hui ne diffèrent en rien des quakers de la première institution (*).

C'est qu'il y a là, sous le double rapport du dogme et de la discipline, une grossière et informe imitation de la religion catholique : 1.° L'autorité qui enseigne est *infaillible* : c'est Dieu même qui parle. Avant qu'il ait parlé, on se tait ; après qu'il a parlé, on se tait encore ; et le silence étant le symbole commun de tous, personne ne peut disputer sur ce que Dieu a dit, redit et contredit : l'infaillibilité ne peut aller plus loin. 2.° C'est que, s'étant placés, par la bizarrerie de leurs idées sociales, hors de la société telle qu'elle existe et même telle qu'elle peut exister, il a bien fallu que, sous peine de périr au moment même où ils ont commencé à naître, ils se fissent une sorte de législation particulière ; et l'ayant visiblement empruntée aux règles monastiques (**), ils l'ont composée de signes

(*) On dit cependant que la trop grande sévérité de leur discipline a fait naître au milieu d'eux, mais seulement depuis peu d'années, quelques petites congrégations séparées, les unes sous le nom de quakers orthodoxes, les autres sous celui de quakers Hicksites ; on peut prédire qu'elles ne tarderont pas à se subdiviser, et qu'aucune n'aura la durée des quakers de *Penn* et de *Naylor*.

(**) Qu'il règne, parmi ces sectaires, une disposition à la vie monastique, on en a la preuve dans les congrégations de *shaking quakers* (quakers trembleurs), qu'on

pulaires, il en est un grand nombre qui, dégoû-
tées de ces farces religieuses plus ou moins abo-

extérieurs singuliers, d'usages cérémoniels immuables, auxquels ils sont d'autant plus attachés, qu'ils les ont faits plus gênans et plus minutieux : la même forme d'habillemens pour tous ; pour tous la même simplicité de mœurs, les mêmes habitudes tristes et sérieuses, la même monotonie d'existence ; et pour les différends qui s'élèvent entre eux, un tribunal arbitral, à la fois religieux et domestique, qui juge sans appel. Ainsi se soutient cette caricature du catholicisme. Et ici les extrêmes se touchant encore, c'est dans un abrutissement complet des facultés intellectuelles de l'homme qu'elle puise son principe de vie, tandis que la religion de vérité, qui vit par elle-même, doit produire, et produit en effet le développement intérieur des intelligences.

Il en résulte encore que les mêmes causes qui assurent la durée de cette secte l'empêchent de se propager. Le nombre des quakers n'augmente ni ne diminue ; ils ne se marient qu'entre eux ; c'est comme une race à part de l'espèce humaine ; et l'on peut dire qu'ils font des *palais* qui sont destinés à les remplacer. Je ne sais si l'on citerait ici un seul exemple d'une conversion au quakérisme ; et en effet, il faut

doit considérer comme de véritables cénobites. Ces associations singulières (on en compte deux ou trois dans les États-Unis) se composent d'un nombre égal de personnes des deux sexes : un mari peut y être admis avec sa femme, mais dès ce moment, il ne lui est plus permis de co-habiter avec elle. Les hommes sont sous la direction d'un chef qui reçoit la qualification de *Parfait* ; les femmes sont dirigées par une *Parfaite* ; et, de même que dans les couvens les plus réguliers, tous sont soumis à la continence, à l'obéissance, à la vie commune et à la communauté des biens. Leur culte religieux est des plus étranges : il se compose de certains cantiques qu'ils chantent en les accompagnant d'une danse extrêmement grotesque, les hommes d'un côté, les femmes de l'autre ; et cet exercice qui dure long-temps, est répété plusieurs fois par jour. Les uns cultivent la terre, les autres exercent diverses sortes de métiers ; ils ont des heures de travail réglées, et les produits de leur culture et de leur industrie forment un fonds commun qui leur fournit abondamment, et dans une égale mesure, tout ce qui est nécessaire à la vie. Là où il leur convient de s'établir, ils ne tardent point à prospérer et à devenir riches ; et l'on a remarqué que tout ce qu'ils manufacturent ou cultivent est d'une qualité supérieure, et obtient la préférence dans tous les marchés. Enfin, un dernier trait complète leur ressemblance avec les ordres religieux : c'est qu'ils reçoivent les pauvres voyageurs avec la plus extrême bienveillance, fournissant à tous leurs besoins, et ne mettant point de terme à l'hospitalité qu'ils exercent à leur égard. Ainsi les plus ridicules des enfans de la réforme sont, sous tous les rapports, les moins changeans et les meilleurs, parce qu'ils ont su emprunter quelques bonnes coutumes au catholicisme.

minables, ne pouvant se résoudre à remonter jusqu'à l'épiscopalisme, plus décent sans doute, mais plus absurde encore (¹), et cependant

y avoir été plié dès l'enfance, comme les Spartiates l'étaient à leur discipline, pour pouvoir supporter une règle de vie si étrange et si fatigante.

(1) On s'étonnera peut-être qu'ils ne remontent pas plus haut, c'est-à-dire jusqu'au catholicisme : c'est un déplorable effet de l'horreur que leur inspirent, pour la religion de vérité, leurs prêcheurs et leurs ministres; un instinct de conservation apprenant à ces apôtres du mensonge que s'ils laissaient à leurs dupes la faculté morale d'étendre jusque-là leur examen, il y aurait pour eux-mêmes péril de mort, et péril à peu près inévitable. Cette horreur ainsi imprimée dans l'ame de ces pauvres égarés, et dès leur plus tendre enfance, s'y enracine, y devient comme une seconde nature; et à moins de quelque miracle extraordinaire de la grâce, il est à peu près impossible de la vaincre. Nous avons sur ce point l'aveu naïf d'un converti (*M. Stephen Cleveland Blythe*). Il avait été élevé dans les doctrines de l'Eglise dite *épiscopale* : n'y trouvant pas une solution satisfaisante de certains doutes qui s'étaient élevés dans son esprit sur la vérité de la révélation, il nous apprend que, dans les incertitudes dont il était agité, il s'adressa successivement à toutes les sectes pour y trouver la lumière qu'il cherchait, *le Catholicisme excepté.* « J'avais » été imbu, dit-il, dès mon premier âge, de tous les préjugés » des protestans contre les catholiques; je n'avais jamais pensé » qu'il y eût, dans leur Eglise, d'autres vérités que celles qu'elle » possédait en commun avec nous; et sous les autres rapports, je la » considérais COMME UN RÉCEPTACLE DE CORRUPTION ET D'IDOLATRIE. » (*In other respects, y viewed it as sink of idolatry and corruption!*) » Ce fut la rencontre fortuite d'un volume de Massillon qui com» mença à lui ouvrir les yeux : il conclut de cette lecture que l'ex» posé qu'on lui avait fait de la religion catholique était faux, ou » que Massillon lui-même la présentait sous de fausses couleurs. De » là, un dessein formé à l'instant même de vérifier ce qui en était, et » sa conversion. » Voyez *An apology for the conversion of Stephen Cleveland Blythe, from the protestant-episcopal-church to the faith of the Catholic, Apostolic and Roman Church., etc.*)

dominées par un sentiment vague de religiosité, tombent dans une indécision pénible, et cherchent avec une sorte d'anxiété un culte et des doctrines qui puissent les accommoder. Le socinianisme se présente alors à elles avec son christianisme *rationnel* et un certain appareil de liturgie qui diffère peu de celui de l'Église épiscopale : elles s'y réfugient, et les congrégations d'*unitaires* ou sociniens vont sans cesse croissant et se multipliant. Pour qui trouve leurs doctrines encore trop sévères et leur culte trop gênant, restent enfin les *universalistes* qui, dans l'échelle de ces innombrables sectes sorties du christianisme, occupent le dernier degré.

Je ne sais pourquoi, dans ma première lettre, je les ai particulièrement gratifiés de l'épithète de *fous :* en vérité, ils ne sont pas plus fous que les autres. Interprétant l'Écriture à leur manière, et citant des textes à l'appui de leurs doctrines, ils ont découvert qu'il n'y avait pas de peines éternelles, mais seulement des châtimens temporaires et gradués, par conséquent que le salut de tous, bons et méchans, était une chose assurée et d'ailleurs très-conforme à la bonté et à la justice de Dieu, Jésus-Christ ayant satisfait pour tous ; et je suis forcé de convenir que, pour le prouver, ils font des raisonnemens qui valent bien ceux de leurs antagonistes. En effet, qu'un homme *humble de cœur et de bon jugement* (c'est-

à-dire qui n'est pas évidement atteint de folie)
cherche curieusement dans la Bible : que n'y
trouvera-t-il pas ? Les sociniens y ont trouvé qu'il
ne fallait adorer que Dieu le Père, parce qu'il n'y
a pas de Trinité ; les frères moraves , qu'il ne fallait rendre de culte qu'à Jésus-Christ , ou Dieu
le Fils ; les quakers et mille autres , qu'il fallait
se moquer de tout et attendre le Saint-Esprit. La
foi, la prière , l'enfer *sans purgatoire* , sont les
points fondamentaux de la doctrine de presque
toutes les sectes protestantes ; le purgatoire *sans
enfer* , sans prières , avec ou sans la foi *ad libi-
tum* , offre une base encore plus large et plus
commode sur laquelle se sont posés les *universalistes*. Le terrain qu'ils ont choisi n'est , ni d'une
nature différente , ni moins solide que celui d'aucun autre enfant de l'Eglise réformée ; et j'ai peine à m'expliquer les mauvaises querelles qu'ont
imaginé de leur faire quelques-uns de leurs con-
frères : il est vrai que ce sont des presbytériens ,
et ceux - là sont reconnus pour être les plus har-
gneux (¹).

Que me reste-t-il maintenant à vous dire sur

(1) La foi, la prière et l'enfer, étant les principales sources de revenus des sectes prêcheuses et particulièrement des presbytériens,
on conçoit cette haine qu'elles ont pour les *universalistes* , qui ont
eu outre le privilége de s'en faire craindre , au moyen de leurs journaux, dans lesquels ils se font un malin plaisir de consigner toutes
les jongleries et toutes les turpitudes de leurs adversaires. Ceux-ci
ont donc été attaqués dans des *lectures publiques* , par les ergo-

l'état religieux des Etats-Unis ? Vous le savez avant que je vous l'aie dit ; et tel qui a la vue moins lon-

teurs de la secte, et tout récemment par un certain R.^d *Joel Parker* (*), pasteur d'une des congrégations presbytériennes de New-York. J'ai trouvé au début de son discours, que du reste je me suis bien gardé de lire, un passage qui m'a semblé si curieux, que je l'ai traduit aussitôt à votre intention. Le voici ;

« Imposer des croyances aux peuples par la voie de *pure autorité*,
» est un droit qui n'appartient, ni à un homme, ni à plusieurs hom-
» mes réunis ; et ceci est surtout d'une application rigoureusement
» vraie aux matières de religion. Mon intention n'est donc point de
» blesser les sentimens et les opinions de qui que ce puisse être
» dans cette assemblée. Non-seulement, je ne trouve point à redire
» à cet esprit d'indépendance qui vous fait soutenir, en fait de
» croyances religieuses, les droits de votre jugement particulier ;
» non-seulement je reconnais ce droit que vous avez d'interpréter
» par vous-mêmes les Ecritures, mais encore, comme ENVOYÉ DE
» CHRIST (*as an ambassador for Christ*), je vous déclare que vous
» êtes dans l'obligation formelle de prendre le sacré volume, et
» d'en étudier, avec un soin extrême, avec un humble examen, les
» doctrines et les préceptes, afin de croire et de pratiquer ensuite
» ce que chacun de vous y aura trouvé d'après sa conscience.

» CEPENDANT il est déplorable de voir, au milieu de cette indé-
» pendance sans limites d'opinions, *si peu de dispositions* à péné-
» trer avec soin les vérités les plus importantes. Il y a *assez de*
» *liberté* de penser *pour jeter dans l'incertitude* les multitudes en
» tout ce qui concerne *chaque point fondamental* du christianisme ;
» mais ce qui manque, *c'est un usage raisonnable* de cette liberté
» *qui arrête les esprits dans de justes bornes ;* en un mot, il y a parmi
» nous assez de *prétentions* au libre examen, mais *extrêmement peu*
» *de solidité et de force* pour l'investigation, etc. » Ainsi entre en
matière] ce docteur, qui *ne prétend pas* avoir plus de droit qu'un
autre au *libre examen*, mais qui ne pense pas qu'on puisse mettre
en doute qu'il possède infiniment *plus de force et de solidité* que
beaucoup d'autres pour l'*investigation*. On voit que si on l'eût un peu
pressé, il aurait fini par convenir qu'il était *infaillible*.

Il lui échappe ailleurs un aveu d'une grande naïveté : « Lorsque

(*) Voyez *Lectures on universalism by Joel Parker*, pastor of the free presbyterian church, New-York, 1831.

que que vous, aura déjà compris que, dans un pays où, sans sortir du quartier, quelquefois même de la rue qu'on habite, on a la faculté de changer quatre ou cinq fois de symbole, l'indifférence en matières de religion doit être, et sans le moindre intermédiaire, en point de contact avec le fanatisme (1). En effet, dans cette longue et bizar-

« nous avons, dit-il, *deux religions si différentes* (il appelle ici *une
» seule religion* toutes les sectes qui, sur ce point, sont du même
» bord), l'une où l'on craint l'enfer et où l'on prie, l'autre où l'on
» ne prie pas et où l'on ne craint pas l'enfer, il est évident que,
» dans ces deux religions *contradictoires*, il n'y en a qu'une qui puisse
» être vraie. »—Sans doute, répondront les *universalistes*, et c'est
la NÔTRE. On peut défier tous les *jugemens particuliers* qui suivent
l'*autre* religion de rétorquer cet argument-là. *Que si, que, non,*
sont tout le fond de la controverse protestante.

L'*universalisme* est un fruit indigène des États-Unis; il y a pour inventeur et fondateur un certain *Elhanan Winchester;* de là, il s'est introduit en Angleterre. Ces hommes qui ne prient point, qui n'ont aucun culte, ont cependant des églises ou salles de *Meetings,* et des ministres qui les y rassemblent de temps en temps; ils s'y rendent pour causer ensemble ou pour traiter d'affaires qui intéressent la communauté. Quelquefois l'assemblée commence par une courte prière. Les congrégations d'*universalistes* se multiplient.

(1) Ce résultat frappant et inévitable de la multitude des sectes et de cette protection égale que leur accorde le gouvernement, a été remarqué par M. Félix de Beaujour qui, du reste, a, sur l'article de la religion, des idées fort étranges, et me paraît avoir fait des études plus profondes en statistique qu'en théologie. « Rien n'est plus
» commun *partout*, dit-il, que de voir une femme embrasser en se
» mariant la religion de son mari; et il est même des pères qui
» jugent à propos de ne donner à leurs enfans aucune espèce de
» religion, afin de leur laisser la liberté de choisir celle qui leur
» semblera la plus convenable quand ils auront atteint l'âge de
» raison. » Alors, s'ils aspirent aux emplois publics, ils ne man-

re kyrielle de cultes divers, vous avez vu que les fanatiques sont au milieu, et que les indifférens, qui veulent allier le respect humain à l'insouciance religieuse, se sont placés avec les plus faibles croyans aux deux extrémités. Toutefois qui s'arrêterait là, ne verrait encore que le beau côté des choses : ce fanatisme, où l'hypocrisie dupe si évidemment la sottise, produit en outre cet autre effet plus déplorable, d'enfoncer plus avant dans le cynisme de l'incrédulité ceux qui ont déjà pris leur parti de ne rien croire : il y a presque autant de spectateurs malins que d'auditeurs bénévoles aux scènes dramatiques des *revivals* ; et les jeunes gens qui entourent les *Camps-meetings*, y guettant comme une proie les jeunes filles qui cherchent à s'en échapper, ne vont certainement pas là pour y être édifiés. Ces profanations abominables du christianisme, au milieu d'un peuple où, à bien dire, les catholiques exceptés, personne ne sait au juste ce que c'est, ont fait plus de ravages peut-être dans les intelligences, et des ravages plus rapides, que toutes les doctrines de matérialisme que leur fournissent de toutes parts et en abondance les livres et les journaux. L'athéisme qui se cachait encore ici il y a vingt ans, s'y montre aujourd'hui à découvert, répandant partout ses poisons, de-

quent pas de s'attacher à la secte où ils ont l'espoir de se faire un plus grand nombre de partisans, et par conséquent d'obtenir des votes plus nombreux aux élections.

puis les classes les plus élevées de la société, jusqu'à celle qu'on y appelle, je ne sais pourquoi, la populace.

Oui, sans doute, il se montre à découvert, il marche le front levé ; toutefois, il lui a manqué, pendant quelque temps, pour être une secte toute aussi respectable qu'aucune autre, une chaire publique et des prêcheurs : il les a obtenus ; et il me reste à vous donner connaissance d'un scandale dont je ne pense pas qu'il y ait un second exemple dans les annales du monde.

Un certain *Robert Dale Owen* est arrivé à New-York il y a quelques années, accompagné d'une certaine Miss *Frances Wright*. Ces deux individus s'étant, dit-on, déjà essayés en Angleterre et n'y ayant obtenu que de médiocres succès, avaient jugé (et en cela ils ne se trompaient pas) que les Etats-Unis d'Amérique leur offriraient un champ à la fois plus vaste et plus facile à exploiter. A peine débarqués dans la métropole du Nouveau-Monde, ils y fondent un journal et annoncent des lectures publiques, où ils promettent d'expliquer « le véritable principe des » connaissances humaines, l'absurdité de toutes » les religions, et les obstacles qu'elles appor- » tent au développement de la morale et de l'in- » telligence. » Pour Owen, ce fut simplement du succès ; pour Frances Wright, ce fut de l'enthousiasme, de la frénésie. Soit que le sexe de

l'orateur (car ce ne pouvaient être ni sa jeunesse
ni sa beauté (¹)) ajoutât de l'attrait à ses paroles,
soit qu'elle eût en effet, comme on l'a prétendu, une sorte d'éloquence naturelle et un débit
à la fois animé et gracieux, la foule qui se portait à ses séances fut telle, qu'une salle très-vaste
(*the Hall of science*) où elle s'était d'abord établie, ne pouvant contenir ses auditeurs, ce fut
dans la plus grande salle de spectacles de la ville
(*Bowery theatre*) qu'elle transporta ses tréteaux;
et jamais elle n'y parla que tout ne fût plein, depuis le parterre jusqu'au comble (²), d'une multitude de tout sexe, de tout âge, où tous les rangs
étaient mêlés et confondus; et si ses discours impies étaient quelquefois interrompus, c'était par
des tonnerres d'applaudissemens. Est-ce tout? Non :
la réputation de la femme-athée ne tarde point à
se répandre dans tout le pays, et alors de toutes
parts des invitations pressantes lui sont adressées
de se rendre aux vœux de populations entières
avides de l'entendre, « invitations si nombreuses,
» qu'une année, disait-elle dans son journal, ne
» me suffirait pas pour y satisfaire. » Les distances qui séparent entr'elles quelques-unes des plus

(1) Elle paraissait avoir de 35 à 40 ans, sa taille était au-dessus de
la moyenne, et ses traits extrêmement prononcés ne présentaient
rien, dit-on, qui fût véritablement agréable.

(2) Le prix d'entrée n'était que d'un schelling (environ 65 cen-
times); les femmes étaient admises sans payer.

grandes villes de l'*Union* étant médiocres, et, grâce aux bateaux à vapeur, pouvant être franchies avec beaucoup de régularité et de célérité , on la voit se multiplier en quelque sorte , et se faisant *toute à tous* , annoncer , quelques jours à l'avance , une lecture à New - York ; dans cet intervalle aller à Boston , à Philadelphie , à Wilmington , à Pittsburgh , etc. où tout a été préparé pour la recevoir ; y déclamer ses blasphèmes au milieu des mêmes applaudissemens , et au jour et à l'heure indiqués , revenir se faire applaudir encore par ses premiers admirateurs. Sa présence dans certains lieux , sujet de joie pour les uns , y devient un scandale pour les autres : il arrive , dans une grande ville (à Philadelphie), qu'un mouvement de pudeur détermine les magistrats à se ranger du côté de ceux - ci , et n'osant toutefois en donner d'autre motif qu'une simple mesure de police , à faire fermer la salle où elle devait haranguer. Sa voiture peut à peine traverser les flots de la multitude qui en assiége les portes ; et s'emportant elle-même contre la tyrannie des municipaux, elle propose de parler en plein air , du haut d'un balcon qui dominait le lieu de la scène , si l'on peut la faire parvenir jusque là ; mais la foule est si épaisse , qu'on l'essaye vainement (¹). Dans une autre ville (à Pittsburgh) , les divisions que cau-

(1) Depuis, ses amis y louèrent pour elle une salle de spectacle , où elle parla plusieurs fois.

sent ses doctrines sont telles, qu'on craint d'y voir couler le sang, et qu'on la force enfin d'en sortir. Alors elle quitte pour un temps New-York et les Etats voisins, et s'avançant vers l'Ouest et le Sud, va recueillir de nouvelles palmes contre Dieu, dont elle nie publiquement l'existence, à Baltimore, à Cincinnati, à Saint-Louis, à Louisville, et dans toutes les villes, toutes les bourgades, tous les districts qu'elle rencontre sur son passage ; trouvant partout autant d'impies et d'athées qu'il lui en fallait, pour que ce voyage devînt pour elle comme une espèce de marche triomphale.

Cependant le succès du journal (*the free Enquirer*) allait aussi croissant : quoique Frances Wright y écrivît souvent, il était plus particulièrement confié aux soins d'Owen ; et là se faisait le développement logique et philosophique des doctrines débitées à la tribune par les deux professeurs. Parmi les systèmes d'athéisme et les argumens d'athées que j'ai pu recueillir, j'en ai rarement rencontré de plus pitoyables que ceux de ce couple cynique : l'un et l'autre annonçaient une grande ignorance de toutes choses, surtout du sujet qu'ils traitaient, et tournaient sans cesse dans le même cercle d'idées, cercle tellement étroit que, dès les premières paroles qui sortaient de leur bouche, il devenait facile de les mettre en contradiction avec eux-mêmes. Mais c'en était

assez pour la foule corrompue et encore plus igno-
rante qui se pressait autour d'eux, qui y accourait
déjà plus d'à-moitié persuadée , et disposée, pour
se confirmer dans ces affreuses doctrines , à se
contenter des moindres argumens ; à la honte du
protestantisme , c'en était *trop* pour les adversaires qu'il se hasarda à produire contre eux : il
s'y montra à nu dans toutes ses faiblesses , dans
toutes ses misères ; et dans ses controverses mal-
adroites avec Owen et Frances Wright , par cela
même qu'il lui fut impossible de les accabler
d'argumens sans réplique , l'avantage demeura
visiblement aux derniers (¹).

(1) C'étaient encore les ergoteurs presbytériens qui avaient relevé
le gant jeté par les deux athées. Et ceux-ci se tenaient si peu
pour battus dans cette controverse , qu'ils n'ont pas craint de l'in-
sérer toute entière dans leur journal. En principe, il n'y avait contre
eux qu'un seul argument, mais qui les renversait du premier coup :
afin de rejeter la révélation qui, si elle n'existe pas , emporte avec
elle pour conséquence nécessaire la non-existence de Dieu , ils
niaient, avant toute chose, et de même que tous les professeurs d'a-
théisme nés et à naître, *le témoignage* comme moyen de certitude,
posant pour base de tous leurs raisonnemens , « que nous ne sommes
certains que de ce que nous pouvons percevoir par les sens. » Rien
n'était plus facile, *en les prenant sur le fait*, que de leur prouver
qu'ils ne pouvaient prononcer quatre paroles de suite, sans être dans
la nécessité d'invoquer *explicitement* ou *implicitement* l'autorité du
témoignage ; qu'il est donc le fond de la raison humaine , même
dans le cercle d'idées le plus étroit qu'il soit possible d'imaginer ;
et que le nier, c'est renoncer à la fois à la parole et à la pensée, c'est
nier l'homme. Après les avoir ainsi forcés , et par le propre usage
qu'ils faisaient de leur raison pour détruire ce principe de certitude,
à l'admettre dans l'ordre d'idées dont ils soutenaient leur système ,
on les forçait alors invinciblement , et sous peine de folie , à l'ad-

On peut dire qu'il y avait, dans ces deux personnages, comme une sorte de *possession* qui les
poussait à se faire propagateurs de l'athéisme.
Quoiqu'ils ne parussent pas absolument dédai-
gner les profits que leur rapportait leur mission,
Frances Wright, qui appartient, dit-on, à une famille honorable, avait plus que de l'aisance ;
Owen était riche. Tout porte à croire que, dans

mettre dans tous les ordres possibles d'idées, lorsqu'il portait avec
lui les conditions qui faisaient son évidence. De là, découlent
les preuves de la religion, considérée comme un fait et non comme
une *vérité métaphysique.*

Ainsi aurait raisonné avec eux un catholique : un protestant ne le
pouvait pas ; car, de même que l'athée, il reçoit le témoignage dans
un certain ordre d'idées qui lui est favorable et le rejète dans
d'autres. Étant donc dans l'impossibilité de se placer sur ce terrain,
qui était celui de leurs adversaires, les champions du presbytérianisme se jetaient à corps perdu dans les preuves métaphysiques, qui
ne sont que des preuves du second ordre, qui, par conséquent,
seules, ne prouvent rien, et dont Frances Wright et son compagnon
se moquaient fort.

Ce vice de leur argumentation a frappé même une dame protestante, qui raconte une controverse de ce genre, ouverte à Cincinnati, entre Owen et un certain ministre des plus habiles, nommé
Alexandre Campbell, controverse solennellement annoncée une année
à l'avance, qui se prolongea durant quinze séances devant un nombreux auditoire, et à laquelle elle assista depuis le commencement
jusqu'à la fin. « Aucun des deux, dit-elle, ne me parut avoir répondu
» aux argumens de l'autre, » et elle s'en chagrine beaucoup pour
le Révérend. « On assure, ajoute-t-elle, qu'à la fin de ces quinze
» *Meetings*, le nombre des incrédules et celui des croyans demeura
» le même qu'auparavant. » Enfin elle finit par cette réflexion, qui
mérite d'être remarquée : « Je pense que l'Amérique *est le seul*
» *pays du monde où une telle chose puisse arriver* ; et je suis convain-
» cue qu'il est à désirer que rien de semblable n'arrive jamais dans
» aucun autre. » (Voy. *Domestic manners of the americans*, by
Mrs *Trolloppe*.)

cette inconcevable entreprise , la recette était
pour eux loin d'égaler la dépense ; et lorsque l'intérêt de leur cause l'exigeait , on les a vus se plaire à faire des actes de générosité (1). Mais , je le
répète , un démon s'était emparé d'eux. Owen ,

(1) Depuis que cette lettre est écrite , j'ai obtenu sur ces deux individus , si malheureusement célèbres en Amérique , quelques détails plus exacts et plus circonstanciés. Ce voyage n'est pas le premier qu'ils aient fait aux Etats-Unis. Frances Wright , plusieurs
années auparavant , y avait acheté , sur les bords du Mississipi et
près de la ville de Memphis , un vaste terrain , où elle avait réuni
de [illegible] esclaves noirs, parmi lesquels il y avait un grand nombre
d'enfans, dans l'intention d'élever elle-même ces enfans, et de prouver, par le développement de leurs intelligences, que sous ce rapport,
ils n'étaient point au-dessous des blancs. Elle se livra d'abord avec ardeur à l'exécution d'un projet qui prouvait combien, dès lors, sa tête
était exaltée et dérangée ; puis , se dégoûtant au bout de quelques
mois d'une entreprise qui lui avait coûté une somme considérable, un
beau matin elle donna la liberté à tous ses esclaves , et voulut les
conduire elle-même [à Haïti, où elle les recommanda particulie-
rement au président Boyer, qui n'aura pas manqué de les placer sur
quelque habitation , et de les y faire travailler , comme les autres
nègres *libres* , à coups de bâton. On présume que , de là , elle re-
tourna en Angleterre pour revenir aux Etats-Unis avec Owen.

Quant à celui-ci, ses doctrines sont une tradition de famille : elles
lui ont été religieusement transmises par son respectable père qui
vit encore , et il compte les transmettre à ses enfans avec le même
soin religieux. C'est l'apôtre de l'athéisme : il voudrait en être le
martyr. Pour le propager dans le monde entier, ni peines, ni soins,
ni fatigues, ni périls, ni dépenses , ne semblent l'effrayer. Auprès
de lui , le Juif-errant mène une vie sédentaire ; et l'on a remarqué
que dans l'intervalle de l'année qui s'écoula entre son défi porté au
R.d Campbell et leur rencontre à Cincinnati , il avait parcouru une
grande partie de l'Amérique du nord, traversé deux fois l'Atlantique,
visité l'Angleterre, l'Ecosse , le Mexique , le Texas , et un grand
nombre d'autres endroits , cherchant partout , soit publiquement,
soit en secret , à accroître le nombre de ses prosélytes.

le plus froid en apparence, était au fond le plus
fanatisé : de même que Julien-l'Apostat avait
pour idée fixe de rebâtir le temple de Jérusalem,
de même cet homme semblait dominé par une
seule pensée, celle de mettre à exécution l'un des
projets favoris du philosophisme du dix-huitième
siècle : *l'établissement d'une ville d'athées.* Sans
doute, dans les sociétés européennes, telles que
les a faites cet abominable siècle, les habitans
d'une pareille ville ne seraient pas difficiles à rassembler ; mais cherchez, au milieu d'elles, un
lieu où il leur soit permis de vivre, elles vous re-
pousseront encore avec horreur. Allez demander
un tel asile aux peuplades les plus barbares, des-
cendez pour l'obtenir jusqu'aux hordes de sauvages les plus abruties, vous leur paraîtrez également exécrable, et elles vous chasseront de leur
territoire en vous maudissant. Eh bien ! il y a un
pays dans le monde, où ce prodige qui fait dresser les cheveux, et que n'ont vu ni les peuples
anciens ni les peuples modernes, a pu se réaliser ;
et ce sont les ETATS-UNIS ! Rien, ni dans ses lois
ni dans ses mœurs ne s'opposant à un semblable
établissement, un vaste terrain a été acheté par
Owen ; une ville y a été bâtie ; des troupeaux d'a-
thées, hommes et femmes, sont venus s'y établir ;
et à moins de renier Dieu et de se soumettre à la
législation de l'athéisme, on n'y était point admis.
Cette ville a un nom ; elle occupe une place sur

les cartes géographiques de la République confédérée; et s'il lui était possible d'exister dans le
sein de la mort, ses habitans seraient appelés à
jouir des mêmes droits et priviléges que les autres membres de l'Union américaine (1).

(1) La ville, ou plutôt la bourgade des athées, est située dans
l'*Indiana*, sur les bords du Wabash, rivière qui se jette dans l'O-
hio; et d'après les règles de la grammaire à l'usage des impies,
des révolutionnaires, et probablement de l'enfer, comme c'est là
que règne, dans ses plus grands excès, le désordre des intelligences, elle a reçu le nom d'*Harmony*. Owen le père, ce vénérable vieillard dont je viens de parler, en est le patriarche, et il
a résolu, dit-on, d'y laisser le cadavre de sa machine pensante et
agissante. Cependant, d'après les derniers renseignemens que j'ai
reçus, il paraîtrait que l'établissement, qui d'abord avait commencé
de manière à donner les plus brillantes espérances, ne va plus
aussi bien maintenant, et suscite à ses fondateurs d'assez grandes
tribulations. Ayant très-sagement prévu que les habitans de cette
noble cité ne tarderaient pas à se tuer et à se manger les uns les
autres, si l'on n'y mettait quelque empêchement, ils avaient imaginé
de leur donner une législation qui, en ce qui concernait le *matériel*
de leur association, différait peu de celle des *shaking quakers*. La
loi portait que le produit de *l'industrie* de chacun (car dans ce
système, *l'industrie* est tout l'homme) appartiendrait à la communauté, laquelle serait chargée de pourvoir aux besoins de ses
membres. Quant à la partie *morale*, elle était différente : hommes et
femmes s'y accouplaient à la manière des animaux. Tous consentaient à se soumettre à ce dernier article de leur charte constitutionnelle; mais les agrémens qu'il offrait ne semblaient pas une
compensation suffisante aux plus industrieux, qui voulaient bien
partager les femmes, mais qui prétendaient garder pour eux seuls
leur argent. De là, des divisions qui ont déjà sensiblement diminué
le nombre des brigands et des prostituées, d'abord accourus de
toutes parts pour former la population d'*Harmony*.

La première pensée de ce projet appartient à Owen le père, qui
l'avait conçu, il y a bien des années, et avec l'intention hautement
annoncée de le mettre, tôt ou tard, à exécution dans quelque partie des États-Unis. Il est évident que Saint-Simon, qui a voyagé dans

Dans ce grave sujet de la religion, je vous avais promis de parcourir tous les degrés de l'échelle et de descendre aussi bas que possible ; je crois avoir rempli ma promesse. Passons maintenant à ce qui y touche de plus près, à l'ÉDUCATION.

Parmi les prodiges d'aveuglement qu'a présentés la période de quinze années, désignée dans notre malheureuse France sous le nom de *restauration*, et qui en ont fait l'incident le plus extraordinaire du plus grand événement qu'aient offert les annales du monde (le prodige de sa rédemption excepté), rien ne m'a plus frappé, je ne dirai pas d'étonnement, mais de stupéfaction, que cette insensibilité avec laquelle on a laissé la révolution s'emparer des générations naissantes pour les jeter dans le gouffre d'impiété et de corruption d'où elle-même était sortie ; et que cela se soit fait, continué, consommé au milieu des avertissemens et des prédictions sinistres de tant de voix qui criaient sans cesse « que, non-seulement on se rendait coupable devant Dieu d'un des plus grands crimes qu'il soit possible de commettre, celui de profaner l'enfance, mais encore qu'à ne considérer que

ces parages, le lui a volé sans en rien dire à personne ; de manière que les pauvres *Saint-Simoniens*, qui croient adorer en lui une espèce de demi-dieu, ne se prosternent en effet que devant un plagiaire, lequel, de même que ce tyran de je ne sais quelle farce comique, s'est montré extrêmement *peu délicat*.

les intérêts matériels de ce monde vers lesquels les hommes d'état de cette époque se tenaient si misérablement courbés, on se perdait soi-même inévitablement, le gouffre ne pouvant manquer de se rouvrir bientôt pour produire, de même que le champ fabuleux des Argonautes, des multitudes armées et possédées de la rage de la destruction. » Il est vrai que, d'un autre côté, la révolution criait « que tout allait bien ; qu'élevée par elle, cette *admirable* jeunesse était *l'avenir de la France*. » Elle était en effet son *avenir*, mais ainsi qu'il avait été arrêté dans les décrets de la Providence. Au moment marqué, ces générations nouvelles ont surgi, telles que la révolution les avait faites, telles que le pouvoir les avait laissées faire ; et le chassant devant elles avec insolence et dérision, elles lui ont appris d'une manière terrible ce que c'était que l'ÉDUCATION dans la balance des destinées d'un empire.

Tous ceux qui, dans cette grande crise du monde social, se sont rangés du côté du génie du mal et combattent d'un pôle à l'autre sous ses étendards, le savent aussi-bien que nos révolutionnaires ; et dans ce pays-ci, où il marche de victoire en victoire, nous avons déjà vu comment quelques sectes ambitieuses et hypocrites s'efforcent de s'emparer des jeunes générations pour les infatuer de leurs doctrines, les façonner à

leur joug, et en faire un jour les instrumens de
leurs pernicieux desseins. D'un côté, les catholiques ont sonné l'alarme; de l'autre, l'athéisme a
poussé des cris contre les écoles fanatiques du dimanche (car l'athéisme ne veut ni du fanatisme,
ni de la religion); et Owen, parmi les divers projets qu'il présentait pour l'amélioration de l'espèce humaine, faisait entrer le plan d'une éducation *nationale*, « qui serait *exclusive*, la même
pour les pauvres et pour les riches, *obligatoire*
pour les uns et pour les autres, de laquelle tout
enseignement religieux serait absolument exclu,
cet enseignement devant être une affaire *pure-*
ment domestique, dont les écoles du dimanche
faisaient, *par usurpation*, une affaire publique
et d'intérêt général. »

Si l'on ne prenait un tel parti, il criait que
tout était perdu : je crois qu'il se trompait. Le
système d'éducation adopté dans les Etats-Unis,
et d'un bout à l'autre de leur domination (quelques écoles catholiques exceptées) diffère peu
du sien; il produit à peu près les mêmes résultats; il apporte de grands obstacles aux succès
effrayans des écoles du dimanche; et sous ce rapport on pourrait y applaudir, s'il n'était plus ef-
frayant encore.

Il n'est certainement pas de pays dans le monde où l'éducation des enfans soit l'objet d'une
plus grande sollicitude que dans les Etats-Unis

d'Amérique : il n'en est aucun où, comparativement, il y ait un aussi grand nombre d'écoles publiques. Ces écoles publiques sont partout à la charge de la communauté : elles coûtent des sommes énormes ; leur entretien est l'objet d'une taxe particulière qui pèse nécessairement sur les riches, forcés ainsi de faire, presque à eux seuls, les frais de l'éducation des pauvres. Il est vrai que ces écoles étant ouvertes à tous, et gratuitement et indistinctement, ils sont parfaitement libres d'y envoyer leurs enfans (¹) ; mais ils se gardent bien de profiter de cette liberté.

Qu'apprend-on dans ces écoles ? Quel est le but du gouvernement en répandant ainsi dans toutes les classes, sans en excepter les plus viles et les plus pauvres, et au même degré, ce qu'il appelle *l'instruction et les lumières ;* en les faisant toutes participer également à ce qu'il appelle encore, avec l'emphase américaine, *le mouvement de l'intelligence (the march of intellect) ?* C'est ce que je me propose d'examiner

______

(1) Owen prétendait, lui, *qu'ils ne fussent pas libres de ne pas les y envoyer ;* il voulait, sous ce rapport, mettre les écoles publiques des Etats-Unis au niveau de l'Université impériale, royale, infernale, de France. On est forcé d'avouer, qu'en cette partie de l'économie morale et politique, les Américains sont restés en arrière de la grande nation qui leur a emprunté tant et de si belles choses ; qu'ils ne pensent pas encore à faire une si haute application des grands principes du libéralisme, et que, jusqu'à ce moment, chaque père est resté ici le maître de faire élever ses enfans comme bon lui semble, et par qui il lui plaît.

plus tard et à la place qui lui convient : maintenant, je ne veux considérer ces écoles publiques que sous le rapport religieux.

Il y aurait inconséquence dans un gouvernement aussi parfaitement athée que celui-ci, si la religion avait la plus petite part dans ce qu'il peut faire, soit qu'il enseigne, soit qu'il administre. L'athéisme est donc ici, *et au nom de la loi*, la base immuable de l'éducation publique. Oui, la chose est ainsi : dans des écoles où l'homme-enfant va recevoir ces premières impressions, le plus souvent ineffaçables et presque toujours décisives pour sa vie morale, il n'est pas seulement recommandé, mais *ordonné* de s'abstenir absolument de tout enseignement religieux.

Vous êtes épouvanté : jusqu'ici vous m'avez cru ; maintenant vous ne voudrez plus me croire ; vous m'accuserez, après avoir raconté tant de choses monstrueuses, de créer à mon tour des monstres ; et, parce que cela ne s'est jamais vu depuis que le monde existe, vous prétendrez que pareille chose est tout-à-fait impossible. Ecoutez-moi donc : j'ai, sur ce point, plus d'une preuve incontestable et plus d'un document curieux à vous présenter.

Dans la ville de New-York, la congrégation méthodiste, ayant cru s'apercevoir que ses écoles du dimanche étaient impuissantes à réparer les ravages que font les écoles publiques où les en-

fans n'entendent jamais parler de Dieu, imagina,
il y a quelques mois, de solliciter auprès de la
corporation une allocation particulière sur les
fonds destinés à ces écoles, en faveur, disait-
elle, des enfans orphelins et indigens qui appartenaient à sa communion ; faisant entendre
en même temps que la même faveur pourrait
être convenablement accordée aux autres sectes,
de manière que chacune d'elles, ouvrant des
écoles particulières pour les enfans qui lui seraient confiés, pût joindre l'instruction religieuse
aux connaissances profanes qu'elle serait tenue
de leur donner. Un cri presque général s'éleva
aussitôt contre cette demande téméraire ; et voici
ce qui fut écrit, à ce sujet, dans un des journaux les plus répandus de la ville (*the Evening
post*).

On commence par y rappeler l'article de la
loi concernant les fonds destinés à l'enseignement : « Ils sont, y est-il dit, inviolablement
» consacrés au soutien des *écoles publiques* dans
» toutes les parties de l'Etat. » Et ailleurs :
« Le libre exercice et l'entière jouissance de
» toute croyance et de tout culte religieux, sans
» aucune distinction, ni préférence, est accordé
» dans cet Etat *à tous et pour toujours.* » (Cong.
Art. 7, Sect. 10.)

Puis on ajoute :

« L'interprétation la plus étendue et la plus

» libérale doit sans doute être donnée à cet ar-
» ticle : par conséquent, toute préférence *di-*
» *recte* ou *indirecte* serait également contraire à
» la lettre et à l'esprit de la loi. Or, quelle dif-
» férence y aurait-il, entre donner l'argent du
» public pour soutenir des ministres méthodis-
» tes, ou leur fournir les moyens d'élever à
» part des enfans qui, imbus de leurs doctri-
» nes, deviendraient ensuite les soutiens de ces
» mêmes ministres ? Est-ce ainsi que la loi doit
» être interprétée ? Encore un coup, le fonds des
» écoles est un *fonds commun*, destiné aux écoles
» publiques et non à d'autres ; et si l'on en ac-
» corde aux méthodistes une portion quelcon-
» que pour les orphelins et les enfans indigens
» de leur congrégation, chaque secte a droit à la
» même faveur : alors ce n'est plus le fonds com-
» mun des écoles, mais un fonds que les sectes
» se partageront. Le caractère de *bienveillance*
» *générale* que leur avait imprimé la loi, se
» trouve anéanti. Quel but la constitution s'est-
» elle proposé ? Celui de détruire à jamais dans
» l'Etat les prétentions de toute secte, quelle
» qu'elle puisse être, à aucune allocation parti-
» culière de fonds et à aucune autre espèce de
» prérogatives. Sous ce rapport, toutes les sec-
» tes *lui sont inconnues* ; elles n'ont pour elle
» *ni nom ni existence* ; et les méthodistes, en
» faisant une semblable demande, n'ont pas

» plus le droit d'être écoutés de la corpora-
» tion, qu'une secte qui serait établie au fond
» de la Tartarie. — Mais, disent les sectes, si
» l'argent destiné aux écoles est distribué entre
» nous et dans une juste proportion, il y aura
» communauté dans cette participation, et cet
» argent ne cessera pas d'être le *fonds commun*
» *des écoles.* — Eh! quoi! en ira-t-il donc ain-
» si, et serions-nous arrivés à ce point où l'on
» pourrait nous enlever en un moment ce dont
» nous jouissons depuis cinquante ans? Est-ce
» là notre liberté religieuse? Sommes-nous te-
» nus absolument de nous unir aux méthodis-
» tes, aux épiscopaux, aux presbytériens, aux
» unitaires, etc., etc., etc.? (*N'y a-t-il donc pas*
» *ici un culte* EN ESPRIT ET EN VÉRITÉ, *et qui*
» *se pratique ailleurs que dans des temples bâ-*
» *tis par la main des hommes?* Il serait inutile
» de recourir à de vains déguisemens ; et la cor-
» poration ne peut ignorer *ce que tout le monde*
» *sait parmi nous :* c'est *qu'il y a , dans cette*
» *ville, une classe nombreuse de ses habitans*
» QUI N'APPARTIENT A AUCUNE SECTE ; quelle
» part auraient-ils donc dans une telle distribu-
» tion? De plus, c'est que, *tant dans cette ville*
» *que dans les autres parties de l'État,* il existe
» UNE MAJORITÉ IMMENSE de citoyens qui,
» *quoique attachés nominativement à certaines*
» *congrégations,* NE SONT POINT EN COMMU-

» NION AVEC ELLES, *qui ne peuvent être appe-*
» *lés* SECTAIRES *sous aucune des acceptions*
» *données à ce mot,* et qui ne vondraient pas
» un seul instant entendre à cette demande des
» méthodistes (1). La corporation peut donc
» être assurée que l'œil du public est ouvert sur
» toute attaque directe ou détournée que l'on
» entreprendrait de faire à ses libertés religieu-
» ses, et que, dans un tel cas, la résolution de
» les défendre est fermement arrêtée. »)

Il n'a plus été question de la demande des méthodistes ; et les écoles publiques ont continué
et continuent d'être le *bien commun* de ceux qui
mènent leurs enfans à l'église pour qu'ils croient
ce qu'ils y entendent dire, de ceux qui les y mènent en les avertissant de ne rien croire de ce
qu'on y dit, de ceux qui ne les y mènent point
du tout.

Voici un second exemple plus frappant encore.
Il existait ici encore au commencement de cette

(1) Voici le texte original de ce passage remarquable :

» (*Is there no worship* IN SPIRIT AND TRUTH, *and not in temples*
» *made with men's hands ?* There is no use in disguise, the corpo-
» ration is bound to know *what every body else knows* ; there is A
» LARGE CLASS *in this city* WHICH BELONGS TO NO SECT : how are they
» to divid a common school fund with sects ? Besides, there is AN
» IMMENSE MAJORITY, *both in this city and state, who though they*
» *may nominally be attached to particular churches,* ARE NOT IN
» COMMUNION WITH THEM, *who are* NO SECTARIANS IN ANY SENSE, and
» who will not listen for a moment to this application of the me-
» thodists, etc.) »

année , et dans une des plus grandes villes de l'U-
nion , un homme , français d'origine , né dans la
pauvreté et dans les basses classes de la société ,
qui renvoyé assez durement de la maison paternelle , était venu chercher fortune aux Etats-Unis
il y a plus d'un demi-siècle. Son premier établissement, dit-on , fut une petite boutique , dans laquelle il vendait de l'eau-de-vie en détail. Il y pros-
péra , employa plus heureusement encore le petit
pécule qu'il y avait amassé , et marcha ensuite
d'entreprises en entreprises avec un succès toujours croissant. Enfin , à force de travail et d'avarice , (car je veux raconter brièvement son histoire) , et possédant à un très-haut degré cette
aptitude aux affaires qui a été refusée à tant d'hommes d'esprit , tandis qu'elle est souvent le partage
de tel bipède de notre espèce qui , sous d'autres
rapports , diffère peu de la brute , cet homme
parvint, en un certain nombre d'années , à devenir le plus riche citoyen de l'Amérique , et son
avarice croissant sans cesse avec sa soif insatiable
d'accumuler pour accumuler encore (1) , il avait

(1) Il habitait la plus sale et la plus incommode de ses innombrables maisons. L'été , il se rendait presque journellement et avant le
lever du soleil, traîné dans une chétive cariole par un mauvais cheval , à un vaste jardin qu'il possédait à quelque distance de la ville,
pour y présider lui-même à la vente de ses choux et de ses carottes;
il vivait seul , comme le bourreau ; s'emprisonnait volontairement du
matin au soir dans ses bureaux ; et sa dépense particulière ne s'élevait pas annuellement à 2,000 gourdes (10,000 fr.). Dans les dernières années de sa vie , où il lui avait été ordonné de vivre de régime,

fini par se trouver possesseur d'une fortune qu'on peut appeler épouvantable , car elle se montait à plus de soixante millions de francs (*).

Un trait caractéristique de ce personnage, qui du reste joignait à toute la dureté de cœur d'un avare , le sot et insolent orgueil que donnent d'immenses richesses à un homme de rien , et ce despotisme impitoyable dont il a coutume d'accabler ceux qui sont sous sa dépendance , un trait , dis-je , qui dominait dans son caractère , c'était une haine furieuse et implacable contre sa famille. Il conservait dans son ame de boue , et gravé en traits ineffaçables , le souvenir de son expulsion de la pauvre maison de son père , expulsion qui cependant avait été la première cause de sa fortune ; et le ressentiment qu'il en gardait s'était étendu sur tous ses proches indistinctement et jusqu'à la troisième et quatrième génération. Frères , sœurs, neveux , arrières-neveux (car il était, lui, veuf sans enfans), il laissait

il se montrait satisfait de ce que les frais de sa table étaient à peine de deux schellings par jour (25 sous), etc. , etc.

(1) La mer était, pour ainsi parler, couverte de ses vaisseaux ; il possédait à *lui seul* , ce qui ne s'était jamais vu dans ce pays-ci, ce qui probablement ne se verra plus désormais, une banque publique autorisée , ce qui lui donnait le droit de battre monnaie en son propre et privé nom. Ne pouvant plus compter le nombre des maisons dont il était propriétaire, c'était par quartiers et par blocs de maisons qu'il en faisait l'énumération. Encore quelques années de vie, et il doublait cette inconcevable fortune. Il est mort à quatre-vingt-deux ans.

tout languir dans la misère ; ou , s'il leur accordait quelques secours , ils étaient tels , qu'on pouvait les considérer comme la plus amère des insultes et des dérisions (1).

Cependant , ayant passé quatre-vingts ans , il réfléchit que , s'il venait à mourir , cette famille abhorrée , dont pourtant aucun membre vivant ne l'avait offensé , pourrait bien trouver , dans sa succession , de quoi se réjouir de sa mort. C'était là un plaisir qu'il ne voulait pas lui laisser ; et en conséquence , il fit son testament.

Dans ce testament , chef-d'œuvre de malice astucieuse , il fait à chacun de ses parens un legs de 5000 gourdes (25, 000 fr.) une fois payés , ni plus ni moins. Considérant qu'il ne serait pas impossible qu'après sa mort les pauvres , auxquels il n'avait jamais pensé durant sa vie , eussent besoin , surtout l'hiver , de vêtemens pour se couvrir et de bois pour se chauffer , il leur alloue une somme qui , de la part d'un autre , eût été un don magnifique , et n'était , de la sienne , que quelques miettes échappées de sa table. Il donne à une vieille négresse plus qu'à ses parens , à la loge des francs-maçons plus qu'aux pauvres , etc. Mais ce sont encore des miettes que tout cela : son immense fortune n'en est pas sen-

____

(1) Après l'avoir chassée de chez lui , il faisait une pension de 3 gourdes par semaine (15 fr.) à l'une de ses sœurs , âgée et absolument sans aucune autre ressource.

siblement diminuée. A qui la donnera-t-il donc ?
A la ville dans laquelle il l'a amassée, et avec
des stipulations si artificieusement combinées,
que, si elle refuse ou néglige de remplir les conditions d'un legs si extraordinaire, elle en soit
dépossédée, sans que sa famille puisse profiter
d'une seule obole de cette dépossession.

Ces conditions sont bizarres : quelques-unes
même sont plus onéreuses qu'utiles au légatai-
re (1) ; mais peu importe : et le testament de
cet homme serait une historiette dont je me se-
rais gardé d'allonger ma lettre, s'il ne contenait
une clause propre à répandre une grande lumière
sur le sujet que j'achève de traiter.

Le testateur ordonne qu'une somme de *dix
millions de francs* sera employée à l'érection et à
la dotation d'un collége, où seront élevés et en-
tretenus gratuitement 500 orphelins qui, pour y
être admis, devront offrir certaines conditions
qu'il détaille minutieusement. Il entre dans un
détail non moins minutieux sur les distributions
intérieures de ce collége dont il s'amuse à tracer le plan, sur son administration dont il se fait
le suprême législateur, etc. Puis, sa main trace
les étonnantes paroles que l'on va lire.

(1) Par exemple, il exige que le produit des 7 à 800 maisons qui
lui appartiennent soit exclusivement employé à acheter des terrains
et à bâtir d'autres maisons, sans y assigner d'autre terme que la fin
des siècles et le jugement dernier, si la ville dure jusque là, et sans
s'inquiéter si l'on trouvera des gens pour les habiter.

« Secondement : J'ordonne et exige *qu'aucun*
» *ecclésiastique, missionnaire ou ministre, de*
» *quelque secte que ce puisse être*, N'OBTIENNE
» JAMAIS AUCUN EMPLOI, N'EXERCE JAMAIS AU-
» CUNE FONCTION DE QUELQUE NATURE QUE
» CE PUISSE ÊTRE *dans ledit collége : qu'au-*
» *cune personne de ce caractère* NE SOIT JAMAIS
» ADMISE, *sous un prétexte quelconque*, MÊME
» COMME SIMPLE VISITEUR, *dans les bâtimens*
» *dépendans du susdit collége.* En faisant une
» telle exception, je ne prétends jeter de défa-
» veur sur aucune secte, ni sur qui que ce soit ;
» mais il existe un si grand nombre de sectes,
» et il y a entre elles une si grande diversité d'o-
» pinions, que je désire conserver libres des vi-
» ves impressions que tant de doctrines oppo-
» sées entre elles peuvent produire, les esprits
» encore faibles des orphelins destinés à jouir
» des avantages de cette fondation. Mon vœu
» est que les instituteurs et professeurs de ce col-
» lége prennent soin de pénétrer les ames
» de leurs élèves *des principes de la plus pure*
» *morale*, tellement que, lorsqu'ils commence-
» ront à entrer dans la vie active, ils soient por-
» tés d'inclination et par habitude à se montrer
» bienveillans envers leurs semblables, amis de
» la vérité, du travail, de la sobriété ; le mo-
» ment étant alors venu pour eux D'ADOPTER
» TELLES CROYANCES RELIGIEUSES QUE LEUR

» RAISON, PARVENUE A SA MATURITÉ, LEUR
» FERA JUGER PRÉFÉRABLES (¹). »

Certes, il y a ici perfectionnement. Dans les écoles publiques, on ne veut pas qu'il soit question de religion et d'un culte quelconque ; mais on n'interdit pas aux élèves l'instruction religieuse qu'ils peuvent recevoir d'ailleurs ; et à la rigueur, il est possible de les fréquenter et de ne pas ignorer qu'il y a un Dieu. Ici, ce sont des enfans dont il s'agit de s'emparer, pour les parquer dans une enceinte d'où ils ne sortiront pas avant la

(1) Il est encore à propos de citer le texte original, afin de prouver que j'ai traduit fidèlement.

« Secondly, I enjoin and require *that no ecclesiastic, missionary,* » *or minister of any sect whatsoever,* SHALL EVER HOLD OR EXERCISE » ANY STATION OR DUTY WHATEVER *in the said college; nor shall any* » *such person* EVER BE ADMITTED *for any purpose,* OR AS VISITER, » *within the premises appropriated to the purposes of the said college.* » In making this restriction, I do not mean to cast any reflection » upon any sect or person whatever ; but, as there is such a multitude » of sects and such a diversity of opinions amongst them, I desire to » keep the tender minds of the orphans who are to derive advantage » from this bequest, free from the excitement which clashing doc- » trines are so apt to produce. My desire is that all the instructors » and teachers in the college shall take pains to instill in the minds » of the scholars the purest principles of morality, so that on their » entrance into active life, they may, from inclination and habit, » evince benevolence towards their fellows creatures, and a love of » truth, sobriety, and industry, ADOPTING AT THE SAME TIME SUCH » RELIGIOUS TENETS AS THEIR MATURED REASON MAY ENABLE THEM TO » PREFER. »

Il est évident que cet homme ne croyait absolument à rien ; mais cette espèce d'aversion qu'il témoigne pour les sectes dont l'Amérique est infestée, prouve qu'elles avaient eu pour lui l'effet de le confirmer dans son incrédulité.

maturité de l'âge, et dans laquelle (chose inouïe parmi les êtres à face humaine) il y a défense expresse que ce grand nom de Dieu soit jamais prononcé, et ordre positif de les mettre, en ce qui concerne ce premier besoin de l'intelligence, au-dessous de l'animal qui jouit du moins de l'instinct qui lui a été donné.

— Soit, me direz-vous dans votre épouvante : un homme, devenu fou à force d'impiété, peut faire un rêve aussi infernal ; mais pour qu'il se réalise, il faut trouver une cité qui consente à entrer avec lui en association d'athéisme, à devenir elle-même, pour le monde entier, un objet de scandale et d'horreur, en acceptant un pareil legs et se faisant complice d'une aussi détestable perversité. Supposons même ce premier prodige, trouvera-t-on des maîtres qui veuillent enseigner à de semblables conditions, des familles qui consentent à se déshonorer, en acceptant pour les enfans confiés à leurs soins les funestes bienfaits d'une semblable éducation ? —

Le legs a été accepté *avec toutes ses conditions :* c'est la ville de Philadelphie, d'où je date cette lettre, qui a eu ce courage. Le donateur est le célèbre STEPHEN GIRARD (je veux dire *célèbre* parmi les marchands de sucre, de café, d'indigo, etc. ; parmi les banquiers et les autres marchands d'argent, les porteurs de *stocks* et de *bank-notes,*

les agioteurs , les accapareurs , etc. etc. (¹)).
Quant aux professeurs , on n'aura que l'embarras

(1) *Sa célébrité* était grande en effet parmi tous ces adorateurs du Veau d'or : ils n'en parlaient presque qu'en se signant, et les journaux *du commerce* enregistraient même les bons mots qui pouvaient échapper à l'honorable M. *Stephen Girard*. J'en ai retenu un des plus charmans et des plus délicats : sa coutume étant, dans toute liquidation, de ne pas faire grâce d'une fraction d'obole à qui que ce fût, même au plus pauvre des ouvriers, il disait pour justifier cette manière *un peu acerbe* d'opérer : « que d'elles-mêmes, les *livres sterlings* pouvaient se défendre et se protéger ; mais que les *sous*, » beaucoup plus faibles, avaient besoin de tutelle et de protecteurs. » Cette heureuse et noble saillie a retenti partout ; et ses amis ont pensé sans doute qu'elle faisait autant d'honneur à son cœur qu'à son esprit, car ils ont eu grand soin de la rappeler dans sa biographie.

A l'occasion de ce personnage, qu'il me soit permis de citer un petit fait qui, comme peinture de mœurs, me semble assez curieux. Il y a, de par le monde, un M. Stuart, anglais ou écossais d'origine, certes le plus grand niais de tous les niais qui aient jamais visité la république-modèle avec la ferme résolution d'y tout prendre en bonne part et de s'ébahir sur tout ce qu'ils y pourraient voir. De retour dans ses foyers, ce gentleman ayant jugé à propos de publier une relation de son voyage, y a inséré, entre mille autres sottises, la sottise suivante :

« Dans les Etats-Unis, la plus légère affectation de supériorité à » l'égard d'une personne sur laquelle on ne l'emporte que par la » position sociale ou par la richesse, n'est pas supportée. Il n'y a » de supériorité reconnue que celle des hommes d'un talent non » contesté. La ville de New-York serait toute entière dans le délire » de la joie (in a fever of joy), si M. Clay, bien certainement l'un » des premiers hommes d'Etat de l'Amérique, y faisait une ap- » parition, quoiqu'il vive maintenant dans la retraite et hors des » affaires publiques : tandis que le citoyen le plus opulent des » Etats-Unis, par exemple M. Stephen Girard, qui vient de mourir » à Philadelphie, riche d'un grand nombre de millions, s'y montrât- » il avec l'éclat et le luxe qui ont été déployés au couronnement » de Georges IV, n'en serait pas plus considéré, et qu'on n'y ferait » pas la moindre attention. »

L'orgueil américain lui-même n'a pu supporter une flagornerie

du choix s'il y a de bons émolumens ; et les familles où dominent les principes du fondateur du
collège sont assez nombreuses pour qu'on s'en
dispute les places.

Après tout , au scandale près , pensez-vous que
la différence soit grande entre l'institution de *Stephen Girard* et les collèges protestans élevés ici
de toutes parts et à grands frais pour les enfans
des riches citoyens , et où ils reçoivent ce qu'on
appelle dans le moderne argot , une éducation *libérale ?* Les parens qui les y envoient , appartenant la plupart à des congrégations différentes , la

aussi fade, aussi grossièrement menteuse. Voici les réflexions qu'elle
a fait naître à un journal (*the New-York American*) :

 « La première partie de ce paragraphe a presque l'air d'une *san-
« glante épigramme* (seems almost like broad satire), appliquée ainsi
« à la présente année 57 de notre existence politique , et pour tout
« commentaire sur la dernière, nous renverrons nos lecteurs à l'article
« *admirable* publié dans un des derniers numéros de *New-England
« Magasine* , sur les flots d'encens qui furent répandus à travers le
« pays, en l'honneur du nom *doré* de Girard , quand la mort de ce
« riche banquier eut mis à découvert l'immensité de sa fortune :
« quant à cette supériorité des hommes de talent, *la seule qui soit
« reconnue* , une telle concession, nous le craignons fort , serai dif-
« ficilement faite, sous le rapport *purement intellectuel* , dans un
« pays comme le nôtre , où la carrière des richesses et des distinc-
« tions sociales est également ouverte à tous. Le talent est sans
« doute un grand avantage ; mais ce doit être un talent *pratique* ,
« tel qu'il puisse prendre une *part active* aux affaires du temps ; et
« s'il ne présente pas un produit qui *se vende ou s'achète*, que ce
« soit du moins *un produit quelconque.* On l'estime pour ses *fruits*
« et non pour ses *fleurs* (it is estimated by its fruits, and no by its
« flowers). »

Ce qui peut se résumer dans le vers suivant :

 « Mais l'honneur sans argent n'est qu'une maladie. »

première condition que doivent s'imposer les directeurs de ces colléges et de laquelle dépend le succès de leur entreprise, est de ne leur inculquer les doctrines d'aucune congrégation particulière, et par conséquent de les tenir sans cesse dans le vague religieux le plus absolu. Ainsi fait-on : une courte prière le matin et le soir, quelques chapitres de la Bible qu'on leur donne à apprendre et sur lesquels il est rigoureusement défendu aux professeurs de se permettre la moindre explication, de hasarder le plus petit commentaire ; le dimanche, une séance d'une heure dans l'église, ou la plus voisine ou la plus commode, pendant qu'on y débite le prêche qu'ils écoutent ou n'écoutent pas, ne sachant pas souvent à quelle secte appartient le prêcheur, et se souciant très-peu de le savoir : voilà tous leurs exercices religieux.

Ainsi est précipitée vers l'indifférence religieuse, pour se jeter ensuite d'elle-même dans l'athéisme, la génération qui se prépare ici à envahir une société déjà chancelante de toutes parts, comme nous le verrons bientôt ; génération que les pères semblent se plaire à faire pire qu'ils n'ont été faits par les leurs, qu'ils poussent, comme à dessein, dans des ténèbres encore plus épaisses que celles dont ils sont enveloppés, et sur laquelle, si leurs yeux pouvaient un seul instant s'ouvrir à la lumière, ces pères malheureux pro-

nonceraient sans doute avec effroi les terribles paroles du poëte :

> Ætas parentum pejor avis tulit
> Nos nequiores , mox daturos
> Progeniem vitiosiorem.
>
> Horat.

Adieu.

P. S. Au moment où j'allais fermer cette lettre,
on m'apporte mes journaux : pour finir par quelque chose de plus affreux peut-être que tout ce
qu'elle contient, je n'ai que la peine de traduire.

« Nécrologie. Est mort à Thompson , dans
» le Connecticut , et très-subitement , le R.^d
» *Thomas Barett* , pasteur de l'Eglise *baptiste* de
» Webster (Massachusetts). M. Barett rendait
» de grands services dans l'Eglise de Christ , et
» avait pour la prédication un talent peu com-
» mun ; ses travaux comme ministre de l'Evan-
» gile , ont été abondans , agréables à tous , et
» bénis du Ciel ; sa perte laissera de longs sou-
» venirs et de profonds regrets. Toutefois, nous
» ne doutons point que la mort n'ait été un gain
» pour lui ; quelque part que nous prenions à
» la douleur de sa veuve et de sa famille , n'ou-
» blions pas ce que nous devons de reconnais-
» sance à Jésus-Christ , chef suprême de l'Egli-
» se , qui a si long-temps prolongé une vie
» si utile , et qui nous a comblés par lui de bé-
» nédictions. » (*Christian Watchmann.*)

« Suicide. Le R.^d *Thomas Barett* (¹) , pas-
» teur de l'église *Baptiste* de Webster (Massach.),
» a mis fin à son existence le 7 courant (août
» 1832). M. Barett avait quitté sa maison mar-
» di vers 9 heures du matin , après avoir dit à sa
» femme qu'il allait rendre visite au R.^d M. Grow
» de Thompson (Connecticut). Au lieu de se
» rendre chez celui-ci , il s'avança par delà le
» moulin de M. Joslin dans Thompson , entra ,
» à environ 60 toises de là et sur la hauteur qui
» l'avoisine , dans un petit bois de pins fort épais
» qu'il avait choisi pour l'exécution de son fatal
» dessein. Sa selle sans étriers ainsi que la bride
» de son cheval , son chapeau , ses gants et le
» collet de sa chemise furent trouvés par M. Jos-
» lin , ce qui le conduisit à la découverte de son
» cadavre. Il le trouva pendu à un arbre avec
» les courroies de ses étriers. On ignore la cause
» de cet acte de désespoir. » (*Boston daily advertiser.*)

Ces deux journaux sont rédigés par des protestans.

(¹) Celui-là même (qu'on le remarque bien) dont on vient de faire
l'éloge nécrologique.

LETTRE VIII.

Washington, le 1 Septembre 1832.

Arrivée à Washington. — Aspect de cette ville. — Le Tibre et le Capitole. — Scènes scandaleuses qui ont terminé le dernier congrès. — Précis de la révolution américaine. — Ses véritables causes. — Déclaration de l'indépendance. — Premier congrès. — Première charte. — Anarchie des Etats. — Convention générale. — Fabrique d'une seconde constitution. — Ses principales clauses. — Elle est acceptée. — Constitutions particulières des Etats.

Mon cher Ami,

J'ai voyagé (je dirais presque à votre intention), sur le fleuve Potomac : on y entre par la baie de Cheasapeake, et en le remontant dans l'espace d'environ 90 milles, au milieu des aspects sauvages, mais variés et souvent grandioses qu'offrent ses deux rives, on arrive à la ville des Amphyctions américains, à la noble cité de Washington.

Cette ville, plus nouvelle encore que le gouvernement dont elle est la résidence, a été bâtie sur un terrain *consacré* qui n'appartient à aucun Etat (¹), les nouveaux républicains voulant

(1) Par un article de la constitution, il avait été arrêté que le siège du gouvernement serait établi au milieu d'un espace de dix milles

ainsi se garantir de l'influence que leur magistrat suprême eût pu exercer sur la population de l'Etat qu'on aurait choisi pour chef-lieu du gouvernement. Toutefois, ils voulaient aussi qu'une telle ville, la propriété commune de tous et isolée au milieu de leur vaste territoire, fût une des plus grandes du monde, sans doute pour en devenir bientôt la plus belle. En effet, elle a été conçue sur un plan gigantesque, inexécutable, et dont les traces long-temps subsistantes attesteront à la fois l'orgueil et l'imprévoyance de ses fondateurs. Les Américains eux-mêmes s'en moquent un peu, eux qui louent indistinctement tout ce qu'ils ont fait, tout ce qu'ils font, tout ce qu'ils feront ; et l'auguste Métropole des Etats-Unis est appelée d'un bout à l'autre de l'*Union*, « *handsome streets without any house, and* » *showy banks without any money :* la ville aux » belles rues sans maisons, et aux magnifiques » banques sans argent. »

Toutefois, l'aspect en est agréable sous tous les rapports. Il y a ici abondance d'air et de lu-

carrés, et indépendant de toute juridiction particulière. Cet espace fut cédé par les deux Etats de Maryland et de Virginie, et reçut le nom de *District de Colombia*. Il est situé sur les deux rives du Potomac, à peu de distance de Mount-Vernon, demeure de Wash ug-ton, et où il a sa sépulture. On commença aussitôt à y bâtir une ville qui reçut son nom, et dans laquelle, conformément à la loi constitutionnelle, le Congrès se transporta, dès qu'il lui fut possible d'y siéger. Ce fut en 1800. Jusque là, il avait tenu ses séances à Philadelphie.

mière ; et il est vrai de dire que , dans la très-pe-
tite partie du plan qui a été exécuté , tout est du
moins parfaitement symétrique. A partir du pied
de la montagne sur laquelle on a bâti le Capitole ,
commence et se prolonge , dans un espace de
plus d'un mille , une rue magnifique , ornée de
boutiques riches et élégantes , et dont deux ran-
gées d'arbres ombragent agréablement les trot-
toirs. A l'extrémité opposée , s'élève la belle maison du Président , qu'entourent les édifices consacrés aux diverses parties de l'administration publique , tous construits avec une simplicité uniforme qui n'exclut pas une sorte d'élégance. On
y remarque encore de très-beaux hôtels , la plupart occupés par les ambassadeurs et ministres
des puissances étrangères. Dans les autres parties de la ville , les maisons sont dispersées çà et
là , mais , ainsi que je viens de le dire , sans que ,
dans leurs positions respectives , on ait jamais
perdu de vue la régularité du premier plan. Le
fleuve se courbe légèrement dans cette partie de
son cours, comme pour embrasser la ville dont
il forme un des plus beaux aspects ; et un pont
de bois grossièrement construit , mais qui n'a pas
moins d'un mille et un quart de long , unit ensemble les deux territoires opposés de la Virginie et
du Maryland. L'arsenal et les chantiers de la marine sont situés en face de la ville sur la côte du
Maryland ; auprès s'élève une prison d'état (*peni-*

tentiary) nouvellement bâtie, et qu'on dit être destinée aux prisonniers condamnés pour la vie.

Le Capitole (c'est ainsi que l'on nomme le palais où s'assemble le Congrès général) serait, dans tous les pays du monde, un grand et beau monument d'architecture (¹) ; et son isolement sur une colline très-élevée, ajoute encore à l'effet magique qu'il produit. Du côté de l'ouest, on y parvient par des terrasses et des escaliers d'une belle proportion : la façade de l'est donne sur une esplanade couverte d'arbres nouvellement plantés, et qui dans quelques années, donneront de beaux ombrages. Du haut de la colline, la vue domine sur la ville et sur la campagne environnante; et sans l'extrême niaiserie d'avoir appelé cet édifice *le Capitole*, il n'y aurait vraiment rien à redire ici ; mais ce que ce nom, si grotesquement emprunté aux souvenirs de la Ville éternelle, a de ridicule pour des étrangers, produit jusqu'à de l'impatience, lorsque, venant à demander celui d'un petit ruisseau qui coule à peu de distance, on apprend qu'il s'appelle *le Tibre*. Il ne se peut rien imaginer, selon moi, de plus opposé au sens commun, et même à tout sentiment d'un orgueil national bien entendu,

(1) Il a été élevé sur les ruines de celui que brûlèrent les Anglais en 1814, et qui même alors n'était pas entièrement achevé : c'était un édifice fort inférieur à celui-ci sous tous les rapports ; et en le brûlant, les Anglais ont presque rendu un service aux Américains.

que de semblables parodies (¹). Si j'en crois la renommée, les Camille, les Fabius, les Papirius-Cursor, les Caton, les Cicéron, etc., qui tonnent dans ce *Capitole*, ou qui se promènent le long des bords de ce *Tibre*, rendent la chose encore plus étrange ; et l'on assure qu'ils en sont la partie vraiment divertissante.

Je suis malheureusement arrivé trop tard pour les voir et pour les entendre ; et il y a environ deux mois, que députés, sénateurs, président, secrétaires d'Etat, tout a disparu, tout s'est dispersé dans mille directions, pour ne reparaître qu'à la nouvelle session, c'est-à-dire, vers la fin du mois de novembre. Alors le tout reviendra ensemble comme un chœur qui reparaît sur la scène, le Président en tête, s'il l'aime mieux ; à la suite, s'il le préfère ; car on y prend peu garde, et ainsi que vous ne tarderez pas à l'apprendre, le Congrès dont ce premier magistrat a l'honneur d'être le très-humble valet, est fort tranquille sur ce point, assuré qu'il est que rien ne commencera sans lui.

Si j'avais fait ce voyage deux mois plus tôt, oh !

(1) Les Etats-Unis en sont remplis d'un bout à l'autre : je vous en ai déjà donné un échantillon ; et trop longue serait la kyrielle de ces noms qu'ils ont si sottement pillés, tant chez les anciens que chez les modernes ; cela est au point, qu'en lisant leur histoire, quand on entend nommer, sans autre explication, Paris, Babylone, Pétersbourg, Memphis, Utique, Larochelle, Jérusalem, Amsterdam, on ne sait vraiment où l'on est.

que j'aurais vu et entendu de belles choses ! J'aurais entendu, dans les deux chambres, d'honorables membres se dire d'abord des injures de crocheteurs, et de là, passer à des accusations qui n'allaient pas moins qu'à présenter comme *voleur* ou comme *faussaire* tel député, tel sénateur; j'aurais vu, à la suite de ces attaques personnelles, des cartels envoyés et rejetés ; tel député (¹), donner des coups de canne à tel autre qui avait refusé de se couper la gorge avec lui, et le battu (²), tirant de sa poche un pistolet, en brûler l'amorce au nez du battant, bien heureusement pour ce dernier auquel il voulait faire sauter la cervelle. Dans une rencontre d'une nature plus grave encore, si j'eusse été assez imprudent pour m'engager dans la mêlée, j'aurais pu recevoir dans la tête la balle d'un autre pistolet, tiré à bout portant sur un troisième député (³), par un individu (⁴) se disant ami du donneur de coups de canne ; et j'aurais pu voir celui-ci, pour avoir manqué son coup, être assommé par celui-là et laissé pour mort sur la place, sans qu'aucun des nombreux spectateurs dont ils étaient entourés, ait cru devoir intervenir pour mettre

(1) Le général Houston.

(2) M. Stanberry de l'Ohio.

(3) M. Arnold de Tennessee.

(4) Le major Heard.

fin à cette lutte ignoble et sanglante (1) ; j'aurais vu encore tous les membres de l'une et de l'autre chambre ne plus oser marcher dans les rues, ni se rendre au lieu de leurs séances, qu'armés jusqu'aux dents ; j'aurais entendu de mes deux oreilles un membre (2) accuser le Président (ANDREW JACKSON) d'être l'instigateur secret de ces guet - apens et de ces assassinats, ne demander qu'une demi - heure pour en fournir la preuve, quatre-vingt-un membres se lever pour soutenir l'accusation, et les autres, au moyen d'une majorité de cinq à six voix, étouffer prudemment l'affaire en invoquant la question préalable. Il n'eût encore tenu qu'à moi d'être assourdi pendant des journées entières, de sottises pompeuses, de harangues triviales, de ces bavardages interminables qui embrouillent les questions les plus claires, que l'on entend partout où il y a des hommes qui pérorent, mais nulle part au

(1) Il eût été à la fois de la justice et de l'humanité d'arrêter l'assassin, et d'empêcher celui dont il voulait faire sa victime, d'user à ce point du droit de la défense naturelle ; mais il n'en va pas de la sorte dans ce pays-ci : on a laissé faire celui-ci ; l'autre, après avoir repris ses sens, est allé laver ses blessures dans *le Tibre* ; et le soir, on l'a vu se promener tranquillement sur l'Esplanade, la tête enveloppée d'un mouchoir, sans que personne ait songé à l'inquiéter.

Quant au général Houston, il a été réprimandé par la chambre, non pour avoir voulu assommer un de ses collègues, mais *pour avoir porté atteinte à la liberté des opinions parlementaires* ; et il s'est fort moqué de la réprimande, en face même de tous ses honorables collègues.

(2) M. Stanberry déjà cité.

même degré que dans une chambre de députés américains. J'aurais joui en même temps du coup d'œil imposant que présentent ces *gentlemen* dans leurs séances publiques même les plus solennelles, le chapeau sur la tête comme s'il était adhérent au crâne, les jambes appuyées sur le dos des banquettes et ainsi soulevées jusqu'au niveau du front, mâchant continuellement des feuilles de tabac et inondant la place environnante des produits naturels et inévitables de cette agréable mastication ([1]). Voilà ce que j'aurais vu et entendu ; et j'espère ne pas m'en aller d'ici avant d'avoir assisté à une représentation nouvelle de cette comédie. Il s'agit maintenant de choses plus sérieuses.

Il a été donné à ce peuple-ci de présenter aux sociétés modernes un spectacle unique dans leurs annales : les dernières conséquences du protestantisme dans sa situation religieuse, et encore les dernières conséquences du protestantisme dans sa situation politique. Autant qu'il était en moi de le faire, j'ai épuisé le premier sujet : je vais essayer d'aborder le second ; et comme il deviendrait à peu près inintelligible s'il n'était précédé d'un peu d'histoire, je me ferai donc encore historien, mais seulement autant que je le jugerai nécessaire pour me faire bien entendre.

([1]) Cette habitude de mâcher du tabac, jointe à celle de fumer des cigares, est presque générale parmi les Américains, même dans la meilleure compagnie ; et comme il faut bien cracher quelque part, ils crachent partout, excepté dans leur mouchoir.

L'histoire de la révolution des Etats-Unis est peu connue ; et il est encore beaucoup de gens qui sont persuadés que ce fut par une inspiration subite, par un élan du patriotisme le plus sublime, que les colonies américaines prirent la résolution de briser leurs fers et de se faire les premiers martyrs de la grande devise révolutionnaire : *vivre libre ou mourir*. Les choses sont loin de s'être passées de la sorte. L'Angleterre, cette source à jamais funeste du fléau représentatif et de la liberté de la presse, ne comprenait point encore, au milieu du dix-huitième siècle, ce que son système politique, appuyé qu'il était sur les bases en apparence inébranlables des institutions féodales, contenait de germes de révolte et de dissolvans sociaux. Cette base, que l'élément démocratique renfermé dans son sein ne minait que peu-à-peu et insensiblement, semblait devoir être éternelle aux hommes d'Etat à la fois aveugles et machiavéliques qui se succédaient dans le gouvernement de cette fatale nation ; et incapables, dans leur perversité, de discerner le fort et le faible de cette combinaison factice, le tout ensemble leur semblait bon (¹).

(1) La folie de l'Europe entière, qui les regardait d'un œil jaloux, qui admirait avec stupéfaction l'effroyable prospérité dont ils élevaient l'édifice sur un abîme, ajoutait encore à leur confiance et à leur aveuglement ; leur orgueil se complaisait dans ce singulier avantage qu'ils avaient de ne ressembler à aucun peuple, et qu'ils croyaient avoir d'être au-dessus de toutes les nations. Ce n'est qu'après la

L'Angleterre avait donc cru, vu l'étendue, la position particulière et la population plus nombreuse de ses colonies du continent américain, pouvoir leur permettre des assemblées délibérantes ; et dès le commencement de ce même siècle, plusieurs de ces colonies, sans cesse exposées aux aggressions des tribus indiennes dont elles avaient envahi le territoire, avaient formé entr'elles une alliance offensive et défensive sous le nom de *colonies unies de la nouvelle Angleterre*. Elles avaient un congrès qui s'assemblait annuellement, et toute décision prise par les trois quarts des membres assemblés, devenait obligatoire pour la confédération. Menacée sur son propre sol d'une guerre civile (1), et embarrassée par sa politique ambitieuse dans toutes les affaires du continent, la mère-patrie

guerre de l'Amérique, et lorsque l'expérience leur eut appris ce que portait avec lui ce système là où il n'avait pas l'appui que, chez eux, les siècles et des institutions non-seulement différentes, mais opposées, lui avaient donné, que, changeant à l'instant même de marche, on les a vus, épris d'une charité sans bornes pour les peuples du continent, répandre libéralement au milieu d'eux leurs admirables institutions, et essayer d'y colporter partout leurs incomparables prospérités. Ils savaient ce qu'ils leur apportaient, et l'Europe aussi le sait maintenant.

(1) En 1746. Ce fut dans cette année que le prince Édouard fit sa descente en Écosse, et entreprit, pour reconquérir le royaume de ses pères, cette expédition romanesquement aventureuse, justifiée d'abord par des succès presque fabuleux, expédition que le gouvernement français ne sut soutenir que par des secours dérisoires, et qui par conséquent dut finir et finit en effet par un désastre complet. La France se montra depuis plus active et plus heureuse dans l'assistance qu'elle donna à des colonies révoltées.

ne s'occupait guères de ces formes d'administration intérieure, adoptées par une population que surveillaient et dont lui répondaient ses agens civils et militaires : on n'y voyait rien qui annonçât la moindre disposition à l'indépendance ; et cette confédération dura près d'un demi-siècle. Cependant, vers la fin, soit que le gouvernement y eût reconnu quelques inconvéniens, soit par tout autre motif qui n'a point été expliqué, les Congrès s'assemblèrent plus rarement, et presque uniquement dans le dessein de se concerter sur les mesures à prendre pour défendre leurs frontières toujours menacées par les Indiens.

Mais si l'on considère que les habitans de ces colonies descendaient presque tous de ces religionnaires non-conformistes, qui ne s'étaient exilés de l'Angleterre que parce qu'ils n'avaient pas voulu se soumettre aux exigences despotiques de l'Eglise dominante ; que, par conséquent, leur indépendance religieuse, entière, absolue, avait été la principale condition de leur établissement dans ces contrées lointaines ; ensuite, si l'on réfléchit que c'était la rage dans le cœur, que ces malheureux s'étaient ainsi condamnés eux-mêmes à l'exil, et que l'esprit de révolte qui est le trait caractéristique du protestantisme, s'accroissait en eux de cette haine qu'ils conservaient contre leurs oppresseurs ; on concevra facilement qu'ils n'avaient pu laisser à leurs descendans que des traditions peu favorables à la mère - patrie, et des dispositions hostiles contre tous les actes de son pouvoir, quelque modérés qu'ils pussent être. Permettre à des hommes, ainsi aigris par leurs souvenirs et en même temps exaltés par le fanatisme religieux, de s'assembler, de discuter sur des intérêts communs, c'était entretenir un feu qu'il aurait fallu étouffer; c'était leur suggérer, au milieu de ces discussions purement locales et administratives, la pensée de se réunir dans un intérêt politique d'un ordre beaucoup plus élevé; en un mot, c'était les familiariser avec l'idée d'un gouvernement indépendant. Il n'y avait point là cette balance de positions sociales fermement tracées, qui, du moins pour un temps, et ainsi que je viens de le dire, maintenait l'Angleterre contre les orages des assemblées délibérantes et de la liberté de la presse; et quoiqu'on eût essayé de créer dans ces colonies une sorte d'aristocratie en y établissant un droit de primogéniture, cette institution était trop nouvelle, et n'avait pas d'ailleurs des caractères assez tranchans, pour arrêter ou même retarder cette impatience du joug dont une population si intraitable était intérieurement possédée.

Ce qui l'irritait par-dessus tout, c'était d'être taxée arbitrairement, quoique ses taxes n'eussent rien d'exorbitant, et de ne pas voter l'impôt qu'elle était obligée de payer. En effet, ce vote

populaire, ou *soi-disant tel*, de l'impôt, étant
une des lois foudamentales de la constitution de
la mère-patrie, ne pas accorder le même droit
à ses colonies, c'était les traiter en pays conquis;
et quoiqu'il soit maintenant démontré par de terribles expériences qu'un semblable pouvoir, remis entre les mains de prétendues assemblées nationales, a pour résultat nécessaire d'écraser les
peuples sous le fardeau des taxes et d'ébranler les
sociétés jusque dans leurs fondemens, cependant la nation qui a jeté, au milieu des autres nations, ce brandon de désastres et de discordes,
n'avait rien de raisonnable à opposer à cette prétention de ses colonies; et la raison du plus fort
était la seule qu'il lui fût possible de faire prévaloir.

Ainsi fermentaient sourdement les esprits, lorsqu'en 1754, sur la demande des Lords-commis-
saires pour le commerce et les colonies, un congrès de députés, nommés par sept des colonies
américaines (¹), fut assemblé à Albany, à l'effet de délibérer sur les moyens les plus propres
à défendre le pays en cas d'une guerre avec la
France, qui semblait alors imminente et qui effectivement ne tarda pas à éclater. L'objet que se
proposait le gouvernement anglais était uniquement de concerter avec cette assemblée un plan

---

(1) Massachusetts, New-Hampshire, Rhode-Island, Connecticut,
Pensilvanie, New-Yorck et Maryland.

d'union pour la défense commune, et un traité d'alliance avec les tribus indiennes connues sous le nom des *six nations*; mais les vues des colons allaient plus loin, et l'occasion leur semblant favorable, ils en profitèrent pour émettre des opinions nouvelles, ou plutôt ces vœux ardens et secrets que depuis long-temps ils avaient formés. Plusieurs députés étaient porteurs de mandats qui leur ordonnaient formellement de proposer et de constituer l'Union des colonies *en paix comme en guerre*; et sur la proposition qu'ils en firent, l'assemblée déclara à l'unanimité « que l'union » perpétuelle des colonies était absolument né- » cessaire à leur conservation. » Un comité dont était membre Benjamin Franklin, que la révolution américaine a depuis rendu si célèbre, fut nommé à l'effet de tracer le plan de cette union. Il portait en substance : « qu'il y aurait une as- » semblée générale de députés de l'Union, (c'é- » tait le nom que prenaient déjà les colonies con- » fédérées); qu'ils seraient élus, tous les trois ans, » par les assemblées provinciales, et qu'ils se » réuniraient sous les auspices d'un président- » général nommé par le Roi. Cette assemblée » ainsi constituée, devait avoir le pouvoir de fai- » re des lois pour l'administration générale du » pays, de lever des troupes, de construire des » forts, d'équiper des flottes, et de lever des » taxes. » Chose singulière ! ce projet d'union fut rejeté par le gouvernement anglais, parce qu'il lui sembla beaucoup trop hardi; et il le fut également par les assemblées provinciales, parce qu'il semblait accorder beaucoup trop de priviléges au président-général, et par conséquent à la couronne. Ceux qui exerçaient le plus d'influence dans ces assemblées voulaient autre chose, et reconnurent que le moment d'une révolte ouverte n'était pas encore arrivé.

Il y avait en effet peu d'accord entre les diverses colonies; et même vers ce temps-là, quelques-unes d'entre elles se montrèrent si violemment et si continuellement animées les unes contre les autres, tant à l'occasion de leurs limites respectives, que de certains priviléges qu'elles se disputaient, qu'en 1761, l'opinion publiquement déclarée de Francklin était « qu'une » union entre ces colonies semblait absolument » impossible, à moins qu'elles n'y fussent ame- » nées par des excès insupportables de tyran- » nie. »

Les hostilités avec la France étant commencées depuis long-temps (dès 1753) sans qu'il y eût déclaration de guerre, les divers gouverneurs des colonies essayèrent d'obtenir des assemblées provinciales, pour l'entretien de l'armée, des subventions dont l'Angleterre consentait à faire les avances, sous la condition qu'elles lui seraient remboursées : or, c'était là justement et

par-dessus tout, ce que les colonies ne voulaient
pas accorder. Il devenait donc impossible de concerter avec elles un plan de défense générale ; et le
gouvernement anglais se décida à soutenir la lutte
avec ses propres troupes, renforcées des milices
auxiliaires que chaque assemblée provinciale con-
sentirait à lui fournir. Les Américains accédèrent
à cette demande, et même avec une sorte d'em-
pressement. Les événemens de cette guerre, qui
ne fut formellement déclarée qu'en 1756, et
qui finit par le traité de paix, si honteux pour
la France, signé à Paris en 1763, sont étrangers au sujet que je traite ; toutefois il est important d'observer que Georges Washington commença à s'y faire avantageusement connaître, et
particulièrement dans les campagnes du Canada
où il commandait un corps de milices coloniales ; et que les Américains, continuellement
mêlés aux troupes anglaises dans les petits combats multipliés et acharnés que se livraient les
deux nations, achevèrent de s'y aguerrir, et y
prirent cet esprit militaire qui depuis les soutint
dans leur révolte, même au milieu des positions
qui semblaient les plus désespérées.

On n'avait perdu, ni d'un côté ni de l'autre,
le souvenir de ce qui s'était passé avant qu'un
intérêt commun eût fait taire pour un moment
des intérêts si opposés ; et si la mère-patrie était
résolue de réduire à une entière soumission des

enfans si peu dociles , ceux-ci étaient plus que
jamais déterminés à persister dans leur indocili-
té. Des taxes nouvelles , que les colons considéraient comme arbitraires et vexatoires , que le
gouvernement jugeait pouvoir être légalement
levées en vertu de son droit de souveraineté , et
très-équitablement surtout , puisque le trésor public se trouvait épuisé par une guerre entreprise , soutenue , et heureusement terminée au profit de ceux-là mêmes qui refusaient de la payer ;
telle fut la source des nouveaux débats qui s'é-
levèrent entre les gouvernans et les gouvernés ,
et qui finirent d'une manière aussi inattendue
pour les uns , qu'inespérée pour les autres. On
ne vit jamais de résistance plus active et plus
opiniâtre que celles qu'opposèrent les Américains à la perception de ces taxes : discours violens et séditieux dans les assemblées provinciales, émeutes populaires , cargaisons pillées et je-
tées à la mer, voies de fait contre les percep-
teurs , dévastations de leurs demeures , tout fut
mis en œuvre par les meneurs pour donner de
nouveaux alimens à l'irritation du peuple , et
pour le compromettre au point qu'il lui fût impossible de revenir sur ses pas. « Les impôts em-
» portent avec eux le droit de les voter , et par
» conséquent une représentation nationale (¹) : »

____

(¹) Si celui qui paie l'impôt a droit de le voter, il a droit de le refu-

tel était le cri général des Américains. « Des co-
» lonies ne peuvent se gouverner elles-mêmes
» souverainement, et le gouvernement a le droit
» de les taxer : » telle était la doctrine de la
mère-patrie (¹); et il fut résolu qu'on enver-
rait des forces suffisantes pour apaiser la ré-
bellion.

Cette résolution, dès qu'elle fut connue en
Amérique, y excita sans doute des alarmes,
mais n'abattit pas les courages. En même temps
qu'un Congrès général s'assemblait à Philadelphie (en 1774) pour y fixer d'une manière positive les droits des colonies (²), elles tentaient
un dernier effort en faisant parvenir au pied du

ser : l'un ne peut aller sans l'autre. Ce principe faux et contre nature, destructeur des sociétés, en ce qu'il renferme implicitement
en lui-même la souveraineté du peuple, sort des entrailles de l'ancienne constitution féodale de l'Angleterre ; ce qui lui manquait de
développemens suffisans, le protestantisme le lui a donné ; et de lui
sont sortis ces tempêtes politiques et ce déluge de maux dont la société chrétienne est inondée, et au milieu desquels elle semble près
de s'engloutir.

(1) Toute nation avait le droit de parler ainsi à ses colonies, excepté la nation anglaise. Telle est la position fausse où l'a placée son
principe constitutif, que, là où les autres gouvernent, elle semble
tyranniser.

(2) En 1765, un Congrès de députés envoyés par neuf colonies,
s'était déjà assemblé à New-York, pour y délibérer sur des mesures
à prendre à l'occasion de l'impôt colonial proposé par l'Angleterre.
Ce fut ce Congrès qui produisit le bill des droits, dans lequel il était
positivement déclaré « que celui de voter l'impôt résidait dans leurs
» propres assemblées. » Ainsi fut préparée cette union plus générale
des colonies, qu'effectua le Congrès de 1774.

trône une pétition respectueuse par laquelle elles suppliaient le roi d'Angleterre de ne pas les traiter plus rigoureusement que ses autres sujets, et cherchaient en même temps à intéresser en leur faveur le peuple anglais par une adresse, où elles présentaient leur cause comme étant commune à tous les amis de la vraie liberté. Cependant les assemblées provinciales étaient presque partout permanentes; elles entretenaient des relations actives et continuelles avec le Congrès général; elles resserraient les liens de leurs alliances mutuelles; et en attendant le résultat de cette dernière démarche, on faisait des provisions d'armes et de munitions. La réponse fut de nature à ne plus laisser aucun espoir, et aussitôt on se prépara à résister à main armée. Les premiers coups de fusil furent tirés à Lexington (1); et de part et d'autre, l'épée une fois hors du fourreau, n'y fut plus remise.

Alors fut assemblé à Philadelphie un nouveau Congrès (en 1775), avec des pouvoirs encore

(1) Nous apprenons de M. de Châteaubriand, le plus illustre parmi les illustres voyageurs de notre âge, qu'après avoir assisté au siége de Toulon en qualité d'émigré, volontaire royaliste, il s'empressa, dès qu'il eut mis le pied sur le sol américain, d'aller visiter, et avec un respect religieux, le champ de bataille de Lexington, berceau de la liberté américaine. Ces idées diverses s'arrangeaient dès lors dans sa tête, et jusqu'à ce jour elles ont continué de s'y arranger. Ne serait-on pas fondé à en conclure que, dès lors, cette tête était *politiquement* dérangée? Malheureusement, l'expérience et les années ne semblent pas l'avoir remise.

plus étendus que ceux qui avaient été donnés aux Congrès précédens. Les députés qu'on y envoyait avaient reçu de leurs commettans l'autorisation formelle de se concerter ensemble à l'effet de prendre, ordonner, diriger et mettre à exécution toutes les mesures qu'ils jugeraient propres à faire obtenir à l'Amérique le redressement de ses griefs, en un mot de se mettre à la tête de la lutte qui était sur le point de s'engager entre eux et la mère-patrie. Treize colonies s'étaient réunies dans l'adoption d'une mesure aussi hardie (1).

En conséquence de ces pouvoirs dont il était investi, le Congrès répandit, tant dans le pays que dans les divers Etats de l'Europe, des manifestes dans lesquels étaient expliqués les motifs du mouvement général de l'Amérique et le but qu'elle se proposait d'atteindre. On leva des armées, on équipa des flottes, un papier-monnaie fut mis en circulation sous la garantie de l'Union; et en très-peu d'instans, les colonies s'attribuèrent tous les droits de la souveraineté, toutefois à l'exception du dernier acte, de la démarche irrévocable : *La déclaration de l'indépendance*. Elle fut enfin faite le 4 juillet 1776, jour à jamais célèbre dans les annales des Répu-

(1) New-Hampshire, Massachusetts, Rhode-Island, Connecticut, New-York, New-Jersey, Pensylvanie, Delaware, Maryland, Virginie, Caroline du Nord, Caroline du Sud, Géorgie.

bliques confédérées, et promulguée au nom et par l'autorité du peuple américain.

Ces événemens singuliers, dont on suivait alors le cours en Europe avec tant d'intérêt, et qui en France faisaient tourner toutes les têtes, y sont maintenant profondément oubliés; et je ne sais si l'on y rencontrerait dix personnes qui eussent conservé quelque idée de ce que contenait cette déclaration, qui a eu tant d'influence sur les destinées de cette France malheureuse. C'est cependant une des pièces les plus curieuses de nos temps modernes; et si je glisse rapidement sur les autres récits, je crois à propos de m'arrêter ici, et de vous donner du moins de son préambule une traduction aussi exacte qu'il m'est possible de la faire.

Déclaration de l'Indépendance des Etats-Unis de l'Amérique.

« Lorsque, dans le cours des événemens hu-
» mains, un peuple se trouve dans la nécessité
» de rompre les liens qui l'attachent à un au-
» tre, et de prendre, au milieu des puissances
» de la terre, cette position indépendante, et
» cette égalité à laquelle *les lois de la nature et*
» *le Dieu de la nature* lui donnent un juste droit,
» ce qu'il doit de respect et d'égards aux opi-
» nions du genre humain exige qu'il fasse con-
» naître les causes qui l'ont déterminé à cette sé-
» paration.

» Nous considérons comme portant en elles-
» mêmes leur ÉVIDENCE , les vérités suivantes :
» Que tous les hommes *ont été créés égaux* (¹);
» qu'ils ont reçu de leur Créateur certains droits
» inaliénables, entre autres la vie , *la liberté* ,
» l'emploi *des moyens propres à les rendre heu-*
» *reux ;* que c'est pour protéger ces droits que
» les gouvernemens *ont été institués* , leurs pou-
» voirs légitimes prenant leur source *dans le*
» *consentement des gouvernés ;* que toutes les
» fois qu'une forme de gouvernement *se trou-*
» *ve en opposition* avec ces conditions de son
» existence, c'est LE DROIT DU PEUPLE, ou de
» *modifier* ce gouvernement, ou de L'ABOLIR EN-
» TIÈREMENT , *d'en instituer un nouveau* , d'en
» poser les fondemens , d'en organiser les pou-
» voirs sur les principes et dans la forme qui
» lui sembleront les plus propres à lui procu-
» rer la sûreté et le bonheur. A la vérité, la
» prudence commande qu'on n'use pas *de ce*

(1) Le rédacteur de cette Déclaration a commis ici une grave erreur ; il devait mettre : « Tous les hommes *blancs* , et à l'exclusion
» absolue des hommes *noirs et bronzés* de toutes les nuances ; » car
alors il y avait, dans toutes ces colonies, de ces hommes-là, qui étaient
esclaves , et que ces honnêtes partisans de l'égalité faisaient travailler à coups de fouet. Les trois quarts de cette terre classique de la
liberté en sont encore remplis; et ce grand apôtre des droits de
l'homme, de ces droits qu'il tient du *Dieu de la nature* , en possédait lui-même un très-grand nombre de tout sexe et de tout âge , dont
il usait et *abusait* de la manière la plus cynique et la plus barbare.
Ceci sera expliqué plus tard.

» *droit de changer des gouvernemens* depuis
» long-temps établis, pour des *causes légères*
» *et d'un effet passager;* et aussi, l'expérience
» nous apprend-elle que les hommes se montrent
» plus disposés à souffrir, lorsque les souffran-
» ces sont tolérables, qu'à user DE CE DROIT
» QU'ILS ONT *d'abolir les formes du gouverne-*
» *ment* auquel ils sont accoutumés. Mais lors-
» qu'une longue suite d'abus et d'usurpations,
» constamment dirigés vers le même objet, ont
» montré un dessein formel de les réduire sous
» le joug d'un despotisme absolu, C'EST LEUR
» DROIT DE RENVERSER UN TEL GOUVERNE-
» MENT, et de chercher d'autres garanties pour
» leur future sécurité. Telle a été, dans leurs
» souffrances, la patience de ces colonies; et
» telle est maintenant la NÉCESSITÉ qui les force
» DE CHANGER la forme de leur gouvernement. »
(Suit l'énumération de leurs griefs contre la mère-patrie.)

C'était pour la première fois que la théorie *phi-*
losophique de la souveraineté du peuple recevait
une application pratique au milieu des sociétés
modernes; elle la recevait au sein d'une révolte,
parce qu'il n'y avait, et il ne peut y avoir aucun
moyen de l'appliquer autrement; enfin l'auteur
de cette Déclaration était UN ATHÉE (¹), et c'é-

(1) C'était Thomas JEFFERSON (*), que les Américains considèrent
(*) Il avait été nommé, pour la rédaction de cette pièce importante, un comité com-

tait pour des *protestans fanatiques* qu'elle avait été faite. Ainsi se touchaient, se confondaient ensemble les deux extrêmes du protestantisme religieux, pour établir l'athéisme politique, lequel a lui-même son fanatisme que l'enfer lui inspire et qu'il sait entretenir.

Il me tarde de rentrer dans mon sujet, et je dirai à peine quelques mots de cette guerre de l'INDÉPENDANCE, qui eut de si grands résultats pour le monde entier, mais qui, comme suite de faits d'armes, présente si peu d'intérêt. Le souvenir de la bonne conduite et des talens militaires de Washington dans les campagnes du Canada, l'avait fait choisir pour général en chef de l'armée américaine, si l'on peut appeler armée des milices indisciplinées, qui pouvaient, presque à volonté,

comme le premier de leurs hommes d'état, et que je considère, moi, comme l'un des hommes les plus extravagans et les plus pervers qui aient jamais existé. Ce n'était pas seulement un athée : c'était un fanfaron d'athéisme ; et lorsque j'en serai venu à la petite biographie que je me propose de vous donner des principaux athées qui dirigeaient alors, et qui, pendant long-temps et jusqu'à nos jours, ont dirigé les affaires de la vertueuse république, je vous offrirai particulièrement sur ce personnage des détails authentiques qui vous inspireront autant de dégoût que d'horreur.

posé de cinq membres, Jefferson, John Adams, Francklin, Roger Sherman et Levingston : ils étaient convenus entre eux, que, chacun de son côté, dresserait un projet de Déclaration d'après ses propres inspirations ; et qu'ensuite, après avoir comparé ensemble ces diverses compositions, on choisirait celle qui semblerait offrir l'expression la plus complète et la plus énergique des sentimens de tous. La pièce de Jefferson fut lue la première ; et les autres en furent tellement frappés, que, d'un commun accord, chacun supprima la sienne comme indigne de supporter la moindre comparaison avec un tel chef-d'œuvre. Tels étaient les Solon et les Lycurgue qui s'apprêtaient à régénérer les enfans de l'Amérique.

quitter le drapeau , et que quelques régimens anglais mettaient en déroute chaque fois qu'elles
osaient se présenter devant eux en bataille rangée.
Une suite non interrompue de désastres apprit à
leur chef que c'était une guerre de partisans qu'il
devait faire à son ennemi ; et dès long-temps exercées à ce genre de combats par les agressions
continuelles des Indiens , les milices américaines
commencèrent à soutenir la campagne avec moins
de désavantage. Toutefois la lutte était encore
trop inégale : les manœuvres plus savantes de l'armée anglaise , quoiqu'elle fût commandée par des
généraux peu habiles , forcèrent Washington à
accepter plusieurs batailles toujours malheureuses;
le découragement , la maladie , la faim , la déser-
tion , le réduisirent aux dernières extrémités , et
l'on ne peut disconvenir, qu'en cette situation extrême , il n'ait montré une grande force d'ame et
beaucoup de ressources d'esprit. Ce fut au milieu
de cet état désespéré des affaires , que la folle in-
tervention de la France vint sauver la nouvelle république de sa ruine inévitable. Ses ministres insensés conclurent avec elle en 1778 une alliance offensive et défensive (¹) , l'aidèrent de l'argent du Roi

(¹) Avant même cette déplorable alliance de la France avec les colonies américaines , le grand *Mannequin* révolutionnaire des Deux-
Mondes, M. le marquis de La Fayette , alors à la fleur de l'âge ,
avait commencé cette belle et longue carrière qu'il a parcourue au
milieu des révoltes et des trahisons de tout genre , en allant se
joindre aux insurgés ; et il eut même l'honneur de recevoir , soit par

très-chrétien , de ses flottes , de ses soldats , et
néanmoins la guerre se prolongea encore cinq ans

devant, soit par derrière, une blessure à la jambe, dans la déroute
de Brandywine. Après le traité, il y fut suivi de beaucoup de jeunes
fats de la cour, dont la tête était enivrée des idées nouvelles, et qui
revinrent en France y inoculer, autant qu'il était en eux, les poisons
encore plus dangereux dont ils s'étaient gorgés en Amérique. Parmi
ces insensés, M. de La Fayette fut le principal instrument dont se
servirent, *pour commencer*, les grands meneurs de la révolution française. Il disparut, comme il devait disparaître, sous le gouvernement
fort de Buonaparte, pour revenir, sous le gouvernement de la restauration, rejouer son rôle de mannequin, à la tribune, dans des
promenades révolutionnaires à travers le midi de la France, enfin
dans les *glorieuses* journées, après lesquelles on l'a jeté de côté,
comme un vieux et ignoble débris qui n'est plus bon à rien. J'ai beaucoup de raisons de croire, et d'après de bons renseignemens, que
c'est encore comme mannequin que les Américains, il y a quelques
années, l'ont promené avec tant d'enthousiasme dans tout leur territoire. Mais du moins, s'ils ont joué la comédie avec lui, la représentation a été donnée à son bénéfice. J'ai promis de vous parler de
cette farce, et je tiendrai ma parole.

Au moment où je terminais cette note, je lis dans un journal américain, une correspondance entre le grand *Mannequin* révolutionnaire et le sieur Joseph Buonaparte, soi-disant comte de Survilliers,
et qui, dans la grande tragi-comédie monarchique composée par
monsieur son frère Napoléon, a joué, pendant environ dix-huit mois,
le rôle de roi d'Espagne. Dans cette correspondance, datée de 1830,
après les glorieuses journées, le susdit sieur Joseph Buonaparte,
s'adressant audit sieur marquis de La Fayette, se plaint, avec
quelque amertume « de ce que le trône de France s'étant trouvé
» vacant et à peu près à la disposition de lui, marquis de La Fayette,
» il ait manqué à leurs anciennes relations d'amitié et d'hospitalité,
» en ne faisant pas valoir les justes droits de sa famille au trône,
» et en préférant un Bourbon à un Buonaparte. » Le grand *Mannequin* répond en substance : « Qu'en effet c'est un vilain nom que
» celui de Bourbon ; mais que malheureusement il sonne mieux
» aux oreilles des puissances étrangères que celui qu'a l'honneur de
» porter M. le comte de Survilliers ; que forcé, par certaines consi-
» dérations, dont il présente un court exposé, de donner un roi

avec un grand acharnement, et, de part et d'autre, avec des alternatives singulières de bonne et de mauvaise fortune. Enfin, le traité de paix par lequel l'Angleterre reconnaissait l'indépendance des Etats-Unis fut signé le 3 septembre 1783; et la France triompha plus follement encore d'avoir tiré de l'abîme une colonie étrangère, en s'y précipitant. L'esprit de révolte qu'elle avait hautement protégé, la souveraineté du peuple qu'elle avait implicitement reconnue, ne tardèrent pas à produire, dans son propre sein, leurs fruits de mort.

Cependant le premier acte du Congrès, après la déclaration de l'*indépendance*, avait été de préparer et de rédiger les articles de la nouvelle confédération : ce n'était pas chose aisée. Il se passa bien du temps avant qu'on pût parvenir à combiner ensemble les vues et les intérêts opposés de treize Etats différens, de manière à les faire tomber d'accord sur des engagemens à prendre dans un intérêt commun. Lorsque ces articles, dressés enfin au milieu des débats les plus violens, eurent été soumis (ce qui était une condition ex-

» à la nation française, au lieu de la constitution américaine, dont
» il aurait préféré de beaucoup pouvoir la gratifier, il a jugé prudent
» de faire cette concession aux préjugés desdites puissances; qu'il
» est fâché de n'avoir pu l'obliger en ceci; que ce sera pour quel-
» que autre occasion, etc., etc.... » Et nous vivons dans des temps
où de semblables correspondances s'écrivent ailleurs qu'aux petites-
maisons !!!....

presse de leur validité)à la discussion des différens
Etats , ils y éprouvèrent encore de longues difficultés ; et ce ne fut qu'en mars 1781 , qu'ils reçurent enfin l'approbation unanime. Ces difficultés,
qui presque toutes étaient de peu d'importance
et pouvaient même être considérées comme de
pures tracasseries , s'élevant et se multipliant ainsi au moment où l'union la plus intime était une
condition de salut pour les confédérés , prouvèrent, ainsi que le dit un jurisconsulte américain (1), « que l'intérêt local et personnel était
» le premier des intérêts dans le cœur de tous les
» américains; » et s'il eût eu la vue plus longue, il
eût pu dès lors prévoir ce que ne tarderait pas à
devenir un gouvernement général imposé , même
de leur propre aveu, à ces étranges républicains.
« La plus grande des erreurs qu'on eût commise
» dans cette charte de confédération , ajoute naï-
» vement le même écrivain, fut d'avoir arrêté
» que les décrets de l'assemblée fédérale auraient
» *force de loi souveraine* pour tous les Etats ,
» tandis que chacun d'eux était résolu de conser-
» ver son indépendance ; et en conséquence de
» cette résolution que rien ne pouvait vaincre, les
» législatures de ces divers Etats, même dans les
» momens de dangers les plus pressans et lors-
» que l'ennemi était encore dans le cœur du pays,

____

(1) Voyez *Chancellor Kent's Commentaries* (passim).

» refusèrent constamment au Congrès le droit
» d'exercer sur elles une autorité permanente, et
» d'intervenir dans les démêlés qui pourraient
» survenir entre tel et tel Etat. » On voulait une
confédération qui n'en fût pas une.

Cependant, tout imparfaite qu'elle était, et
quelque précaire que fût son pouvoir, le danger
commun lui donna, par un effet de l'instinct de
conservation, une force qu'elle n'avait pas en
elle-même ; et il est hors de doute que, si les
insurgés n'avaient pas eu ce centre d'action auquel c'était une nécessité pour eux de se rallier
dans les circonstances les plus critiques, ils eussent succombé dès les premiers pas dans la lutte
où ils s'étaient si témérairement engagés. Mais à
peine les périls et les embarras de la guerre eu-
rent-ils cessé, que les liens d'un tel gouvernement, trop faibles et trop mal tissus pour contenir ensemble tant de parties incohérentes d'un
tout qui n'était, à vrai dire, qu'une sorte d'abs-
traction politique, ne tardèrent pas à se relâ-
cher. « Il devint impraticable, dit encore Kent,
» d'obtenir des Etats aucune résolution com-
» mune pour l'honneur et le salut de la nation ;
» ils repoussèrent, les uns après les autres, les
» demandes d'impôts que leur fit le Congrès
» pour subvenir aux dépenses générales. Des in-
» térêts de commerce, des querelles pour des
» territoires en litige, etc., absorbaient toute

» leur attention et étaient devenus leur princi-
» pale affaire. Des symptômes de détresse et des
» signes d'anarchie ne tardèrent pas à se ma-
» nifester : ce Congrès était devenu, pour les
» nouveaux confédérés, comme une espèce de
» pierre d'achoppement, et ce ne fut que très-
» difficilement qu'on put obtenir d'un grand
» nombre d'Etats qu'ils y conserveraient leur
» représentation proportionnelle, de manière à
» ce qu'il contînt le nombre de députés néces-
» saire pour y décider des affaires les plus ur-
» gentes. Les finances de l'*Union* furent anéan-
» ties ; son armée se dispersa, et à un tel point,
» qu'en 1784 elle était réduite à *quatre-vingts*
» hommes ; et que les Etats se virent dans la
» nécessité d'envoyer des milices pour former,
» dans l'Ouest, la garnison des ports. — En-
» fin, ajoute-t-il, chaque Etat retirant ainsi suc-
» cessivement l'assistance qu'il avait donnée à la
» confédération, cet édifice si fragile et si chan-
» celant était déjà tout près de crouler sur nos
» têtes et de nous ensevelir sous ses ruines. »

C'est merveille que l'habileté avec laquelle les
révolutionnaires savent détruire : c'est lorsqu'il
s'agit d'édifier, que se manifestent leur ignorance, leur absurdité, toutes les misères de
l'orgueil jointes à toutes les misères de l'incapacité ; c'est alors qu'ils se montrent ce qu'ils sont,
c'est-à-dire les derniers des hommes. Ainsi tout

menaçait ruine avant même que l'édifice fût entièrement achevé; et il n'était pas un seul Américain, quelque courte que pût être sa vue, qui
ne fût parfaitement convaincu qu'un pareil état
de choses ne pouvait subsister. Il était donc ur-
gent de le changer : on devait se hâter de se
relever de cette dégradation nationale dans laquelle l'Amérique était déjà tombée, lorsqu'à
peine elle pouvait s'appeler une nation. On en
dut la première pensée à l'Etat de la Virginie :
il avait proposé en 1786 de former une Convention, à l'effet de régulariser le commerce de l'U-
NION avec les nations étrangères. Cinq Etats y
envoyèrent des députés ; mais cette assemblée
ayant reconnu son impuissance à apporter un
véritable remède aux abus qu'il s'agissait de ré-
former, tous ses membres se réunirent pour demander avec instance au Congrès une *Convention générale*, laquelle prendrait en considération la situation actuelle et critique de la république, et aurait les pouvoirs suffisans pour prendre toutes grandes mesures qu'elle jugerait nécessaires à son salut. Deux *hommes d'État*, ainsi
que les appelaient les Américains, Adams et Madison, dirigeaient secrètement les mouvemens de
cette assemblée.

A l'exception de Rhode-Island, tous les Etats
accueillirent cette proposition, et envoyèrent
leurs députés. La Convention générale s'assem-

bla à Philadelphie en mai 1787; et la discussion y était à peine commencée, qu'il fut unanimement reconnu qu'aucune réforme n'était praticable dans le gouvernement existant, et que c'était une constitution nouvelle qu'il fallait aux États-Unis. Cette constitution nouvelle devint aussitôt l'objet des délibérations de l'assemblée.

Alors se manifesta de la manière la plus animée l'extrême division des esprits : les uns (et c'étaient les *hommes d'État*) voulaient que, dans le nouveau plan, on donnât plus de force au gouvernement général, « tous les maux que l'on » avait déjà éprouvés, provenant incontestable- » ment, disaient-ils, de l'extrême faiblesse du » gouvernement précédent. » Or, la constitution anglaise étant, à leur avis, le chef-d'œuvre des législations humaines, c'était ce modèle qu'ils proposaient, sans considérer qu'ils n'en avaient pas chez eux les premiers élémens, et qu'un tel système n'avait d'autre inconvénient que d'y être impossible à réaliser. Les autres, et ce n'étaient pas les moins dépourvus de raison, soutenaient qu'un gouvernement fort, tel que le demandaient leurs adversaires, ne tarderait pas à leur enlever tous les avantages de cette liberté qu'ils avaient payée de leur sang; et que tant de sacrifices qu'ils avaient faits, tant de maux qu'ils avaient soufferts, n'auraient d'autre résultat que de leur donner des tyrans domestiques, à la place des tyrans étrangers dont ils avaient su se délivrer. Ceux-ci étaient les plus nombreux et les plus ardens ; et ce qui est digne de remarque, ce qui prouve plus que tout le reste le touchant accord, l'admirable esprit public dont étaient animés ces généreux patriotes, c'est que les deux partis reçurent à l'instant même deux dénominations opposées, mais certes les plus étranges qu'il soit possible de concevoir : les partisans du gouvernement fort furent appelés *fédéralistes*, et ceux du gouvernement faible *anti-fédéralistes*. Ainsi il fut évident que les uns voulaient une confédération, et que les autres n'en voulaient pas ; trait singulier, on en conviendra, dans l'histoire d'un gouvernement fondé sur l'*union*.

Il s'agissait cependant de s'entendre et d'arriver à une conclusion quelconque : un expédient fut offert, et le plus heureux, le plus admirable, dit sérieusement un historien de la révolution américaine (¹), que l'on ait jamais imaginé ; c'était que les deux partis se faisant mutuellement des concessions, on arrivât, par une sorte de compromis, à créer un gouvernement qui ne fût *ni fort ni faible*. « C'était s'engager » sans doute dans des voies nouvelles, ajoute » cet historien avec le même sérieux ; mais en

____

(1) M. Villard.

» cela nos pères ne faisaient qu'imiter celui
» qui, allant à la recherche de ce monde nou-
» veau qu'ils habitaient, n'avait pris, pour di-
» riger son vaisseau, d'autre guide que les as-
» tres du ciel et ses propres pensées ([1]). » La
première constitution était absurde : tous les
Américains en convenaient ; aussi n'avait-elle
duré que huit ans. Leur position, unique dans
l'histoire des peuples civilisés, leur permettait
de tenter cette seconde expérience politique ;
et, s'ils pouvaient lui assurer seulement *un demi siècle d'existence*, ce qui était environ six
fois la durée de la première, il devenait alors
évident, et de la dernière évidence, que ce nouveau gouvernement était consolidé pour une longue suite de siècles, et qu'ils auraient le droit
de le présenter à l'admiration de l'Univers comme le chef-d'œuvre de tous les gouvernemens,
présens, passés et futurs. Voilà ce que l'on disait de toutes parts, voilà ce qu'écrivaient leurs
hommes d'Etat les plus habiles, et avec un sérieux
imperturbable. Or, ils se faisaient des conditions

______

([1]) N'admirez-vous pas la justesse de cette comparaison, qui nous
montre des hommes, nés dans la société, élevés dans la société,
n'ayant de raison de leur être physique et moral que par la société,
et qui néanmoins s'en vont à la découverte de la société, comme
un navigateur à celle d'une terre inconnue, dont il ne fait que soup-
çonner l'existence? si cela est fou pour les Etats-Unis qui sont d'hier,
que dirons-nous donc de la France qui, depuis plus de quarante
ans, fait aussi des *essais* de société, après quatorze siècles de vie
sociale ?

plus dures que l'esprit du siècle n'en exigeait d'eux, conditions auxquelles leur orgueil n'était pas lui-même disposé à se soumettre : car, à peine ce merveilleux ouvrage était-il achevé, que déjà, en Europe et surtout en France, tous les hébétés l'admiraient, tous les fourbes faisaient semblant de l'admirer ; et qu'en Amérique, ceux qui l'avaient fait s'extasiaient devant lui : *Et viderunt cuncta quæ fecerant, et erant valdè bona.*

J'éprouve un dégoût inexprimable à vous donner même une simple esquisse de cette constitution américaine, parodie ignoble de la constitution anglaise, et depuis parodiée elle-même dans le beau royaume de France, dont depuis près de cinquante ans ces extravagances font la honte et le malheur : il faut cependant m'y résoudre ; car je le répète, je veux être compris, et ce détail en est une des conditions.

Je vous prie d'observer que je vous présente cette constitution *telle qu'elle a été faite*, et non telle qu'elle est maintenant. Cette observation est de la plus grande importance.

PREMIÈRE SECTION.

Article Ier Le pouvoir législatif des Etats-Unis appartient à un Congrès composé d'un sénat et d'une chambre de représentans.

2.º La chambre des représentans se compose de membres choisis, tous les deux ans, par le peuple des différens Etats. Les électeurs devront avoir les qualités requises par chaque Etat pour ses propres élections. On ne peut être nommé représentant, si l'on n'a 35 ans; chaque Etat nomme un député par 30,000 ames de sa population.

3.º Le sénat des Etats - Unis se compose de deux sénateurs pour chaque Etat, lesquels sont choisis par la législature de l'Etat qui les envoie; ils sont élus pour six ans. Les conditions pour être élu sénateur sont d'être âgé d'au moins trente ans, d'être depuis neuf ans citoyen des Etats-Unis, et d'habiter, au moment de l'élection, l'Etat dans lequel on aura été choisi. Les sénateurs sont divisés en trois classes, et sortent par tiers tous les deux ans. Le vice - président des Etats-Unis est président du sénat. Le sénat seul juge des causes de haute-trahison. (Cela se faisait ainsi en Angleterre : ainsi a fait le *servum pecus* en Amérique et en France, où les *nobles* pairs jouissaient, comme on sait, et jouissent encore du même privilége.)

4.º Le Congrès s'assemble au moins une fois tous les ans, et dans la première semaine de décembre.

5.º Suivent des règlemens de police intérieure des chambres, que nous avons encore heureusement imités en France.

6.º Cet article traite des honoraires accordés à chaque membre des deux chambres : ils sont *fort raisonnables* (¹) ; et au grand regret de beaucoup de nos législateurs, nous avons abandonné ici le bel exemple que nous offrait encore sur ce point cette belle constitution ; mais il y a compensation : car le même article porte qu'aucun membre du Congrès ne pourra remplir aucune fonction civile, dépendante du gouvernement général des Etats-Unis, tant que durera son élection. Il en a été autrement chez nous, où l'on peut dire qu'il n'y en avait que pour ces messieurs.

7.º A la chambre des représentans seule appartient le droit de voter l'impôt (cela va sans dire). Le sénat n'y peut concourir que par des amendemens : (c'était comme cela dans la charte *octroyée ;* c'est encore de même dans la charte-*vérité*).

8.º Cet article définit les droits du Congrès ; on peut dire qu'ils sont de nature à contenter les plus difficiles. Il lève et recueille les taxes et impôts de toute nature, acquitte les dettes et pourvoit à tout ce qui concerne la défense et la prospérité des Etats-Unis. Il fait sur le crédit public les emprunts qu'il juge nécessaires ; régularise par

(1) Ces honoraires sont de 8 dollars par jour (environ 42 f.)`, pour chaque membre de l'une et l'autre chambre, tant que dure la session. Il leur est alloué en outre des frais de voyage considérables.

des lois expresses le commerce intérieur et extérieur, le droit de naturalisation, etc; il a seul le
droit de battre monnaie, d'établir des lois uni-
formes de répression pour les banqueroutes, de
déclarer la guerre, de donner des lettres de marques, et de décider de la validité des prises tant
sur terre que sur mer; de créer une marine, de
l'entretenir, et de faire les lois nécessaires pour
l'organisation et la discipline des forces tant de
mer que de terre, de même que pour les milices
de chaque Etat (les droits de ces Etats réservés);
d'exercer exclusivement toute juridiction dans le
district de dix milles carrés concédé pour être le
siége du gouvernement général de l'*Union*, etc.,
etc., etc. (1). Enfin, je ne sais quels droits n'a pas
ce Congrès, puisqu'il possède jusqu'à celui d'accorder les brevets d'invention et de nommer les
maîtres de postes.

9.º Cet article traite de la loi d'*habeas corpus*
à laquelle il donne la plus grande extension, de
la régularisation de l'impôt, et de la comptabili-
té. Il y est déclaré qu'il n'y sera jamais accordé
de titres de noblesse à qui que ce soit; (ce qui,
comme vous le savez, désole toutes les belles dames de la république et beaucoup de ses beaux
messieurs) et il y est défendu aux envoyés dans
les Cours étrangères de recevoir aucun présent de

(1) On n'a pas même voulu laisser au président la souveraineté
qu'avait ce pauvre Sancho-Pança dans son île de *Barataria*.

leurs souverains (avis à ces souverains, qui ont quelquefois la bonté de donner de ces marques particulières d'estime aux ambassadeurs des ces fiers et incorruptibles républicains : tout ce qu'ils reçoivent de la sorte est confisqué à leur retour au profit de la communauté, et exposé avec une sorte de dérision dans une salle du Capitole consacrée à ce dépôt).

10.º Dans cet article, il est dit qu'aucun Etat particulier n'a le droit de faire ni traité, ni alliance, ni confédération, de battre monnaie, d'émettre des papiers de crédit, de lever aucun impôt, sauf ceux qui sont nécessaires au service de son propre gouvernement, tout le produit des droits d'entrée levés dans chaque Etat devant être spécialement versé dans le trésor des Etats-Unis pour les dépenses communes.

DEUXIÈME SECTION.

1.º Le pouvoir exécutif se compose d'un président. — Il est élu pour quatre ans, et l'on élit en même temps un vice-président, ce qui se fait dans la forme suivante :

Chaque Etat nomme, par l'intermédiaire de sa législature, un nombre d'électeurs égal au nombre total de sénateurs et de représentans qu'il a le droit d'envoyer au Congrès ; mais ni sénateur ni représentant dudit Congrès, ni aucun individu remplissant des fonctions dépendantes du gouvernement général, ne peut être nommé électeur.

Ces électeurs *présidentiaux* se réunissent dans leurs Etats respectifs, et votent par bulletin pour deux candidats, dont un ne doit pas appartenir à leur propre Etat. Les législatures envoient la liste des personnes nommées au président du sénat (1); les listes sont ouvertes devant les deux chambres solennellement assemblées, et l'on compte les votes. Celui qui a le plus grand nombre de voix est nommé président, si ce nombre fait majorité dans le nombre total des électeurs; s'il n'y a pas de majorité absolue, à la chambre des députés appartient le droit de choisir le président parmi les cinq candidats qui ont obtenu le plus grand nombre de voix; mais dans ce cas-ci exclusivement, les votes se recueillent par Etat, la députation de chaque Etat n'ayant qu'une seule voix.

Le candidat qui a obtenu le plus grand nombre de voix après le président, est nommé vice-président.

Les conditions pour être nommé président sont d'être né citoyen des Etats-Unis, ou d'en avoir été citoyen au temps de la révolution, d'être âgé d'au moins 35 ans, et d'avoir résidé

----

(1) Le vice-président des Etats-Unis est, de droit, président du sénat.

dans le pays pendant quatorze ans. Le président reçoit des honoraires pendant qu'il est en fonction, lesquels ne peuvent être ni augmentés, ni diminués, tant que dure sa présidence; et, après être sorti desdites fonctions, il n'a droit à aucune rétribution, ni de la part du gouvernement général, ni de la part d'aucun Etat particulier.

2.º (Ici commence l'énumération des droits du président : je serai court; et il me serait difficile de traiter la chose longuement.)

Le président commande en chef les armées de terre et de mer des Etats-Unis, et les milices des Etats particuliers, quand elles sont appelées au service général.

3.º Il a *le pouvoir*, mais de l'aveu et du consentement du sénat et au moyen des DEUX TIERS de ses suffrages, de faire des traités avec les puissances; il nomme encore, ET AUX MÊMES CONDITIONS, les ambassadeurs et fonctionnaires publics d'un ordre supérieur, consuls, juges des cours suprêmes et autres. La nomination aux emplois inférieurs est dans les attributions du Congrès. Si des emplois se trouvent vacans pendant que le sénat n'est pas assemblé, il peut y pourvoir; mais ces nominations n'ont de valeur que jusqu'à la session suivante.

4.º Il a aussi le droit de mettre son *veto* à toute résolution prise par le Congrès ou par une des deux chambres , lorsqu'il ne croit pas devoir l'approuver : alors la résolution est mise aux voix une seconde fois , et si elle obtient les *deux tiers* des suffrages , elle a force de loi (¹).

5.º Il est dans l'obligation d'informer , de temps en temps , le Congrès de l'état des affaires générales ; il peut l'inviter à prendre en considération telle mesure qu'il juge expédiente ; dans les occasions extraordinaires , il a le droit d'assembler les deux chambres ; enfin il reçoit les ambassadeurs et autres ministres publics , veille à l'exécution des lois , et commissionne les divers fonctionnaires.

Là finissent les attributions du magistrat suprême de la plus grande et de la plus glorieuse des républiques (²).

Tel fut le plan de gouvernement , qu'après de longues délibérations , la Convention de Philadelphie soumit à la sanction particulière des divers États , dont chacun prétendait , surtout dans un tel cas , user de tous ses droits de souverai-

(1) La *Constituante* trouvant l'invention de ce *veto* une chose admirable , et qui devait satisfaire un roi de France , puisqu'on président des États-Unis savait s'en contenter , avait consenti à l'accorder à Louis XVI qui avait consenti à l'accepter. Aussitôt la populace de Paris , qui ne sait pas le latin , appela le Roi *Monsieur* VETO , et la Reine *Madame* VETO. On sait ce qui s'ensuivit.

(2) Il y a une troisième et dernière section qui traite de l'organisation judiciaire : je la réserve pour le moment où j'examinerai ce sujet important.

neté. Ils le firent discuter de nouveau par d'autres Conventions de députés que choisit, dans
chaque Etat, la masse entière de la population.
« C'était, dit encore le *grave* Kent, établir les
» fondemens de notre politique sur le seul ter-
» rain qui puisse lui convenir : *sur le consen-*
» *tement universel du peuple.* » On le discuta
encore dans les papiers publics, dans les cercles privés; il le fut solennellement dans des
écrits particuliers, par les hommes d'Etat les plus
célèbres qui assistaient aux diverses Conventions
locales ; et il se passa plus d'une année avant que
la nouvelle constitution eût obtenu le suffrage
du nombre d'Etats requis pour lui donner une
existence politique. Enfin, le 4 mars 1789 (justement au moment où commençait la révolution
française), le gouvernement qu'on venait de
créer se trouva suffisamment organisé, et put
commencer à se mettre en action. *Le Père de
la patrie*, ainsi qu'on l'appelait, et qu'on l'appelle encore, Washington en fut le premier élu
président.

Après la grande pièce, je ne baisserai pas la
toile sans vous avoir donné la petite. Ce gouvernement souverain dont je viens de vous offrir
les principaux traits, commande comme Aga-
memnon, le roi des rois, à vingt-quatre autres
gouvernemens qui ont la prétention d'être tout
aussi souverains que lui ; c'est-à-dire (et la suite

vous l'apprendra) que non moins embarrassé que le monarque d'Argos, il ne leur commande guères que quand il leur plaît de lui obéir.

Toutes les constitutions particulières des vingt-quatre Etats sont fondées sur le principe et établies d'après les formes de la constitution générale. Il en résulte que, sauf de très-légères différences, elles se ressemblent toutes : peu de mots vous en donneront une idée suffisante.

Partout elles se composent d'un pouvoir législatif divisé en deux branches : un sénat et une chambre de représentans; d'un pouvoir exécutif remis aux mains d'un magistrat à qui l'on donne le titre de gouverneur, et d'un pouvoir judiciaire. La durée des fonctions des divers membres de ce gouvernement varie dans les divers Etats (1).

Chaque Etat est divisé en districts; ceux-ci le sont en comtés, les comtés en cités, et les cités en villages ou paroisses. Ce qui distingue ces comtés (où il n'y a jamais eu de *comtes*), c'est qu'ils sont le siége d'une cour de justice et d'une administration centrale; dans les cités, il y a justice de paix et administration municipale; les vil-

(1) Les membres de ces diverses législatures reçoivent aussi des honoraires, qui varient suivant le plus ou moins de richesse des Etats : par exemple, dans l'Etat de New-York, il leur est accordé trois dollars par jour : dans celui de New-Hampshire, deux dollars, etc.

lages ont une, ou plusieurs églises, suivant le nombre des sectes qu'ils contiennent, et une école publique.

Nous avons donc l'avantage de posséder ici, en y comprenant le Congrès, CINQUANTE assemblées délibérantes, qui entrent en session tous les hivers ; ce qui, d'après les renseignemens les plus exacts que j'ai pu me procurer, ne compose pas moins d'une armée de QUATRE MILLE législateurs, occupés, du matin au soir, à confectionner des lois pour le bonheur et le repos d'environ douze millions de citoyens (hommes, femmes et enfans), législateurs dont lagrande majorité est, tous les ans, mise à la porte, pour faire place à d'autres (¹).

Je vous laisse au milieu de ce *gâchis* et de ces gouvernemens *à bon marché*.

Adieu.

(¹) Dans cinq États, les représentans sont élus pour deux ans ; dans les dix-neuf autres, ils le sont annuellement. Dans un seul État, les sénateurs résident cinq ans sans déplacement ; dans huit, ils sont élus pour quatre ans ; sortent, dans quatre de ces États, par moitié tous les deux ans ; dans les quatre autres, par quart tous les ans. Quatre États les élisent pour trois ans (un tiers sortant chaque année), deux pour deux ans ; les neuf autres les élisent annuellement.

LETTRE IX.

Washington, le 1. Octobre 1832.

Suite du même sujet. — Washington élu président. — Premier Congrès. — Deux partis, les fédéralistes et les républicains. — Prépondérance des premiers dans le Congrès. — Révolution française. — Son influence favorable au parti républicain. — Marche progressive de ce parti. — Ne peut être arrêtée sous la présidence de John Adams. — Triomphe sous celle de Jefferson. — Madison, quatrième président. — Guerre avec l'Angleterre. — Ses résultats singuliers. — Monroe, cinquième président. — Commencemens de l'opposition dite *démocratique* contre le parti républicain. — Ses premiers succès dans la loi des élections.

Mon cher Ami,

Dans cette ère de révolution, au commencement de laquelle j'ai eu le triste privilége d'assister, et dont, je vous l'avouerai, il me serait doux de voir la fin, pour dire aussi avec le saint vieillard Siméon : *Nunc dimittis servum tuum, Domine*, je n'ai jamais été que médiocrement étonné de cette ardeur effrénée avec laquelle les populations entières se précipitaient dans les abîmes ouverts devant elles, puis, si quelque événement miraculeux les en faisait sortir, de les voir s'y replonger plus profondément encore, sans souvenir du passé, sans prévoyance de l'avenir; parce que

l'éternelle enfance des peuples m'est connue , et
que , par conséquent , dans tout ce qui tient
politiquement à l'ordre social, s'ils n'agissaient
toujours en enfans , soit dans le bien, soit dans
le mal, la société ici-bas serait à peu près impossible. Mais ce qui m'a toujours confondu d'é-
tonnement, ce qui réellement me semble incom-
préhensible et me jette dans une sorte de stupéfaction , c'est la confiance orgueilleuse et stupide
de cette tourbe de misérables qui se montrent toujours prêts à marcher à leur tête dans ces voies
de perdition. Ceux qui les ont précédés succédaient à d'autres qui eux-mêmes avaient eu des
prédécesseurs : tous sont tombés , tous ont disparu ; il n'en reste pas le moindre vestige.
« Qu'est-ce que cela prouve , disent bêtement et
» dédaigneusement les derniers venus ? Que c'é-
» taient des hommes malhabiles; et il fallait
» bien qu'ils le fussent, puisque eux-mêmes s'ac-
» cusaient les uns les autres de malhabileté.
» Mais les véritables hommes habiles , si long-
» temps attendus , sont enfin arrivés. Ils vont
» élever une digue que ni les vents ni les eaux
» ne pourront ébranler ; ils bâtiront sur le roc
» un édifice que le temps , qui détruit tout, ne
» pourra détruire. Toutes les constitutions , au
» nombre de quinze ou vingt , plus ou moins,
» qui ont précédé la charte *octroyée* , avaient
» en elles-mêmes un vice radical : elles devaient

» toutes périr ; et notre *quasi*-publiciste et *tout-
» à-fait* pédant M. Guizot (1), qui jouait *les
» raisonneurs* dans la comédie de quinze ans,
» fera, s'il est nécessaire, un gros livre pour
» le prouver. La charte *octroyée*, elle-même,
» que nous avons si long-temps adorée, qui
» nous gorgeait d'honneurs et d'émolumens,
» n'était au fond qu'une mauvaise plaisanterie ;
» et il fallait avoir la vue bien courte, pour n'a-
» voir pas prévu qu'elle devait tomber en pous-
» sière, vers le milieu de l'an de grâce 1830,
» et entraîner dans sa ruine les Bourbons et leurs
» adhérens. Mais voici une Charte-VÉRITÉ que
» nous vous garantissons bonne et solide dans
» toutes ses parties, de qualité supérieure, par-
» faitement confectionnée ; et nous sommes
» si sûrs de notre affaire, que, *moyennant un
» juste prix*, nous offrons d'en faire, les pre-
» miers, l'essai devant vous. » La proposition
ayant été acceptée, immédiatement on a vu commencer la nouvelle culbute : les hommes supérieurs, les grands et vertueux citoyens de 1830,
sont devenus des ignorans, des imbéciles, et
même des intrigans et des fripons dès avant
1832 : ceux que l'on avait alors prônés, choyés,

(1) C'est à ce M. Guizot que l'on doit l'invention du mot *quasi*-légi-
timité. Ainsi, sans compter tout le reste, (et un tel *reste* pourrait suffire à plusieurs) ce M. Guizot nous offre l'exemple, unique dans les
annales du monde, d'un homme qui s'est rendu ridicule jusqu'à la
fin des siècles, par l'emploi d'un seul adverbe.

portés en triomphe, ont été depuis hués, sifflés,
maudits, et même, quand l'occasion favorable
s'en est présentée, battus et crossés (¹), en attendant le moment où le peuple souverain espère
pouvoir les *lanterner*.

L'histoire des Etats-Unis est la nôtre : ils sont
entrés avant nous dans cette carrière de désordres et de malheurs, et c'est sur leurs traces
que nous nous y sommes engagés. Il était *physi-
quement* impossible qu'ils s'y perdissent au degré
où nous nous y sommes perdus, de même que,
par une compensation qui vous semblera singulière et frappante, ils n'ont pas pour s'en sauver les chances *morales* qui nous restent encore,
et dont il est probable qu'à l'aide de la Providence, notre pauvre France saura un jour profiter. Ainsi donc, en tenant compte des positions
et des circonstances différentes, qui modifient
plus ou moins les effets produits par des causes
absolument semblables, continuons ce tableau
déjà commencé des douceurs et des agrémens de
la souveraineté du peuple, de la beauté, de la
solidité, de la prospérité d'un gouvernement représentatif et des constitutions *écrites*, « INVEN-
» TÉES par les peuples du Nouveau-Monde, *pour*

(1) Ainsi qu'il est arrivé dernièrement à l'*honorable* M. Schonen;
et, avec des circonstances plus ou moins désagréables, à presque
tous les *honorables* dont se composait autrefois le bataillon sacré, dit
des *deux-cent-vingt-un*.

» *gouverner ceux qui les gouvernent* (¹). » Je
crois que nous y pourrons trouver d'utiles leçons.

Washington, à qui il faut accorder d'avoir
possédé la vertu la plus rare parmi les hommes
que des circonstances imprévues tirent de l'obscurité pour leur faire jouer un grand rôle sur la
scène du monde, un désintéressement digne d'un
meilleur temps et d'une meilleure cause, ne s'é-
tait arraché qu'avec peine au repos de la vie privée à laquelle il avait été rendu ; mais enfin il
avait cru devoir accepter le poste éminent qui
lui était offert. Dès que sa détermination eut été
connue, ce fut une explosion de joie dans toute
l'UNION ; et, par cet invincible effet de l'influence d'un seul homme partout où des hommes
sont réunis en société , le respect et l'admiration
dont tous étaient pénétrés pour le *Père de la patrie*, sembla un moment ne faire qu'un cœur et
qu'une ame de ces esprits intérieurement si aigris
et si divisés. L'entrée qu'il fit à New-York fut
celle d'un triomphateur. Il visita ainsi successivement toutes les parties de la nouvelle république, au son des cloches, au bruit de l'artillerie,
aux acclamations des populations entières qui
se pressaient sur ses pas. *Si licet magna compo-*

(1) Voyez (Lettre III) un des *toasts* portés à la bienvenue du général *Santander*.

nere parvis, le grand *mannequin* révolutionnaire, autrement dit M. le marquis de Lafayette, nous offrirait quelque image de cet enthousiasme, lorsqu'au milieu des hurlemens de joie des vainqueurs de juillet, et lui-même, versant des larmes de crocodile, il serrait amoureusement dans ses bras son roi-république et citoyen.

Les hommes d'Etat, ou *doctrinaires*, de ce pays-ci, sur ce point tout-à-fait semblables à ceux du nôtre, avaient dressé leur plan de gouvernement, tracé complaisamment la marche qu'ils se proposaient de suivre, calculé les résultats qu'ils devaient en obtenir, justement comme ce mécanicien ignorant qui faisait des machines dont il attendait des effets merveilleux, sans tenir compte des frottemens et des résistances. Ils se persuadaient follement que cet esprit d'indépendance dont chaque Etat était animé, et cet esprit de révolte qui, dans toute l'*Union*, était le trait caractéristique de chaque individu, allaient en quelque sorte se fondre dans le gouvernement général qu'ils avaient créé, et s'effacer entièrement sous l'influence puissante d'une constitution *écrite*, divisée en *sections* et formulée par *articles*. Le premier essai qu'ils en firent fut pour eux la plus rude des leçons.

(1789 à 92). A peine le premier Congrès constitutionnel était-il assemblé, qu'il fut observé par plusieurs que, dans l'œuvre parfaite, dans la su-

blime constitution, il manquait quelques légères bagatelles, autrement dites *articles fondamentaux*, et d'une telle nature, que, sans eux, tout
le reste n'était rien, et même pouvait devenir
dangereux et nuisible aux libertés de la nation.
S'ils ne l'avaient pas fait exprès, c'était effectivement de la part des Lycurgues américains une
grande distraction d'avoir oublié, par exemple,
la liberté de la presse et la liberté des cultes (¹).
Le peuple souverain s'en était souvenu pour eux,
ainsi que de plusieurs autres omissions qui ne lui
paraissaient pas moins graves ; et après une discussion très-animée, dans laquelle les partis
commencèrent à se laisser entrevoir, douze articles nouveaux furent ajoutés aux tables constitu-
tionnelles, par forme d'amendemens (²).

(1) Telle fut la *rédemption du catholicisme commencée* par Washington, et *sa grande mission entièrement remplie* (*Avenir*, n.° 50).
Or, il n'était pas *membre* du Congrès qui avait fait la constitution, et, de plus, ce Congrès y avait ouvert *la liberté des cultes*,
et par conséquent la *destruction* du catholicisme ! *Risum teneatis ?*

(2) Voici en substance les principaux de ces douze amendemens.
1.° Il y est expressément défendu au Congrès de jamais faire aucune
loi concernant aucune religion, quelle qu'elle puisse être, et qui
soit de nature à en arrêter, d'une manière quelconque, le libre exercice 2.° De faire également aucune loi qui soit de nature à apporter
le moindre empêchement au droit qu'ont tous les citoyens de parler
publiquement, d'imprimer ce qu'il leur plaît, de s'assembler paisiblement en quelque nombre que ce puisse être, et de présenter des
pétitions au gouvernement pour le redressement de leurs griefs.
3.° Le droit d'avoir et de porter des armes appartient à tout citoyen,
comme faisant partie de la milice nationale. 4.° La personne et le

C'était là un premier échec : le second fut plus
fâcheux encore : il s'agissait d'acquitter les dettes
contractées pendant la guerre de l'*Indépendance* :
un plan de finances fut offert par l'un des *hommes d'Etat* (Hamilton), et avec l'approbation
tacite des autres : il y était proposé de charger le
gouvernement général non-seulement d'acquitter
la dette publique , mais encore les dettes particulières de chaque Etat , au moyen de *certains impôts* qu'il aurait le droit de lever dans *tous* les Etats.
C'était donner à ce gouvernement une action souveraine sur la confédération entière ; et quelle
que pût être l'habileté du rapporteur à voiler cette
intention secrète , personne ne s'y méprit. « Ce
» rapport produisit , dit un historien (¹), la dis-
» cussion la plus orageuse et une irritation dans
» les esprits , qui , dès lors , *ébranla* les fonde-

domicile de tout citoyen sont inviolables , excepté dans les cas pré-
vus et clairement désignés par la loi. 5.º Les droits accordés au
gouvernement général et énumérés dans la constitution, ne pourront
jamais être interprétés *de manière à invalider ceux que le peuple a
prétendu se réserver.* (On conçoit qu'un tel article pouvait mener
loin.) 6.º Les pouvoirs que la constitution n'a pas expressément délégués au gouvernement général, et qu'elle n'a pas ôtés aux divers
Etats, sont sensés leur appartenir , ou *avoir été réservés par le peuple.* — Les autres articles contenaient des dispositions protectrices à
l'égard des accusés dans les causes criminelles ; quelques modifications à la loi des élections , depuis et à plusieurs reprises , bien autrement modifiée ; des décisions sur les limites dans lesquelles devait
être renfermée la juridiction des pouvoirs judiciaires des Etats-Unis,
et quelques autres points ou reglemens de peu d'importance.

(1) *Willard's History of the United States.* in-8.°, p. 255.

» mens du gouvernement, et que l'on peut con-
» sidérer comme la source de ces divisions qui
» ont si long-temps et si violemment agité nos
» assemblées nationales. À l'instant même, se
» mirent à découvert les deux grands partis poli-
» tiques qui, sous les noms de *fédéralistes* et de
» *républicains*, ont, pendant trente ans, sou-
» levé une moitié de l'*Union* américaine contre
» l'autre. » Les Etats du nord se montrèrent favorables au plan de finances ; les Etats du midi
le repoussèrent ; et dans ce conflit, il fut d'abord
rejeté à une faible majorité. Alors les *vertueux*
fondateurs de la république naissante employè-
rent, *pour commencer*, la ressource accoutumée
des vieux gouvernemens représentatifs ; ils ache-
tèrent quelques voix, qui se vendirent avec une
facilité merveilleuse (1), et le bill passa, à une
seconde lecture, au milieu d'une exaspération de
sentimens difficiles à décrire. Hamilton y perdit
à jamais sa popularité (2).

(1) Il était alors question de choisir l'emplacement sur lequel devait être bâtie la ville destinée à devenir le siége du gouvernement.
On fit entendre à des députés des bords du Potomac, que s'ils voulaient soutenir de leur vote le plan de finances proposé, cet emplacement serait pris sur leur territoire : le marché fut accepté.

(2) Cet Hamilton, l'ami et le compagnon d'armes de Washington,
l'un des personnages les plus marquans de la révolution, et alors
le chef et l'ame du parti fédéraliste, fut, quelques années après, tué
en duel par un certain *Aaron Burr*, qui mène maintenant une vie
obscure et misérable à New-York, après avoir été vice-président

Cet orage était à peine apaisé, que la proposition d'établir une banque nationale en produisit un autre non moins violent. Les républicains déclarèrent cette proposition inconstitutionnelle, inutile, dangereuse, et nièrent que le Congrès eût le pouvoir de créer ainsi un établissement dans lequel l'*Union* entière se trouverait forcément engagée. Il n'est pas besoin de dire que les fédéralistes en soutinrent l'utilité et la constitutionnalité. Ils l'emportèrent, parce que Washington se rangea de leur côté ; mais les haines déjà si envenimées s'en accrurent ; et par un scandale plus grand encore que ceux qui avaient précédé, on vit, à l'occasion de ce bill, deux partis se former dans le cabinet même du président, et éclater ouvertement l'un contre l'autre. Le secrétaire d'Etat Jefferson, cet homme sans foi, ni loi, ni pudeur, au fond indifférent, par excès de perversité, à toute espèce de système, s'y déclara hautement le chef de l'opposition républicaine. Non content de manquer aux devoirs les plus sacrés des hautes fonctions qu'il avait acceptées en violant le secret des discussions ministérielles, une gazette qui se publiait sous son

de la république, et (par une circonstance unique qui contribua à faire modifier la loi de l'élection présidentiale) ballotté *trente-six fois* avec Jefferson pour la présidence. Ici, tel qui est aujourd'hui un personnage considérable, redevient *Gros-Jean* le lendemain, sans que personne s'en étonne, ni même y fasse la moindre attention, tant la chose est dans les mœurs et dans l'esprit de la nation.

influence, ou pour mieux dire, sous sa dictée, prodiguait journellement l'insulte et tous les genres de diffamation à ceux de ses collègues qui ne partageaient pas ses opinions ; et les fureurs des opposans dans les Congrès, les altercations violentes des ministres dans le conseil, les cris dont les deux factions faisaient retentir les journaux, divisèrent dès ce moment la population entière en deux parts, dont chacune se précipita à l'une et à l'autre des deux extrémités opposées. Cependant l'influence si puissante de Washington donna encore cette fois la victoire au parti fédéraliste.

(1795 à 97). Il me semble que, pour un premier Congrès, ce n'était pas déjà trop mal : suivons. Pendant deux ans, il y eut comme une espèce de trève entre les partis ; mais en 1793, l'effroyable anarchie révolutionnaire à laquelle la France était livrée, ranima avec plus d'exaspération que jamais, les haines qui fermentaient dans le fond des cœurs. Les républicains embrassèrent avec chaleur le parti des révolutionnaires français : l'ambassadeur de la Convention fut reçu par eux avec enthousiasme ; et soutenu par ce parti déjà si puissant et si nombreux qui espérait lui-même s'en faire un appui, cet envoyé d'une bande d'assassins et de sycophantes, put, au milieu des Etats-Unis, se permettre des actes de souveraineté et s'emporter à des excès, que le président n'aurait osé hasarder sans s'ex-

poser à être traduit devant la cour suprême pour
crime de haute trahison (¹). Les fédéralistes ac-
cusèrent alors leurs adversaires de préparer à
l'Amérique les scènes sanglantes qui désolaient

(1) Cet individu se nommait *Genet*, et vit encore aux Etats-Unis,
où sans doute il a jugé prudent de se fixer. Fort de cet appui que
lui prêtaient les républicains, il osa armer, dans le port de Charles-
ton, des corsaires qui infestèrent les mers voisines et s'emparèrent
de navires appartenant aux puissances ennemies de la France, bien
que les Etats-Unis fussent en paix avec elles. Il avait formé le projet d'une descente dans les Florides, qui devait partir des ports
de la Caroline du sud et de la Géorgie, et d'une attaque contre la
Louisiane et la Nouvelle-Orléans, par des bandes enrôlées dans le
Kentucky. Ces deux expéditions avaient déjà reçu un commencement d'exécution, qu'arrêta l'arrivée du nouvel ambassadeur, chargé
par son gouvernement de les désavouer.

A propos de ce misérable Genet, je me rappelle une petite a-
necdote qui vaut peut-être la peine d'être racontée.

On lisait devant moi, il y a quelques mois, une lettre adressée au
président actuel des Etats-Unis, le général Andrew Jackson (personnage que par la suite je me propose de vous faire plus am-
plement connaître), et publiée dans tous les journaux. Il y était
question d'une médaille antique de Jules César, dont l'écrivain de
cette lettre lui faisait hommage, et qu'accompagnaient les flatteries
les plus lâches, les plus dégoûtantes, les plus extravagantes qui aient
jamais été imaginées par une créature humaine, jusque là que, ne
se contentant pas de comparer Jackson à César, il le mettait même
au-dessus : *quod Cæsar fecit*, disait-il, *Jackson* SUPERAVIT, et autres
semblables turpitudes.

« Cette lettre m'étonne, dis-je alors ; je savais qu'en Amérique on
flattait bassement la populace ; mais je ne croyais pas qu'on y fût
arrivé à ce degré de bassesse envers le pouvoir ; et je pensais qu'il
n'y avait que des *libéraux français* qui fussent, à ce point, capables de cette double infamie. » On me montra la signature de la
lettre, c'était GENET qui l'avait écrite. Or, des personnes qui vivent
encore ont vu ce même Genet, lorsqu'il était citoyen-ambassadeur
de la république française, danser *la Carmagnole* avec des matelots
de sa nation sur le port de New-York.

la France; ceux-ci rétorquèrent l'argument en les accusant de vouloir les replacer sous le joug de l'Angleterre. Cependant il arriva que, dans ce moment même, Washington, après y avoir été autorisé par le Congrès, jugea à propos de signer avec cette dernière puissance un traité par lequel il lui était fait quelques concessions que, dans l'état actuel des choses, il était à peu près impossible de lui refuser (¹). L'opposition en poussa aussitôt des cris de rage; déclara que ces concessions étaient déshonorantes pour la nation; et, dans ses accusations véhémentes contre tous les agens du pouvoir, à peine épargnat-elle l'auguste *Père de la patrie*. Le nouvel ambassadeur français (les extravagances de l'autre avaient paru trop furieuses même à la Convention, et l'avaient fait révoquer), profitant de ces discordes intestines, put encore agir et parler avec une insolence et un despotisme dont il était permis de s'indigner secrètement, mais qu'il fallut supporter (²). Or, pendant que ce ministre d'une puissance étrangère dictait en quelque sorte

(1) Par suite du blocus maritime qu'elle avait établi à l'égard de tous les ports de France, l'Angleterre prétendait avoir le droit de visiter tous les navires marchands des puissances neutres, et de les soumettre ainsi aux conditions sévères de ce blocus. Ce droit, qu'elle exerçait surtout très-rigoureusement sur les navires américains, ne lui était pas contesté dans le traité: de là les fureurs, vraies ou feintes, de l'opposition.

(2) Celui-ci se nommait *Fauchet*.

ses lois au sein de la fière république , l'insubordination du peuple souverain contre le gouvernement *légitime* qu'il avait lui-même établi , se manifestait déjà avec les symptômes les plus alarmans. Les impôts surtout faisaient murmurer de toutes parts ; et en Pensylvanie , à l'occasion d'une taxe nouvelle qu'on levait sur les liqueurs fortes , il y eut une insurrection , où plus de sept mille individus se trouvèrent engagés , qui se porta contre l'autorité aux plus coupables excès , et que le président ne put apaiser qu'en faisant une réquisition de quinze mille hommes de milice aux États les plus voisins (¹). Il parvint ainsi à dissiper les insurgés ; mais tel était dès lors l'esprit de la plus grande partie de la population, qu'il jugea prudent d'accorder une amnistie générale et l'impunité , même aux chefs avoués de la sédition. Plusieurs actes de son administration avaient déjà fait murmurer : sa prédilection marquée pour le parti fédéraliste le rendait de jour en jour moins populaire ; et après huit ans d'exercice de la magistrature suprême , *le Père de la patrie* jugea que le moment était venu pour lui de battre en retraite , et de ne pas rester plus long-temps , et par une troisième réélection , à la

---

(1) Les États de New-Jersey , Maryland et Virginie ; le gouverneur de la Pensylvanie fournit lui-même un contingent.

merci de ses aimables enfans. Il leur fit ses adieux en 1796 (1).

(1796 à 1800). Le parti fédéraliste perdit en lui son plus ferme appui ; et quoique l'élection du nouveau président (*John Adams*) fût celle qu'il avait désirée, et que le parti républicain lui eût opposé sans succès Jefferson qui marchait à sa tête, cependant telles étaient déjà la force et l'influence de ce dernier parti, qu'Adams n'eût point été élu, si dès lors il avait été unpopulaire comme il le devint avant que sa présidence fût achevée. Les actes qui lui firent perdre sa popularité sont curieux à connaître : on était menacé d'une guerre avec la France, mécontente de la neutralité que les Etats-Unis prétendaient garder à l'égard des puissances européennes alors en guerre avec elle ; et même il y avait eu un commencement d'hostilités.

(1) Ces *adieux* sont assurément d'un homme parfaitement bien intentionné ; mais quoique les Américains fassent semblant de les considérer comme des paroles sacramentelles, j'ai peine à croire qu'il y en ait un seul, pour peu qu'il jouisse de ce reste de bon sens que les institutions politiques de son pays ont pu lui laisser, qui n'apprécie à sa juste valeur ce long radotage, dans lequel *le Père de la patrie* les invite à l'union, à la paix, à la concorde, à la plus tendre fraternité, à un attachement unanime pour cette constitution *qui est leur propre ouvrage*, et dont, avec une foi plus que naïve, il détaille les perfections et prédit la durée ; le tout se pouvant résumer dans la phrase suivante : « *Mes chers concitoyens, que jamais rien ne vous désunisse, et vous demeurerez toujours les Etats-Unis.* » M. H. Lee de la Virginie a bien eu raison de dire que « Washington n'était pas un génie supérieur. » (Voyez ma IVe lettre.)

Le président jugea qu'il était à propos d'augmenter les forces maritimes, et, pour s'opposer aux descentes que l'ennemi pourrait tenter sur les côtes, de mettre en réquisition quatre-vingt mille hommes de milices nationales. Les démagogues crièrent aussitôt que de telles mesures tendaient à la monarchie, et que cette guerre impolitique n'avait d'autre but que de leurrer le peuple, et de se servir de ses propres mains pour forger les chaînes qu'on lui préparait. Etonné de ces cris, et soupçonnant avec juste raison que cette effervescence des esprits était excitée et entretenue par des émissaires français, le président obtint du Congrès deux lois, l'une qui lui accordait le droit de surveiller les étrangers qui arrivaient dans le pays, et de les en faire sortir s'il le jugeait à propos ; l'autre qui avait pour objet de réprimer les excès de la liberté de la presse, de cette presse que tous les révolutionnaires, nés et à naître, trouvent si admirable tant qu'ils ne sont pas arrivés au pouvoir, et qu'ils veulent détruire dès qu'ils y sont parvenus, avouant alors, ainsi que tous ceux qui les ont précédés, « qu'avec elle, *il est impossible de gouverner* (1). » Mais la presse

____

(1) Une anecdote récente confirme cette réflexion de notre correspondant d'Amérique. Il y a quelques mois, que dans une ville voisine de Fribourg, un légitimiste français se trouva à table d'hôte avec M. B......., homme d'esprit, de bon ton, et rédacteur du journal le plus républicain de Paris. La conversation s'engagea

n'en devint que plus insultante et plus furieuse. Entraînés par le torrent populaire qui grossissait sans cesse, beaucoup désertèrent le parti fédéraliste, dont la faiblesse ne tarda pas à être mise à découvert; Adams n'eut pas les honneurs de la réélection; et Jefferson, qu'on pourrait appeler *la populacerie incarnée*, fut élu président.

On peut dire que, par cette élection, le parti fédéraliste fut frappé à mort; et bien qu'on le voie encore, de temps à autre, donner quelques signes de vie, et même retrouver une apparence de force dans les embarras et les extrémités auxquels ses démêlés avec l'Angleterre réduisirent la nouvelle république, les efforts qu'il fit pour se relever étaient ceux d'un agonisant, et sa fin fut même si honteuse, que, s'éteignant par degrés, il est impossible de déterminer avec précision l'époque à laquelle il a entièrement disparu (1). C'était cependant ce parti qui avait fait la révolution; c'était par lui qu'elle avait triom-

entr'eux, et celui-ci, bien qu'il connût les opinions ultra-royalistes de son interlocuteur, exposa avec la plus grande franchise les sentimens, les espérances et les projets de son parti, et il en termina l'énumération en déclarant que, *quant à la liberté de la presse, il était décidé qu'on s'en débarrasserait, aucun gouvernement ne pouvant y résister.* Ne dirait-on pas que notre correspondant des États-Unis écoutait à la porte? (Note de l'éditeur.)

(1) Après être resté dans le tombeau jusqu'à la présente année 1832, il vient tout-à-coup de ressusciter; et lorsque je vous raconterai l'histoire de sa résurrection, vous la trouverez plus curieuse encore que celle de sa mort.

phé ; c'étaient ses chefs qui avaient été les grands hommes et les idoles de la nation. Grande leçon perdue , comme tant d'autres !

(1800 à 1808). Avec Jefferson , les chefs du parti républicain occupèrent à l'instant même tous les postes importans , et ce parti s'empara ainsi du pouvoir , dont il ne devait de long-temps se dessaisir. Le nouveau président sembla se faire un malin plaisir d'abandonner aux exigences démocratiques le peu de prérogatives accordées à ce déplorable pouvoir exécutif dont il était temporairement revêtu, et montra , dès le premier jour, la marche qu'il prétendait suivre , en supprimant, dans l'ouverture du Congrès, le cérémonial observé par ses prédécesseurs (1). Sous sa présidence , la loi de la primogéniture , dernier débris des essais aristocratiques tentés dans les colonies, fut abolie ; et dès lors commencèrent dans la loi électorale , ces altérations matérielles dont je ne tarderai point à parler , et qui en ont fait ce qu'elle est aujourd'hui. A ce démagogue , l'idole du parti populaire , et sur son refus d'être réélu pour la

(1) Lors de leur inauguration , ses deux prédécesseurs s'étaient rendus avec une sorte d'appareil à la chambre du Sénat , et y avaient prononcé un discours devant le Congrès assemblé, ce qui présentait quelque imitation des rois d'Angleterre faisant l'ouverture du Parlement. Jefferson se contenta d'envoyer un message écrit, qui fut lu d'abord dans le sénat , et de là transmis à la chambre des représentans. Cet exemple a fait loi pour les présidens qui sont venus après lui.

troisième fois à la suprême magistrature (¹), succéda Madison, secrétaire d'Etat sous son administration, et qui par conséquent sortait de son
école.

(1808 à 15). La présidence de Jefferson n'a-
vait présenté, dans la politique extérieure, aucun
événement véritablement important. On y voit se
développer, à l'égard des puissances européennes, ce système pacifique de neutralité, dont
l'extrême faiblesse de la république naissante lui
faisait une loi impérieuse ; tandis que, dans l'administration intérieure, cet *homme d'Etat* ne s'é-
tait guères occupé que de mesures économiques,
trop économiques peut-être, puisqu'elles eurent
pour résultat de réduire presque à rien l'armée et
la marine. Le nouveau président trouva des circonstances plus difficiles et plus orageuses : les
Etats-Unis commençaient alors à l'être en butte
à toutes les conséquences commerciales du blocus maritime et continental qu'avait amenée la
guerre acharnée que se faisaient la France et
l'Angleterre ; et cette neutralité qu'ils s'efforçaient
de garder n'était point respectée par les deux puis-

(1) Il est à remarquer que les plus ambitieux de ces démagogues,
après leur seconde élection, avaient assez, et probablement *plus
qu'assez*, d'un semblable pouvoir. Madison et Monroe qui succé-
dèrent à Jefferson, déclarèrent positivement, comme lui, qu'ils
n'en voulaient pas pour une troisième fois.

sances belligérantes (¹). Il en résulta pour son gouvernement des embarras qui en mirent à nu toutes les misères. Il avait cru, dans l'intérêt général, et vu les violences exercées contre le commerce américain par les croiseurs anglais et français, devoir mettre un embargo dans tous ses ports : cette mesure bouleversa la nation ; les Etats maritimes qu'elle ruinait, refusèrent hautement de s'y soumettre, et le Congrès n'eut d'autre parti à prendre que d'annuler promptement son décret. Ce fut alors qu'on découvrit une intrigue tramée, quelques années auparavant, par le gouvernement anglais avec les chefs du parti fédéraliste, pour faire rentrer les Etats du nord sous le gouvernement de la Grande-Bretagne (²),

(1) Au droit qu'elle s'arrogeait de visiter les vaisseaux neutres, par suite du blocus maritime, l'Angleterre ajoutait celui de *presser* à bord des navires américains tous les matelots anglais, bien qu'ils fussent naturalisés citoyens de la nouvelle république, prétendant que nés sujets de la Grande-Bretagne, ils ne pouvaient, lorsqu'elle était en guerre, et sous aucun prétexte, entrer au service d'une puissance neutre. En même temps, Buonaparte rendait le décret de Rambouillet, qui autorisait la saisie et la confiscation de tous les navires appartenant aux Etats-Unis, alors dans les ports de France, ou qui pourraient y entrer,

(2) Les documens en furent mis sous les yeux du Congrès en février 1812. Ils prouvaient que, le 6 février 1809, et par conséquent en pleine paix, le gouverneur du Canada, sir John Craig, avait envoyé dans les Etats du nord, et avec l'assentiment de son gouvernement, un émissaire nommé John Henri, chargé de s'aboucher avec les chefs du parti fédéraliste, et de les engager à former, de ces divers Etats, un grand Etat séparé sous la protection de l'Angleterre. Cette intrigue avait avorté par des circonstances qu'il

tant ces hommes malhabiles et imprévoyans étaient déjà fatigués et épouvantés de l'œuvre qu'ils avaient faite, et pour l'accomplissement de laquelle ils n'avaient pas craint de prodiguer tant de sang, et de compromettre l'existence entière du pays! La haine des républicains contre l'Angleterre devint alors de la frénésie ; et le gouvernement, tout en reconnaissant que le véritable intérêt du pays était de ne pas sortir du système de paix, se vit forcé de lui déclarer la guerre. Le parti fédéraliste, alors en très-faible minorité dans le Congrès, protesta contre cette guerre, prouva qu'on n'était en mesure de la faire, ni sur terre, ni sur mer, et prédit qu'elle serait désastreuse.

Elle le fut en effet, principalement sur les frontières du nord, où l'on se battit avec acharnement, où la discipline anglaise triompha presque toujours de la bravoure désordonnée des milices américaines, et où il y eut beaucoup de sang inutilement répandu. Après avoir désolé, sur leurs principaux points, les côtes de l'est, une flotte ennemie pénétra, par le Potomac, jusqu'à la ville capitale de l'*Union*, que le général anglais livra aux flammes avec son Capitole. Les

est inutile de rapporter ici ; et ce fut John Henri lui-même qui, après avoir vainement sollicité auprès du cabinet anglais la récompense qu'il croyait due à ce service, découvrit tout au gouvernement américain, lequel paya d'une somme de cinquante mille piastres le secret qu'il avait offert de lui vendre .... Que d'honnêtes gens de part et d'autre!

ports de Boston et de New-York furent long-
temps bloqués ; et il s'en fallut peu que la ville
de Baltimore ne fût prise d'assaut. Une descente
opérée sur les côtes du Maine réduisit presque tout
le pays , dont les habitans se reconnurent sujets
du roi d'Angleterre ; et en même temps une autre division de troupes anglaises débarquait sur
les côtes de la Louisiane , où , sans une fausse
manœuvre de son général en chef , sir Edwards
Packenham , elle s'emparait , sans coup férir , de
la Nouvelle-Orléans (¹). Sur mer , les Améri-

(1) Ce général, qui , dit-on , avait fait preuve d'habileté dans la
guerre d'Espagne , commit ici la faute très-grave de trop mépriser
son ennemi. Ni par le nombre , ni par la discipline , ni par la
science militaire de son chef , Andrew-Jackson , soldat ignorant et
brutal , qui , de sa vie n'avait fait la guerre qu'à des hordes d'Indiens , l'armée américaine n'était capable de soutenir même le premier choc de la division anglaise. Jackson s'était donc retranché
à trois milles de la ville , dans une position couverte par un marais ,
et dont des balles de coton formaient les retranchemens. Il s'agissait
pour Packenham de tourner cette position , de faire faire à sa
troupe une marche d'environ douze milles , et il entrait à la Nouvelle Orléans sans brûler une amorce. De tels retardemens et des
précautions aussi timides lui semblèrent indignes de lui et de
son armée : il ordonna à ses soldats de marcher aux retranchemens , de les enlever et de passer sur le ventre de l'ennemi ; et
telle était son impatience , qu'il ne voulut même pas attendre son
artillerie , dont un accident avait retardé l'arrivée , et qui seule eût
décidé l'affaire presque sans effusion de sang. Agir si inconsidé-
rément , c'était jouer le jeu de son adversaire. Jackson avait parmi
les siens une troupe de *Riflemen* du Kentucky , espèce d'hommes
à moitié sauvages , qui passent leur vie dans les bois , et qui , de
même que les chasseurs tyroliens , ne manquent jamais le but qu'ils
ont ajusté. Il les dispersa sur sa ligne de défense , avec ordre de
ne tirer que sur les officiers. Les premiers tombèrent tous à la

cains montrèrent du courage avec plus d'habileté, dans plusieurs actions de vaisseau à vaisseau,
brillantes sans doute, mais peu décisives, et ob-
tinrent même quelques avantages sur les lacs,
où leurs flottilles battirent et détruisirent celles
de leurs ennemis.... Mais je m'aperçois que je
m'engage déjà trop avant dans les détails de cette
guerre, qui sont nombreux, variés, et se compli-
quent encore, pour les Américains, des incidens
d'une autre guerre que leur firent en même temps
les tribus indiennes, et à plusieurs reprises, tant
sur leurs frontières que sur leur propre territoire.
Il n'est pas plus de mon sujet de la traiter que je
n'ai fait des guerres précédentes; et j'y couperai
court, en faisant observer que si les Etats-Unis,
sur quelques points, soutinrent leur lutte contre
l'Angleterre avec une apparence d'égalité, c'est
que, de la part de cette dernière puissance, occu-
pée alors de soins bien autrement importans, elle
fut long-temps conduite avec une sorte d'indif-

première décharge; ceux qui rallièrent les soldats tombèrent à leur
tour : la confusion s'en accrut, Packenham s'obstinant dans son
entreprise, et ayant essayé lui-même de les ramener une troisième
fois, tomba le dernier; et la division anglaise, privée de ses principaux officiers et de son général en chef, battit alors en retraite.
Je n'ai pas entendu dire qu'il y ait eu d'autre exploit à citer du
Jules-César américain. Il doit à cette seule affaire, qu'on pourrait
appeler la bataille *des balles de coton*, de jouer maintenant le
premier rôle dans les Etats-Unis, et d'y être appelé par la canaille
le vainqueur des vainqueurs de Waterloo. J'aurai bientôt occasion de
revenir sur ce très-singulier personnage.

férence et beaucoup d'incurie, sûre qu'elle était de faire la paix quand il lui plairait et d'en dicter les conditions, le gouvernement des Etats-Unis n'ayant cessé de la solliciter dès le commencement des hostilités. Cette paix fut en effet conclue avant que le cabinet anglais eût reçu la nouvelle de l'échec éprouvé par ses troupes devant la capitale de la Louisiane ; et les Américains voudraient en vain se dissimuler qu'elle fut humiliante pour eux, puisqu'il n'y fut pas même question de ce qui avait été le principal motif de la guerre : *la presse* exercée par l'Angleterre sur les navires américains. N'en parlant pas, il est évident qu'elle prétendait se la réserver ; et le cabinet américain jugea prudent d'imiter son silence.

Ce qu'il m'importe de suivre, c'est la marche des partis pendant cet état de crise où la guerre avait placé les nouvelles institutions des Etats confédérés. Il arriva ce qui devait immanquablement arriver dans ce système monstrueux du gouvernement représentatif, où fermentent sans cesse, au milieu de toutes les passions basses et égoïstes, deux passions principales : la haine du pouvoir et l'ambition de s'en emparer. A peine vainqueur, le parti républicain vit se former, dans son sein, une opposition très-active, très-ardente, qui sans s'unir au parti fédéraliste, sembla conspirer avec lui pour créer au gouvernement des obstacles de tout genre, le rendant responsable de tous les événemens désastreux de la guerre, le calomniant dans toutes ses intentions, le harcelant dans toutes ses mesures, excitant enfin contre lui, de toutes parts, des résistances auxquelles le caractère américain n'était que trop disposé. Des individus, l'esprit d'opposition passa aux législatures des Etats. Sommés de fournir un nouveau contingent de milice, le Connecticut et le Massachusetts refusèrent d'obtempérer, sous prétexte qu'il leur appartenait, comme Etats souverains, d'examiner et de décider si en effet la nation avait besoin du service de leurs milices. Et la législature du Massachusetts proposa même de mettre le séquestre sur le produit des impôts appartenant au gouvernement général. Les taxes nouvelles que nécessitaient l'épuisement du trésor public, la situation alarmante du pays et les dépenses extraordinaires de la guerre, ne purent être obtenues, ou plutôt arrachées, dans le Congrès, qu'après les débats les plus tumultueux et les résistances les plus opiniâtres. L'opposition devenant de jour en jour plus hardie et plus exaspérée, surtout dans les Etats du nord, cinq d'entr'eux (1) en vinrent à ce degré d'audace, de se réunir dans une espèce de Congrès particulier, célèbre dans l'histoire de l'Amérique, sous le nom de *Convention d'Hartfort*, lequel Congrès délibéra à huis-

(1) Massachussetts, Connecticut, Rhode-Island, New-Hampshire et Vermont.

clos pendant près de trois semaines, et publia ensuite, en forme d'*adresse*, un résultat de ses délibérations, qui n'allait pas moins qu'au renversement du gouvernement fédéral, si l'on ne faisait droit à ses justes plaintes. Enfin telle était la
faiblesse de ce gouvernement, le peu d'affection
qu'il inspirait, le mépris qu'on en faisait, que,
sans une démarche hardie et illégale du général
Jackson, la législature de la Louisiane allait traiter séparément et pour son propre compte avec
le général Packenham, avant qu'un seul coup de
fusil eût été tiré devant la Nouvelle-Orléans (1);
et que, dans une invasion que fit une autre division anglaise des frontières du Canada sur le territoire américain, le parti fédéraliste, tout abattu qu'il était, put espérer un moment de faire
rentrer tous les Etats du nord sous la domination
de la Grande-Bretagne (2). La paix arrêta ce torrent d'anarchie politique près de se déborder.

(1) Jackson ayant eu avis de ce projet de négociation avec l'ennemi, et s'abandonnant à sa violence et à sa brutalité accoutumées,
envoya ordre au gouverneur Claiborne de surveiller les membres de
cette assemblée souveraine; et, à la première démarche suspecte
qu'il leur verrait faire, de placer une garde à la porte du lieu de
leurs séances, et de les y tenir renfermés. Claiborne jugea prudent
de modifier cet ordre qui, par la suite, aurait pu très-gravement
le compromettre, et se contenta de mettre cette garde à la porte
lorsque la salle était vide, et uniquement pour les empêcher de s'assembler.

(2) Le général anglais, sir Georges Prévost, qui commandait cette
expédition, ayant publié une proclamation par laquelle il promettait

(1816 à 24). Si l'on en excepte l'invasion des Florides par le général Jackson, invasion entreprise par la plus odieuse violation du droit des gens (1), et la cession de cette colonie faite aux Etats-Unis en 1821 par le gouvernement espagnol, la seconde présidence de Madison, et les deux présidences successives de Monroe, qui vint

sécurité et protection à tous ceux qui se détacheraient du gouvernement des Etats-Unis, le gouverneur de l'Etat de Vermont, fédéraliste bien connu, voulut empêcher la milice du pays de joindre l'armée américaine. Soutenu par d'autres fédéralistes qui avaient de l'influence, il essaya de former un parti ; et peut-être y aurait-il réussi, si la victoire remportée par la flottille américaine sur le lac Champlain, n'eût déterminé sir Georges à abandonner son entreprise.

(1) Les Etats-Unis étaient en guerre avec les Siminoles, tribu indienne qui résidait sur les frontières des Florides : Jackson s'était *persuadé*, disent les historiens, que les Espagnols les favorisaient et même leur fournissaient des armes et des munitions, ce fut pour lui une raison suffisante d'entrer de vive force dans un pays neutre, et d'y exercer des violences et des cruautés. Le président se hâta de faire rendre à l'Espagne le fort Saint-Marc et la ville de Pensacola, dont cette espèce de forban s'était emparé ; mais il eût fallu ensuite le punir, afin de lui apprendre à ne pas désormais se livrer si facilement à ses *persuasions* ; c'est ce qu'il ne fit pas ou n'osa pas faire. Ceci se passa en 1818. A partir de ce moment, le gouvernement américain, maître de la Louisiane, qui lui avait été *vendue* par Buonaparte, et convoitant les Florides, ne cessa de négocier avec le cabinet espagnol, pour tâcher d'en obtenir la cession, mais sans aucune apparence de succès, jusqu'à ce que les Cortès se fussent emparés du pouvoir et eussent fait leur roi prisonnier. Alors ce prince donna *forcément* sa signature au traité qui leur cédait cette colonie. Ainsi, en France comme en Espagne, c'est à un usurpateur et à des libéraux que l'on doit d'avoir dépouillé deux monarchies catholiques de deux colonies florissantes, pour les livrer à une république de protestans. *Vendidit auro patriam* est la devise commune de tous ces infâmes, qui se disent pourtant exclusivement *patriotes*.

après lui, n'offrent à l'extérieur que des événemens de peu d'importance, tels que des traités
faits avec quelques tribus indiennes, la guerre
d'Alger si promptement terminée, la reconnaissance conditionnelle des républiques espagnoles
de l'Amérique du sud, etc. Mais à l'intérieur,
commencent à s'élever les questions du tarif, des
manufactures, de l'esclavage des Noirs, questions fécondes en haines, en rivalités, en discordes intestines, qui portaient en elles les tempêtes
que nous voyons près d'éclater sur l'UNION, et
comme l'avouent les Américains les plus éclairés,
*qui menacent de la réduire en poussière impal-
pable.* Ce sont là de graves sujets que je traiterai à la place qui leur convient. Cependant l'ani-
mosité des partis était, en apparence, fort diminuée : il était difficile qu'il en fût autrement ;
l'opposition qui s'était formée dans le sein même
du parti républicain, et que nous verrons si rapidement grandir, était faible encore ; et le parti fédéraliste *avait vécu.* Le combat (pour le
moment du moins) finissait donc, faute de *com-
battans.*

Cependant les désastres de nos colonies, les
proscriptions de nos terroristes, et tous les fléaux
qu'une guerre générale si prolongée, si acharnée, avait répandus sur l'Europe, précipitaient
vers l'Amérique, comme vers une terre de refuge, des flots d'émigrans qui apportaient à la non-

velle république le tribut d'industries nouvelles et des multitudes de bras, au moyen desquels se peuplaient et se fertilisaient successivement ses déserts. Ainsi s'accroissait sa population avec une rapidité sans exemple, ainsi se développait, dans une progression extraordinaire, son commerce intérieur et extérieur, même au milieu de ses querelles domestiques et de l'état presque désespéré où la guerre avait placé son gouvernement; et stupidement étonnés de cette prospérité factice qu'ils ne devaient qu'aux calamités des nations européennes, les Américains, avec une complaisance d'orgueil qui se peut à peine concevoir, attribuaient de tels prodiges à l'excellence de leurs institutions politiques. Même encore aujourd'hui, après tout ce qu'ils ont vu et peuvent voir à tous momens de leurs propres yeux, le plus grand nombre d'entre eux semble condamné à vivre et à mourir dans cette incurable folie.

On pouvait faire le tour des Etats du roi de Cocagne en un quart d'heure : quelques pages m'ont suffi pour vous donner une idée suffisante de presque toute l'histoire d'une prétendue nation qui, née d'hier, s'offre insolemment pour modèle, dans ses lois, dans ses mœurs, que sais-je ? peut-être aussi dans ses *institutions religieuses*, à ces nations européennes, que les traditions dont elles ont su garder le dépôt ont rendues héritières de la sagesse des anciens âges, et ont faites, pour ainsi parler, aussi vieilles que le monde ! Je crois à propos de m'arrêter, pour le moment, à ce point d'une si belle histoire, lequel d'ailleurs touche presque aux temps où nous vivons, pour examiner, avec quelques détails, ce que, à cette époque, il était déjà advenu de ces merveilleuses institutions, dont l'origine se perdait dans la nuit..... d'un peu plus d'un quart de siècle.

Tout allait bien dans les commencemens, de même que chez nous après les *glorieuses* journées : les fédéralistes, tous braves gens qui ne demandaient que deux choses, le pouvoir pour eux et la paix pour tout le monde, avaient la principale influence dans les délibérations du Congrès ; et quoique, dès l'ouverture de la première session, il eût été facile de s'apercevoir que leur majorité y était faible et chancelante, cependant nous avons vu que, même dans les questions les plus graves et les plus controversées, l'appui de Washington avait assuré leur triomphe. L'ascendant de ce personnage, dont le respect et l'admiration du peuple américain avaient fait comme un être à part, était presque irrésistible et donnait une sorte de vigueur monarchique à l'action intérieure et extérieure de l'administration. Ce qui se passait alors semblerait un songe aux jeunes républicains d'aujourd'hui : le sénat

délibérait à huis clos (¹), et pouvait être considéré plutôt comme le *conseil privé* (²) du président, que comme une branche de législature.
Plusieurs qui vivent encore se rappellent avoir
vu, dans la première session du Congrès, *le père de la patrie* se rendre plus d'une fois inopiné-
ment, et même accompagné de ses ministres,
dans la salle où le sénat était assemblé, et y entrer au milieu de ses délibérations. Dès qu'il paraissait, le vice-président des Etats-Unis (président né de cette compagnie) se levait, lui cédait

(1) C'est encore là une belle invention, empruntée depuis par nos *faiseurs*, pour notre chambre des pairs, pour cette *noble* chambre, où il y avait un peu de tout; d'anciens procureurs, d'anciens banquiers, d'anciens avocats, d'anciens apothicaires, d'anciens conventionnels, voire même quelques anciens buveurs de sang, et pour rendre cette institution *aristocratique* encore plus respectable, un certain nombre de bâtards. Tout cela parlait et délibérait de même à huis-clos, et en séquestrant ainsi du reste du public cette collection de nos plus hautes notabilités révolutionnaires, on avait trouvé le moyen de faire ce qui semblait impossible, c'est-à-dire de la rendre, politiquement plus insignifiante, moralement plus ridicule encore, qu'elle ne l'était par son origine et par sa composition.

Cette mascarade honteuse était pourtant prise au sérieux, même dans la haute société. Une dot de cinq cent mille francs avec des *espérances*, était le taux des moindres partis à proposer pour un fils de pair de France; et j'ai connu un vieux fou, qui s'est marié à soixante-dix ans, pour essayer d'avoir lignée de cette noble espèce. C'est le beau côté de la révolution de 1830 d'avoir mis fin à cette ignoble parodie, et délivré du rôle *obligé* qu'ils y jouaient, beaucoup d'hommes distingués par leur naissance, leurs talens, leurs vertus, et si déplacés en si mauvaise compagnie.

(2) C'était ainsi qu'on le désignait ordinairement dans les conversations particulières.

son fauteuil, et exerçait alors les fonctions de secrétaire du sénat. La délibération continuait ; Washington y prenait part, donnait quelquefois son avis avant qu'aucun sénateur eût parlé ; en un mot, exerçait au milieu d'eux une autorité dont la seule tentative semblerait inouïe aujourd'hui, et soulèverait d'indignation les esprits même les plus modérés. Toutefois cette prépondérance, qu'il n'a été donné qu'à lui seul de pouvoir ainsi s'arroger impunément, ne fut pas de longue durée. Dans une circonstance où il s'agissait d'une nomination, il s'éleva, entre lui et les sénateurs, un conflit dont le résultat le blessa si sensiblement, que dès ce moment il cessa d'assister à leurs séances, et ne communiqua plus avec eux que par écrit.

Cependant on a vu que la presse, ce ver rongeur que les gouvernemens représentatifs portent dans leur sein, avait déjà commencé son œuvre de destruction. Si l'expérience n'avait prouvé, partout où ce fléau a été introduit, qu'il est contre sa nature de soutenir le pouvoir et qu'il n'a de véritable force qu'entre les mains de ses ennemis, il suffirait de la république des Etats-Unis, que les journaux remuent jusqu'au fond de ses entrailles, pour prouver cette terrible vérité. Avec cet instrument de mort, ce fut un jeu pour les républicains de renverser leurs adversaires ; ils purent, à leur gré, donner ou ôter la popularité à qui leur plaisait ou leur déplaisait ; et douze ans étaient à peine écoulés (sur lesquels il en faut déduire huit qui avaient *appartenu* à Washington), que leur chef était porté à la suprême magistrature , et qu'ils étaient maîtres de toutes les hautes fonctions publiques. Eux-mêmes eussent voulu s'arrêter à ce point ; mais cette voix sinistre des révolutions populaires qui crie sans cesse : *Marche! marche!* les poussait sans relâche en avant ; et nous avons vu encore comment , alors qu'ils se substituaient aux fédéralistes , il s'élevait au milieu d'eux une opposition qui prit la place qu'ils venaient de quitter , et du côté de laquelle la presse (comme si elle eût senti que l'opposition était son principe de vie) passa à l'instant même avec sa puissance irrésistible. Les deux partis , que doit inévitablement produire toute assemblée délibérante , s'étant ainsi de nouveau formés, si les premiers conservèrent le nom de *républicains*, les autres ne craignirent pas de mettre à découvert le but auquel ils tendaient et qu'ils se croyaient bien sûrs d'atteindre , en prenant la dénomination brutale de parti *démocratique*.

La sagacité révolutionnaire , faculté qui semble appartenir exclusivement à cette espèce d'hommes , comme certains instincts à des espèces particulières d'animaux , leur fit reconnaître d'abord que, pour eux, la question vitale était la loi d'élections ; qu'avec les conditions qui y avaient été mises, elle était contre eux, et que le principal objet qu'ils devaient avoir en vue, était de parvenir à la modifier. Les circonstances singulières qui accompagnèrent l'élection de Jefferson, leur en fournirent une heureuse occasion dont ils ne manquèrent pas de profiter ; et sous la présidence de ce démagogue, douze ans après la fondation de la république, son immortelle constitution reçut ainsi l'altération la plus grave dans un de ses articles les plus importans (1).

(1) Il était établi, par la constitution, que les électeurs *présidentiaux* inscriraient sur leurs bulletins les noms de deux candidats ; que celui qui aurait la majorité absolue des voix serait président, et que la vice-présidence appartiendrait au candidat qui, après lui, réunirait les votes les plus nombreux ; enfin, qu'en cas d'égalité de suffrages, la chambre des représentans, votant par *État*, déciderait. Or il arriva, et j'en ai déjà dit quelque chose, que, lors de la première candidature de Jefferson, le colonel Aaron Burr se présenta avec un nombre égal de voix dans les bulletins présidentiaux, et que l'élection revint ainsi à la législature. Les deux candidats appartenaient au parti républicain, dès lors en majorité partout : toutefois, pas un seul des électeurs dévoué à ce parti n'avait eu la pensée, en donnant son vote, de faire autre chose d'Aaron Burr qu'un vice-président. Or, dans la chambre des représentans, les fédéralistes pouvaient encore soutenir la lutte dans le vote par *État*. Sachant la prédilection de leurs adversaires pour Jefferson, ils se firent un malin plaisir de soutenir son rival ; et ce ne fut qu'au trente-sixième ballotage, que le démagogue l'emporta enfin d'une seule voix. Les républicains sentirent où cela pouvait les mener, et qu'avec une loi ainsi faite, ils ne seraient jamais sûrs d'avoir pour président l'homme qu'ils auraient spécialement choisi. Ils se hâtèrent donc de la faire changer ; et il fut décidé, qu'à l'avenir, le candidat porté, à l'exclusion de l'autre, pour la présidence, serait désigné sur les bulletins. Ceci fut pour eux d'un immense avantage.

Quoique les chefs de ce parti se fussent systématiquement placés dans un état d'hostilité permanente contre les actes du gouvernement, cependant, sons Madison et jusqu'à la fin de la seconde présidence de Monroe (en 1824), ils ne trouvèrent pas une occasion favorable de pousser à l'extrême les conséquences de leur système, et ils se contentèrent d'y disposer les esprits. En effet, lors de l'élection de ces deux personnages, et de même lorsqu'ils furent réélus, il leur eût été difficile de présenter contre eux quelque objection plausible et de nature à leur ôter leur popularité. C'étaient deux républicains très-prononcés; on voyait en eux les nobles restes de ces *grands hommes* qui avaient joué les rôles les plus considérables dans la guerre de l'*Indépendance* ; leurs noms commandaient le respect et écartaient à peu près toutes les rivalités. Jusqu'à ce que cette race de *héros* fût éteinte, la presse fut donc spécialement employée à accroître dans les Etats l'esprit de mutinerie et de révolte des multitudes, et à préparer ainsi la révolution que l'on méditait. Si les démagogues parvenaient directement ou indirectement à livrer à la populace l'élection du président, tout le reste s'ensuivait nécessairement, et ils devenaient maîtres de tout. Le plus peuplé, et par conséquent le plus influent de tous les Etats (celui de New-York), donna le signal, et les autres suivirent. Je vais

entrer dans quelques détails sur ce qui s'y passa. Veuillez y faire attention. Ils vous donneront la clef de tout ce qui se fait ici ; ils vous feront pénétrer jusqu'au fond de cet abîme , où
tant de gens ont , jusqu'à ce jour , regardé sans
rien voir.

Vous avez vu que , dans la charte constitutionnelle , les électeurs présidentiaux devaient
être nommés par les législatures de chaque Etat ,
et proportionnellement au nombre de sénateurs
et de représentans qu'ils avaient le droit d'envoyer au Congrès. Après Monroe , la race révolutionnaire étant , comme je viens de le dire ,
épuisée , quatre principaux candidats se présentèrent : MM. Crawford , John Quincy Adams (¹),
Clay et le général Jackson.

On savait que , dans l'Etat de New-York , la
majorité de sa législature était dévouée à M. Crawford ; et dès lors , il devenait évident qu'il obtiendrait les trente-six votes des Electeurs que cet
Etat a le droit de nommer. Ceci réunit dans un
intérêt commun les minorités qui portaient les
autres candidats , et un plan d'attaque fut aussitôt concerté entre elles. Dès les premiers jours de
l'année 1824 , à la fin de laquelle expirait la présidence du *dernier des Romains* , on commença ,
dans tous les journaux du parti , à élever , contre

(1) Il était fils de John Adams, qui avait succédé à Washington.

ce mode d'élection par la législature, des objections présentées d'abord avec une sorte de modération, ensuite et par degrés plus animées, et qui dégénérèrent enfin en injures et en personnalités. Ce mode fut déclaré aristocratique, anti-républicain, injustement imposé au peuple, et n'ayant déjà que trop long-temps pesé sur lui. Il n'est pas besoin de dire que ces déclamations enflammèrent la populace, à qui auparavant un choix quelconque entre ces quatre candidats était parfaitement indifférent : elle se déclara hautement contre l'élection de M. Crawford.

Soutenus d'un semblable auxiliaire, et quoique en minorité dans *l'Assemblée* (c'est le nom que l'on donne à la chambre des représentans de l'Etat de New-York), les adversaires de ce candidat pressèrent si vivement ses partisans, que ceux-ci, après un débat violent et même tumultueux, crurent prudent de céder ; et une loi fut rendue, portant que désormais les électeurs présidentiaux seraient choisis, non par la législature, mais par le suffrage général des citoyens. Cependant le sénat ayant obstinément résisté, et la décision de *l'Assemblée* y ayant été rejetée, bien que ce ne fût qu'à la majorité d'une seule voix, le bill fut indéfiniment ajourné, et l'élection dut être faite, comme à l'ordinaire, par la législature.

Le vœu du peuple ne pouvait être si facilement

dédaigné , surtout par une majorité aussi misérable de la moins populaire des deux chambres : la fermentation des esprits allant toujours croissant , le gouverneur en fut effrayé à un tel point , qu'il jugea nécessaire , et par une proclamation publiée vers le milieu de l'été , de convoquer une session extraordinaire , à l'effet de remettre en délibération une question qui portait l'agitation et le trouble d'une extrémité à l'autre de l'Etat , mais ce qui peut paraître singulier , c'est que les deux chambres , avec un courage qui ne leur était pas ordinaire , et croyant voir, dans cette proclamation , une violation de leurs priviléges , refusèrent d'accéder au vœu du gouverneur, et s'ajournèrent sur-le-champ sans avoir fait aucun changement à la loi.

Au mois de novembre suivant , la même législature s'assembla , afin de procéder , selon l'ancien mode , à la nomination des électeurs présidentiaux ; mais , de leur côté , les meneurs de la populace étaient prêts et n'avaient pas perdu leur temps. Il se trouva , par une circonstance des plus favorables pour eux , que le moment où se faisait à Albany la réunion des deux chambres , était justement celui où se devaient faire les élections pour le renouvellement de la législature de 1825. Ils précipitèrent de toutes parts les masses de la dernière classe du peuple dans les salles électorales , et parvinrent ainsi facilement à faire

porter à cette prochaine législature une grande
majorité de candidats favorables à la nouvelle
loi. Ceci fait, ils passèrent aux émeutes : des bandes furieuses assiégèrent avec menace les portes
mêmes de l'enceinte où délibéraient les deux
chambres, tellement que la peur commençant à
les saisir, les amis de M. Crawford l'abandon-
nèrent, et nommèrent des électeurs favorables à
M. Adams.

Les espérances de la majorité se trouvant ainsi
détruites, elle ne se montra plus aussi ardente à
soutenir la loi des élections. Prévoyant même,
et avec juste raison, qu'elle serait immanquablement annulée par la législature qui allait entrer
en fonctions, elle voulut s'en donner le mérite,
et regagner à ce prix quelque popularité. Il fut
donc résolu, à l'unanimité, que le droit d'élire
le président passerait, des mains de la législature
à celles du peuple. L'exemple de l'Etat de New-
York fut suivi par tous les autres Etats ; et ainsi
fut ébranlée, jusque dans ses fondemens, cette
œuvre de ténèbres, fabriquée par ceux que les
Américains appellent encore emphatiquement *les
astres*, *les lumières* (THE STARS), de leur révolution. Aux fédéralistes avaient succédé les républicains : les démocrates ont enfin renversé
ceux-ci ; et comme il ne se présente rien au des-
sous, il ne leur reste plus qu'à se dévorer entre eux.

J'irai au-devant d'une réflexion qui doit vous venir naturellement à l'esprit : « Qu'a donc de si » important, direz-vous, l'élection d'un magis- » trat, à qui on n'a laissé qu'un fantôme de pou- » voir ; et comment les destinées des partis peu- » vent-elles dépendre de celui qui paraît lui- » même être dépendant de tout ce qui l'envi- » ronne ? »

Avant de résoudre cette question, je me donnerai le plaisir d'en accroître les difficultés apparentes, en vous apprenant que cette dépendance est plus grande encore que vous ne l'imaginez. On a remarqué, et les démocrates eux-mêmes en conviennent avec triomphe, que, depuis le commencement de la révolution, il n'est pas une seule concession faite par le pouvoir au parti populaire, que celui-ci n'ait conservée, et dans les grandes comme dans les petites affaires. Il en est mille exemples : je n'en citerai qu'un seul ; mais il est frappant, et pourra suffire.

Le pouvoir exécutif eut la maladresse, je ne sais sous quelle présidence, ni en quelle année, d'inviter la chambre des représentans à former un comité des affaires étrangères, pour délibérer sur un point de diplomatie qu'il avait porté devant elle, quoique de semblables matières eussent été jusqu'alors, du moins pour ce qui concernait la discussion, dans les attributions exclusives du président. Il était évident que ce n'était que par exception , par une concession du moment et de pure bienveillance , qu'il désirait avoir l'avis de la chambre sur le point en question ; mais avec l'esprit dont elle était possédée , et qu'elle avait déjà plus d'une fois manifesté , cette assemblée se montra bien résolue , non-seulement de ne pas se désister de l'autorité qui venait de lui être si imprudemment accordée , mais encore d'en presser et d'en faire sortir toutes les conséquences. A l'instant même , elle créa , non un comité temporaire comme le demandait le pouvoir exécutif, mais un comité perpétuel auquel toutes les questions du même genre durent être soumises. La voie ayant été ainsi ouverte, d'autres comités permanens furent successivement institués , embrassant , dans leurs attributions diverses , l'examen et le contrôle des affaires dépendantes des autres ministères ; et à partir de ce moment , ce fut un usage établi dans la chambre d'ordonner , dès sa première séance , à son orateur de procéder à la nomination des comités. Maintenant on n'en compte pas moins de trente , lesquels , de leur nature , sont réellement exécutifs , et ont la haute-main sur tout ce qui concerne la marine , l'armée , le commerce , les finances , les affaires étrangères , en un mot , sur toutes les branches de l'administration publique ; de manière que lorsque le Congrès n'est pas en session , on peut dire qu'en effet il n'y a pas de gouvernement , le pouvoir exécutif

nominal, qui n'est que l'ombre du réel et véritable pouvoir, ne pouvant, enchaîné qu'il est de
toutes parts, sortir de sa triste immobilité jusqu'à
ce que celui-ci, c'est-à-dire la chambre des représentans (car, ainsi que nous le verrons bientôt, elle traîne à sa suite le sénat, et il en doit
être ainsi de la seconde chambre à l'égard de la
première, dans tout gouvernement représentatif
constitué selon *les vrais principes*) se soit assemblé de nouveau, et lui ait rendu tout juste ce qu'il
lui faut de liberté pour exécuter en esclave ses
commandemens.

Ajoutez à cela, et pour combler la mesure de
cette dégradation du pouvoir exécutif, qu'aucun
ministre d'Etat, ni quelqu'autre fonctionnaire public que ce puisse être, n'est admis à prendre
séance, soit dans la chambre des représentans,
soit dans le sénat. . . . *Procul adeste, profani !* Il
n'est également permis à qui que ce soit de s'y
présenter, de la part de l'administration, pour
expliquer les circonstances d'une affaire qui n'aurait pas été bien entendue, et encore moins pour
y provoquer des discussions publiques : c'est par
écrit seulement qu'elle doit transmettre ses expli-
cations; si l'on a besoin d'éclaircissemens, c'est
par écrit qu'on les demande; et il serait complètement inconstitutionnel que tel, bien instruit
des faits et même responsable de leur exactitude,
osât paraître dans l'une ou l'autre de ces encein-

tes sacrées. Ainsi, tout moyen de faire preuve
d'habileté ; d'exercer par la parole une légitime influence sur des corps délibérans , où *parler* est pourtant le commencement et la fin de
toutes choses ; d'expliquer, avec cette puissance
et ces avantages que peuvent seules fournir les
communications orales , la convenance ou l'in-
convenance de telle mesure , le côté fort ou faible de telle affaire ; tout cela est enlevé aux fonctionnaires américains ; et ce n'est pas aller trop
loin de dire que le président , ses ministres d'E-
tat et tout ce qui l'entoure sont de véritables man-
nequins , dont la majorité du Congrès fait jouer
à son gré les ressorts.

Eh bien ! ce sont justement là les motifs qui
excitent au plus haut degré l'ardeur des partis : il
ne s'agit pas entr'eux de combattre pour donner le
pouvoir à tel ou tel individu , mais pour s'en emparer eux-mêmes , et en exploiter , à leur profit,
toutes les conséquences. Il est évident que le parti qui a obtenu la majorité pour l'élection du président des Etats-Unis , dispose ensuite , à son gré,
de la *matière électorale* (dénomination aussi
juste qu'heureuse , que l'on doit à nos libéraux
français) pour les élections au Congrès , à la législature particulière de l'Etat où ses votes ont
prévalu pour les nominations à tous les emplois
grands ou petits qui y dépendent du scrutin : que
par conséquent il devient le parti dominant. L'é-

lection de ce premier magistrat emporte donc avec elle des conséquences infinies. Ce sera le sujet de ma lettre prochaine ; et il y aura de ma faute, si ce qu'elle doit contenir ne vous semble pas curieux et intéressant.

Adieu.

LETTRE X.

Washington, le 1. Novembre 1832.

Publicistes américains. — Absurdités de leurs théories politiques démenties par l'événement. — John Quincy Adams, sixième président. — Le peuple américain considéré sous le rapport de sa souveraineté électorale. — Puissance de la presse. — Multiplicité extraordinaire et licence des journaux. — Activité des intrigues électorales. — Francs-Maçons. — Leur influence politique. — Candidature de Jackson à la présidence. — Excès inouïs du parti démocratique pour la faire réussir. — Portrait de ce personnage. — M. Van-Buren. — M. Calhoun. — Actes arbitraires et violens du nouveau président et des meneurs démocrates. — Indépendance souveraine des Etats particuliers. — Causes des divisions survenues entre les Etats du nord et ceux du sud. — Cour suprême des Etats-Unis. — Ses attributions singulières.

Mon cher Ami,

Vous ne connaissez pas les publicistes américains. J'ai quelque lieu de croire que vous n'avez jamais lu leurs ouvrages : c'est dommage, car ils sont curieux à lire. Il est, je vous assure, divertissant de voir un savant des Etats-Unis (et je vous avertis que ce sont de drôles de savans) creuser, d'un ton capable, le cercle étroit d'idées très-étroites dans lequel est renfermée la politique de son pays, les tourner et retourner en tous sens ; puis, contraint d'avouer que cela ne ressemble à rien de ce qui s'est jamais vu et fait sous le soleil, en conclure que c'est là précisément ce qui en pronostique l'excellence, attendu que, tout étant décidément *mauvais* dans toutes les formes de gouvernement qui ont existé depuis le déluge, il fallait bien, vu le progrès toujours croissant des lumières populaires, *essayer* quelque part si l'on ne pourrait pas produire enfin *du bon* à l'usage de tous les peuples, et par conséquent pour le bonheur perpétuel de l'humanité. Or, un tel essai ne pouvait être tenté qu'en Amérique, à cause de la position *unique* où ses habitans se trouvent si heureusement placés : d'où il résulte que, si l'essai réussit, tous les peuples qui couvrent le globe n'auront autre chose à faire que d'imiter ce merveilleux archétype, toutefois après avoir pris, et chacun de son côté, cette position *unique* qui est de rigueur. Ainsi se trouvera le monde social régénéré d'un bout à l'autre, pour la plus grande gloire des fondateurs de la république américaine.

Les plus distingués de ces publicistes considèrent l'élection de leur président comme la question vitale de leur constitution, comme la pierre de touche qui doit en prouver la force et la bonté. « La constitution, dit Kent, prévoyant les dif- » ficultés que pouvait présenter ce point si im- » portant de nos institutions, n'a pas jugé qu'il » fût prudent de remettre directement et immé-

» diatement au peuple le choix de ce magistrat
» suprême ; mais elle en a confié le soin à un pe-
» tit nombre d'électeurs , désignés par chaque
» Etat, sous la direction de sa législature ; et pour
» couper court , autant que possible , à toutes in-
» trigues , manœuvres et autres tentatives de cor-
» ruption , il a été déclaré que le Congrès fixe-
» rait le moment pour le choix des électeurs ,
» ainsi que le jour où l'élection devrait être fai-
» te , et que ce jour serait le même pour tous les
» Etats.

» Si nous sommes capables, ajoute-t-il , de con-
» tinuer , pendant *cinquante ans* , à élire ce chef
» de notre république avec intégrité , discrétion ,
» modération , nous pourrons donner ainsi la
» plus haute idée de notre caractère national ,
» et présenter nos institutions à l'admiration de
» la partie la plus éclairée du genre humain ; car,
» il le faut avouer , l'expérience de l'Europe an-
» cienne et moderne a été , jusqu'à ce jour , peu
» favorable à une élection paisible et populaire du
» magistrat d'une grande nation (¹). »

Certes , voilà de belles et sages précautions ,
sans doute long-temps et profondément médi-
tées par les législateurs américains ; et cet honnête
M. Kent , qui ne demande que *cinquante ans*
d'expérience , pour que les institutions de son

______

(1) Kent's Commentaries , Vol. I. p. 256—7.

pays soient déclarées admirables par tout ce qu'il y a, dans le genre humain, de plus grands connaisseurs en fait de constitutions, peut sembler n'être pas trop exigeant à l'égard de ses concitoyens : cependant nous avons vu, qu'après un peu plus de trente ans, la populace se précipitant sur cette page la plus sacrée de son contrat social, et l'en arrachant à deux mains, a pu dire à tout ce qui prétend s'élever au - dessus d'elle, comme la plus célèbre de nos courtisannes : « Ah ! le bon billet qu'a La Châtre ! »

Poursuivons : la fin n'est pas moins curieuse que le commencement.

La nouvelle loi électorale avait fait obtenir, en principe, au parti démocratique, tout ce qu'il pouvait désirer ; mais les conséquences de ce principe se firent attendre encore. C'était dans l'élection du général Jackson, que, pour le moment, elles étaient renfermées ; et c'est une chose remarquable et digne d'être méditée, que cette prédilection marquée qu'a partout la canaille déchaînée pour les chefs militaires, c'est - à - dire pour l'espèce d'hommes qui gouverne avec le plus de dureté, d'arbitraire et de despotisme (1). Les

____

(1) C'est que même alors qu'il se livre avec le plus d'emportement à ses passions brutales, une sorte d'instinct avertit le peuple de sa faiblesse intellectuelle, et par conséquent du besoin qu'il a d'être conduit ; et qu'un chef militaire lui offre une idée plus sensible de la force qu'aucun autre, et, particulièrement de cette force qui

démagogues, à qui appartenait le plus grand nombre d'électeurs présidentiaux, espérèrent un moment le faire nommer ; mais tout n'était pas assez complètement dans leurs mains. On a vu que les trois autres candidats avaient aussi de nombreux partisans, et du reste, le parti républicain possédait encore la prépondérance dans la chambre des représentans. Jackson n'avait donc pas réuni cette majorité absolue des suffrages exigés par la loi (1) ; et l'élection revenant ainsi, pour la seconde fois, à la seconde chambre du Congrès, ce fut John Quincy Adams qu'il lui plut de choisir. Tout se passa encore avec calme et décence dans cette élection ; mais le parti démocratique, trompé dans ses espérances, poussa les hauts cris ; ses journaux enflammèrent les passions populaires dans toute l'*Union ;* « et (ce
» qui n'était point encore arrivé, dit Kent, dans
» l'élection légalement faite du magistrat suprê-
» me de la république) cet événement excita
» assez de tumulte, produisit assez d'actes vio-
» lens, pour justifier et satisfaire la haine des
» ennemis les plus fanatiques des institutions ré-
» publicaines. »

réduit tout à *l'égalité* devant elle. Or, on l'a dit depuis long-temps, et notre révolution l'a prouvé jusqu'à la démonstration : ce n'est pas de la liberté, c'est de *l'égalité* que veut, par-dessus toutes choses, une populace corrompue.

(1) 131 voix formaient la majorité absolue ; il n'en avait que 99.

Les années des sociétés fondées sur la souveraineté du peuple ressemblent, par les tempêtes publiques qui y éclatent sans cesse, par les changemens subits et violens qui s'y opèrent, aux siècles des autres sociétés ; et notre révolution n'a pas cessé de nous en offrir les exemples les plus sinistres et les plus frappans. Il en est de même de la république des Etats-Unis : je vous y ai fait voir de continuelles vicissitudes et un désordre moral qui n'a cessé d'aller toujours croissant, jusqu'à ce qu'on fût arrivé à la dernière expression de cette souveraineté populaire qui en est le principe, et contre laquelle ont si long-temps combattu, et tant qu'ils ont eu un souffle de vie, ceux-là mêmes qui en avaient été les fondateurs. Alors, ce désordre étant parvenu à son comble, il s'est fait, dans les habitudes du peuple américain, et même dans ses opinions et dans ses mœurs, un changement qui, de jour en jour, devient plus sensible à tous les yeux, et commence à effrayer un grand nombre de ceux qui, depuis quelques années, ont le plus contribué à faire cette multitude ce qu'elle est maintenant. C'est que le peuple n'est jamais dépourvu d'intelligence au point de ne pas savoir qu'il est le maître, quand il l'est réellement ; et que, s'il est joué par ses meneurs, il s'en joue à son tour au gré de nouveaux favoris qu'adopte son caprice, parce qu'ils sont ou flatteurs plus souples, ou meneurs plus habiles et plus hypocrites.

De tous les leviers au moyen desquels on remue la multitude, la presse étant incomparablement le plus puissant, il importe de remarquer encore que partout une des plus grandes sollicitudes des révolutionnaires est de répandre ce qu'ils appellent *les bienfaits de l'éducation* dans les basses classes de la société, c'est-à-dire de leur faire apprendre à lire, peut-être aussi à écrire, mais surtout à lire, et justement au degré nécessaire pour pouvoir ensuite achever leur instruction par les journaux (1). Ce soin n'a été porté nulle part aussi loin qu'aux Etats-Unis. Je vous ai déjà fait connaître, en grande partie, quelles étaient leurs écoles : j'ajouterai ici qu'elles sont tellement multipliées, et pour atteindre ce but si habilement organisées, qu'il n'est point de parens, quelque abjecte que soit leur profession, à quelque degré d'indigence qu'ils soient réduits, qui ne puissent y envoyer leurs enfans ;

(1) Sans l'invention de l'imprimerie, le protestantisme qui soumet les croyances religieuses au jugement *individuel*, tombait de lui-même, par l'impossibilité de fournir à la multitude assez de copies des livres saints pour qu'une semblable théorie pût être mise en pratique : de même, sans la liberté de la presse, la théorie de la souveraineté du peuple eût été sans application dans la pratique, par l'impossibilité de soulever *intellectuellement* les masses, et par conséquent d'en organiser la révolte *matérielle*. J'en conclus que l'invention de l'imprimerie a fait au monde beaucoup plus de mal que de bien ; n'en déplaise à MM. les journalistes, voire même à ceux qui comptent le plus grand nombre d'abonnés.

et qu'il en est extrêmement peu qui manquent de les y envoyer. Ils y apprennent à lire, à écrire, à compter ; mais rien de plus. Là s'arrête cette éducation républicaine.

Il n'est donc presque pas un seul individu de la populace américaine qui ne sache lire ; et d'après les idées d'indépendance personnelle de chaque citoyen et de souveraineté absolue des masses, dont on a su les infatuer, tous les *lettrés* de cette populace considèrent comme une obligation politique, comme un devoir à remplir envers leur pays, de lire assidûment les journaux. Il n'est pas besoin de dire que c'est à entretenir cette disposition, à l'accroître où elle existe déjà, à la faire naître où elle n'existe pas encore, que les meneurs emploient par-dessus tout ce qu'ils ont d'industrie et d'activité. Il y a certainement, dans les Etats-Unis, plus de journaux que dans la France et l'Angleterre réunies, peut-être même que dans l'Europe entière. A mesure que le principe démocratique se développait dans ses applications pratiques, le journalisme s'étendait avec lui, ou plutôt le précédait dans ses envahissemens. Ce ne sont pas seulement les grandes cités, les petites villes, les bourgades qui ont maintenant des feuilles quotidiennes, et en grand nombre : il n'est presque pas un village qui n'ait la sienne. Libres de toutes charges fiscales, elles sont, par leur prix, accessibles aux plus pauvres : c'est comme une espèce de pain de *chaque jour* qu'on leur distribue , et sur lequel ils se jettent avec une avidité , dont ailleurs, et en France même où cette peste a causé tant de ravages , on ne se peut faire qu'une idée imparfaite. Si l'ouvrier quitte un moment sa lime ou son rabot , c'est pour lire le journal. Le petit revendeur le lit dans son échoppe. Peut-il un moment sans danger abandonner la bride de ses chevaux : le charretier le tire de sa poche et chemine en le lisant. Celui qui conduit la charrue , ou qui creuse un canal , ou qui roule des barriques sur le port , ou qui rame dans une barque , ou qui chauffe la chaudière d'un *Steam-boat*, se délasse de ses fatigues par la lecture de son *news-paper*. Enfin la population est maintenue , d'une extrémité à l'autre du pays , dans un état de fermentation perpétuelle par cette effroyable circulation des produits journaliers de la presse , et il le faut , puisqu'en effet le peuple souverain, nommant à tous les emplois , presque sans exception , s'il n'était au courant des affaires , il ne jouirait qu'imparfaitement de son droit de souveraineté , vu qu'il se passe à peine deux ou trois mois sans qu'il ait quelque occasion de jeter son bulletin dans l'urne électorale. Il est entendu que chacun ne lit que les journaux de son parti.

Toutes les élections dépendent, ainsi que je

J'ai dit , de celle du président ; c'est donc sur ce point que se dirigent tous les mouvemens des chefs de parti : c'est comme le centre vers lequel ils font graviter toutes les passions populaires. Alors commence entre eux, dans leurs innombrables gazettes, une guerre acharnée, ignoble , virulente, dans laquelle on a su dépasser de bien loin tout ce que la presse européenne a de plus cynique et de plus audacieux. Il ne s'agit pas de s'enlever la victoire par des attaques modérées et indirectes : ces attaques sont personnelles et ouvertement hostiles ; les journalistes insultent, ils menacent, ils diffament. Ce n'est pas seulement la vie publique du candidat de ses adversaires, qu'un parti vilipende : il pénètre autant que possible dans les secrets les plus intimes de sa vie privée, et pour le rendre odieux et méprisable , il s'en va recueillant les témoignages vrais ou faux des vivans et des morts. En même temps, on manœuvre , dans la législature, au barreau, au coin du feu, dans les réduits les plus obscurs , jusque dans les galetas , et depuis le commencement jusqu'à la fin de cette crise, sans la moindre interruption. Au milieu de cette effervescence des esprits , l'occasion se présente-t-elle de faire une élection à quelque emploi ? (et il est impossible qu'il ne s'en présente pas , car, je le répète, on ne cesse d'élire dans ce pays-ci) quel que puisse être le plus ou le moins d'importance des fonctions auxquelles il s'agit de nommer; qu'on s'assemble pour élire un gouverneur, un membre du Congrès, ou un simple constable, ou même le *Wachtman* de la plus petite bourgade; la chose dont on s'occupe le moins est de savoir si le candidat qui se présente a la capacité suffisante pour exercer l'emploi qu'il postule; et lui-même se garde bien de fonder, sur de pareils titres, la validité de ses prétentions. « Est-il du parti d'*Adams*? Appartient-il au parti de *Jackson*? Combien de votes a-t-il à sa disposition? Ces votes sont-ils assez nombreux pour exercer quelque influence sur l'élection? » Voilà ce que l'on demande et rien de plus. Qu'un aspirant arrive donc escorté, pour la *grande* élection, d'un plus grand nombre de porteurs de *Tickets* (¹) que ses concurrens, il est sûr d'avoir, pour son propre compte, la majorité des suffrages. Ainsi s'allument et fermentent toutes les passions cupides: ainsi, ce que l'audace, la ruse, l'hypocrisie, la flatterie, et tous les vices qui captivent la multitude, peuvent fournir de ressources honteuses, est partout mis en œuvre par ceux qui se présentent pour disputer les fonctions publiques; ainsi, s'en

(¹) C'est le nom que l'on donne à un bulletin imprimé qui porte les noms des candidats que le parti veut faire élire; les meneurs le font distribuer parmi leurs bandes; chaque individu va le jeter dans l'urne, et tout est fini par là.

emparent comme une proie, et presque sans exception, les hommes les plus incapables de les remplir, les plus désespérés pour leur fortune, les plus déshonorés pour leurs mœurs ; et ce fléau gagne de toutes parts avec une rapidité qui glace d'effroi ceux qui n'ont pas perdu tout sentiment d'honneur et de probité.

Sont-ce là des monstres que je me plais à créer pour les combattre ? Les partisans hébétés de la constitution américaine, ceux qui se sont laissés promener dans ce pays-ci, les yeux fermés et les oreilles bouchées, m'accuseront-ils d'exagérer, de mentir, de calomnier ? Écoutons-les donc eux-mêmes, ces braves Américains : leur témoignage sans doute ne sera pas récusé.

Voici comment s'exprimait, il y a quelques mois, à l'occasion de leurs propres journaux, un de leurs journalistes les plus distingués (l'éditeur du *New-York American*), après s'être extasié sur la *modération*, l'*urbanité*, la *politesse* des journalistes français, et avoir particulièrement admiré ces qualités dans le *Journal des Débats*, qui, comme tout le monde sait, n'est ni bassement flatteur, ni lâchement insolent, ni vénal, ni calomniateur, ni diffamateur, quand quelque bonne occasion s'en présente, ou qu'il croit y trouver quelque petit intérêt (¹) :

(¹) J'apprends, au moment même, que trois des principaux rédacteurs de cet honnête journal, ont été compris dans une fournée de

« A la vérité , dit-il , l'esprit de parti , de mê-
» me que chez nous , se fait trop souvent sen-
» tir dans la liberté de leurs discussions ; mais
» il n'y est jamais souillé de ces excès de licence
» et de ces personnalités qui dégradent notre
» presse. Les opinions et la conduite des hom-
» mes publics , ainsi que des autres journaux ,
» y sont examinées et discutées avec beaucoup de
» vivacité et même d'amertume ; mais les petits
» caquets, les anecdotes particulières vraies ou
» fausses, les détails recueillis en écoutant aux
» portes , tant sur la vie privée que sur les rela-
» tions sociales des hommes du parti opposé ,
» toutes choses qui occupent une si grande place
» dans un grand nombre de nos journaux , sont là
» entièrement inconnus. Les discussions entre
» journaux, tant en France qu'en Angleterre,
» sont, de tous points, exemptes de personna-
» lités. Dans ces discussions , et particulière-
» ment à Paris , où souvent les éditeurs signent

pairs : le *publiciste-ergoteur* M. B. de V., le *rhéteur* M. V., et le
réteur M. C. : l'estime que je professe pour cette HAUTE institution,
le désir que j'ai de la voir croître en force , en durée, en considération, me font applaudir à ces nominations, m'en réjouir même,
c'est-à-dire les trouver divertissantes.

Les parleurs étant depuis long-temps la partie faible de la NOBLE
chambre, en nommant ces trois individus, on peut compter au moins
sur deux langues infatigables et intarissables ; il y a même lieu de
croire que c'est à ce titre que les deux phraséologues ont prévalu.
Ce ne sera certainement qu'un jeu pour eux de monter à la tribune ;
le difficile pour les autres sera de les en faire descendre.

» les articles qu'ils publient, jamais leur nom
» n'est prononcé. Ceci résulte, comme consé-
» quence nécessaire de ce fait, que, pour être
» dans cette ville éditeur d'un journal, un hom-
» me doit réunir *le talent*, *la considération pu-*
» *blique*, *la probité*. Il arrive souvent à de tels
» hommes d'être emportés par l'esprit de parti
» à se rendre injustes et violens envers leurs ad-
» versaires ; mais ils n'oublient jamais le respect
» qu'on se doit à soi-même, comme *hommes*
» *d'honneur et de bonne compagnie*. Quand
» pourra-t-on en dire autant de la presse améri-
» caine ? »

Quoiqu'il y ait ici de quoi éclater de rire pour
quiconque a quelque juste idée de cette phalange d'écrivains dont, sauf d'honorables exceptions, se compose aujourd'hui la presse quoti-
dienne de Paris, je ne ferai, sur ce passage,
ni réflexions, ni commentaires. Il me suffira de
faire observer que je n'ai rien dit de plus fort
sur la presse américaine, que ce qu'en dit lui-
même l'un des plus grands admirateurs des institutions de son pays et des vertus politiques de ses
compatriotes.

Serait-ce dans la peinture des intrigues et des
manœuvres qui précèdent et accompagnent, de
toutes parts, l'élection du président, qu'on me
reprocherait d'avoir trop chargé les couleurs ?
Je présenterai, sur ce point, un témoignage plus

grave encore : voici ce qu'écrivait le 1er janvier 1828 feu *de Witt-Clinton*, gouverneur de l'Etat de New-York, dans son rapport annuel à la législature de cet Etat :

« Mais on ne peut ni ne doit dissimuler » que, depuis quelques années, notre pays a » été plus ou moins exposé à des troubles et à » des agitations intérieures. L'esprit de parti a » pénétré jusqu'au sein des asiles les plus retirés ; » il a altéré, dans les femmes, la modestie de » leur caractère, troublé la tranquillité de la vie » privée, et exercé une maligne influence sur » la paix des familles. Ni les rangs élevés, ni » les plus obscurs, n'ont été épargnés ; ni cette » charité réciproque qui est une des conditions » de la vie sociale, ni l'éclat des services pu» blics, ni le foyer domestique, ni l'autel mê» me, n'ont été à l'abri des insultes; mais un » esprit de licence et de destruction a fait ir» ruption de toutes parts, ne respectant rien, et » sacrifiant tout à ses passions vindicatives et à » une basse cupidité. Les causes de ce *mal* » *monstrueux* doivent être, en grande partie, » attribuées *aux dispositions insuffisantes et peu* » *judicieuses qui ont été établies relativement à* » *l'élection du premier magistrat de* L'UNION, » etc. (¹). »

____

(1) But it cannot, nor ought it to be concealed that our country

Mille semblables témoignages se pressent sous ma plume ; je n'en citerai qu'un seul, auprès duquel pâliraient tous les autres. Il est tiré d'un examen de l'administration du général Jackson, publié dernièrement dans le principal journal de Boston, et réimprimé ensuite dans tous les journaux du parti anti-jacksoniste, ce qui donne à ce qu'il contient un haut degré d'authenticité.

« *La calomnie* est incontestablement, dit l'au-
» teur de cet écrit, un des vices les plus crians
» de cette nation. C'est, après l'usage intempé-
» rant des liqueurs fortes, notre plus grande
» plaie nationale. L'impunité dont elle jouit, et
» l'excès où elle est portée, est certainement
» pour nous la tache la plus honteuse, dans le
» degré de civilisation auquel nous sommes par-
» venus ; quoique *ce* VICE *soit un de ceux qui*
» *ont échappé à l'attention des* INSENSÉS *de l'un*
» *et de* l'autre sexe qui, tous les ans, arrivent

has been more or less exposed to agitations and commotions since many years, Party Spirit has entered the recesses of retirement, violated the sanctity et female character, invaded the tranquillity of private life, and visited with severe inflictions the peace of families, neither elevation, nor humility has been spared, nor the charities of life, nor distinguished services, nor the fire-side, nor the altar, been left free from attacks ; but a licentious and destroying spirit has gone forth, regardless of every thing but the gratification of malignant feelings, and unworthy, *the causes of this portentous mischief must be found, in a great mesure, in the incompetent and injudicious provisions relative to the office of chief magistrate of the* UNION.

» d'Europe pour épier et révéler les *misères* de
» notre pays ([1]).

» Il deviendra absolument nécessaire, ajou-
» te-t-il, *et avant peu*, que les gens de bien for-
» ment une ligue générale, et dans tout le pays,
» pour en extirper ce vice odieux, si nous vou-
» lons échapper au jugement sévère de la provi-
» dence, et au châtiment qu'elle exerce déjà sur
» nous en nous donnant pour chefs *les plus scé-*
» *lérats et les plus corrompus des hommes* ([2]). »

Ce sont là sans doute des vœux fort honnêtes;
mais il y a bien lieu de craindre que ce ne soient
des vœux superflus.

A cette puissance de moyens qu'il a su réunir et qui devaient nécessairement tomber entre
ses mains, le parti démocratique, fidèle aux

[1] Je demande quel est le plus *insensé*, de l'étranger qui n'a
pas vu cette *plaie nationale*, ou de l'habitant du pays qui la lui
fait voir°

SLANDER is undoubtaly one of the crying sins of this nation.
Next the intemperance in the use of liquor, it may be looked upon
as our chief national vice. The toleration of it to the extent to wich
it is carried, is unquestionably the darkest shade of the present
state of civilisation among us, although *it is one that has escaped
the attention of the* WISACRES, *male and female*, who annually come
from Europe to spy out the nakedness of our land.

[2] It will be absolutely necessary, *and before long*, that well
meaning citizens should form a general combination throughout the
country for the suppression of this odious vice, if we mean escape
the severe judgments that Providence inflict upon us, as a pu-
nishment for it, in the elevation of *corrupt and wicked rulers*
(*Boston daily Advertiser and Patriot*).

exemples qui lui ont été donnés par les révolutionnaires d'outre-mer, et très - probablement
par suite de son affiliation avec eux, a joint la
puissance plus formidable encore des sociétés secrètes. La franc-maçonnerie, depuis long-temps
établie dans les États-Unis, peut-être même
avant la guerre de l'*Indépendance*, est donc devenue l'auxiliaire le plus actif de ces intrigues
politiques, et bientôt le pays a été couvert de lo-
ges de francs-maçons. Ici, comme ailleurs, ces
sociétés délibèrent en secret, dans le plus profond secret; mais, grâce aux institutions du
pays, elles se forment et s'organisent avec la plus
grande publicité, annoncent aux *Frères* leurs
jours de *Meetings* par la voie des journaux, et
appartiennent si exclusivement au parti populaire, que *Maçon* et *Démocrate* sont devenus
deux mots synonymes, et que, même dans leurs
assemblées purement politiques, les hommes du
parti les accollent maintenant presque toujours
ensemble. Ainsi les moyens sont préparés mysté-
rieusement, et avec cette unité d'action que l'on
obtiendrait difficilement sans le gouvernement
occulte et vigoureux de ces associations inferna-
les ; et, grâce encore à ces belles institutions du
plus libre des peuples, c'est très - légalement
que les effets s'en manifestent à la face du soleil. On ne peut douter que ces sociétés maçon-

niques n'aient à leurs ordres des sicaires (1),
et que la terreur qu'elles répandent, surtout au
milieu des populations peu nombreuses des petites villes et des bourgades, n'ait puissamment
contribué à rallier au parti démocratique un grand
nombre de journaux, auparavant sous l'influence du parti opposé; et, du reste, on peut juger de l'effroi qu'elles inspirent à celui-ci, par
la détermination qu'il a prise d'essayer de les
combattre, en créant des sociétés *anti-maçon-
niques*. Or, ces pacifiques sociétés s'assemblent
pour déclarer publiquement, après avoir repré-
senté la franc-maçonnerie comme une institution anti-sociale, anti-chrétienne, et qui menace la sûreté et les libertés du pays, pour déclarer, dis-je, « que les membres dont elles se
» composent ne chercheront à exercer sur leurs
» concitoyens d'autre influence, que de s'offrir
» à eux comme des exemples *de respect pour les*

(1) Un événement qui rappelle la catastrophe tragique de Fualdès,
fit grand bruit, il y a quelques années, dans les Etats-Unis, et particulièrement dans l'Etat de New-York où il est arrivé. Un particulier nommé *Morgan*, fort avancé dans les hauts grades de la
franc-maçonnerie, ayant résolu de s'en séparer, y ajouta l'extrême
imprudence d'en révéler les secrets. Sa maison fut entourée et
assaillie, la nuit, par une bande d'individus masqués, dont le chef
était déguisé en constable. Il en fut enlevé de vive force, jeté dans
une voiture qui attendait à peu de distance, et depuis il n'en a plus
été entendu parler. Il s'ensuivit un procès dans lequel un grand
nombre de personnes furent impliquées, mais dont je n'ai pu me
procurer les actes, et dont j'ignore les résultats.

» *institutions de leur pays et d'amour pour la* » *vérité* (1). » Les démocrates francs-maçons ne leur en demandent pas davantage ; et, souriant de leur simplicité, ils les laissent s'enfoncer dans cette ornière, et continuent de marcher (2).

De mon côté, je continuerai de raconter ce qui s'est passé depuis l'élection du second Adams jusqu'à nos jours : les faits parleront plus haut que les raisonnemens.

Les démocrates avaient eu deux motifs pour porter à la présidence le général Jackson : le premier, c'est que, parmi les candidats qui se présentaient avec des chances d'être élus, il était

(1) (*Anti-masonic* (Rochester) *inquirer.*)

(2) Ainsi, pendant la restauration, se conduisaient nos libéraux. Non-seulement ils trouvaient fort bon que nos *faiseurs* se renfermassent dans *l'ordre légal et constitutionnel*, au moyen duquel on démolissait devant eux, et pièce à pièce, la société, sans qu'ils pussent, tournant bêtement dans ce cercle magique, faire taire un factieux, arrêter un conspirateur, créer extra-légalement le moindre de ces moyens de défense que l'instinct de la conservation inspire même aux animaux ; mais afin qu'ils n'eussent pas même la pensée d'en sortir, leurs astucieux adversaires faisaient semblant de s'y renfermer avec eux ; et tandis qu'ils creusaient l'abîme, où allait s'engloutir la monarchie, il n'était question en France que *d'ordre légal*. C'est même au nom de *l'ordre légal* qu'ils ont commencé et achevé leurs glorieuses journées. La comédie de quinze ans ayant été ainsi tragiquement dénouée, on sait ce qui s'en est ensuivi et ce que sont devenues la *légalité* et la *constitutionnalité*. J'ignore, en vérité, si ces misérables sont beaucoup plus corrompus que messieurs tels et tels qu'ils ont remplacés ; mais ce que je sais de science certaine, c'est qu'ils sont beaucoup plus avisés.

le seul qui fût des leurs ; le second, c'est que son incapacité et son ignorance absolue des affaires allaient en faire, entre leurs mains, l'instrument purement matériel de leurs projets cupides et ambitieux. J'ai déjà dit que, furieux de se voir trompés dans leurs espérances, ils avaient éclaté en plaintes et en murmures ; « car, criaient de tou- » tes parts leurs journaux, Jackson, ayant réuni » le plus grand nombre de voix, était évidem- » ment l'élu du peuple. » Cependant comme le texte de la loi était plus évidemment encore contre une telle prétention, un calme apparent succéda à ce premier orage ; et ce ne fut que vers la fin de la présidence d'Adams, qu'ils éclatèrent de nouveau, mais avec des excès et des emportemens auxquels rien de ce qui s'était passé jusqu'alors entre les partis ne peut être comparé. L'artillerie de leurs journaux était à l'avance préparée avec provision complète de ses projectiles. A un signal donné, ce fut comme un tonnerre d'accusations qui retentit de toutes parts contre le président, ses ministres, toute son administration ; et ce tor- rent d'injures dont ils furent tout d'un coup ac- cablés, où ils se virent en quelque sorte submer- gés, peut se résumer en deux mots : *aristocra- tes* et *fédéralistes*, mots d'un effet magique et irrésistible sur le peuple américain. L'accusation était absurde, s'il en fut (1) ; n'importe : de même

(1) Il était de notoriété que, depuis la fin de la guerre avec les

que les journaux révolutionnaires ont été créés pour mentir, la populace semble avoir été créée pour les croire. L'accusation prévalut; et ils furent crus avec une foi tout aussi ferme, lorsqu'ils présentèrent les adversaires de l'administration comme les seuls *patriotes* et les seuls *républicains*.

De là, ils passèrent à la calomnie et à la diffamation, et, de même, les portèrent à des excès qui ne s'étaient jamais vus. Jackson lui-même, Jackson, qui avait des obligations personnelles à Adams, et d'une telle nature que, par des aveux publics, il s'était plu souvent à reconnaître qu'il l'avait trouvé un ami dévoué dans les circonstances les plus difficiles et qu'il lui devait *plus que la vie*, n'eut pas honte, dans l'intérêt de cette basse ambition dont il était possédé, d'accuser son bienfaiteur de vénalité et de corruption; et, dit un écrivain déjà cité (¹), qui présente de ces ignobles scènes, un tableau qu'on doit croire exact puisqu'il n'a pas été démenti, «depuis ce personnage

Anglais, les fédéralistes avaient cessé d'être un parti, et qu'il n'en avait plus été question dans les assemblées politiques. Il était également notoire que le Président, tous ses amis et partisans, ainsi que les candidats qui, avec Jackson, lui avaient disputé la présidence (MM. Crawford, Clay et Calhoun), avaient, de tout temps, appartenu au parti républicain; et que, lorsqu'il était encore au pouvoir, le fédéralisme n'avait point eu d'ennemi plus ouvertement hostile que John Quincy Adams.

(¹) (*Boston daily Advertiser and Patriot.*)

» éminent jusqu'au plus vil journaliste de village
» qui *aboyait* à sa suite (*that barked in his*
» *train*) ce cri de corruption et de vénalité re-
» tentit dans toute l'UNION. » La diffamation personnelle devint le mot d'ordre général. « Tirer
» de l'oubli dans lequel ils sont maintenant plon-
» gés, ajoute le même écrivain, les mensonges
» infâmes et innombrables que la presse mit alors
» en circulation, ne serait pas seulement une
» chose inutile, ce serait une honte. » Il se contente d'en citer un seul si extraordinaire, et en
lui-même, et par les circonstances dont il a été
accompagné et suivi, que j'en ai éprouvé quelque étonnement, moi que rien n'étonne plus dans
ce pays-ci (¹). Enfin les transports frénétiques
des Jacksonistes finirent par se présenter avec

(1) S'il était un homme dont la vie domestique et les mœurs
privées fussent irréprochables, c'était John Quincy Adams ; et
sous ce rapport, il jouissait, ainsi que toute sa famille, de l'estime
publique au plus haut degré. Cependant un vil pamphlétaire, allant
au delà de ce que la calomnie avait encore imaginé de plus ef-
fronté, ne craignit pas de l'accuser d'avoir fait de sa maison à
peu près un lieu de prostitution. Un outrage si sanglant fut publiquement dénoncé à la chambre des représentans, et fit horreur
même au plus grand nombre de ceux qui étaient opposés au Président. Que pense-t-on qu'il en arriva? Parvenu à la présidence,
Jackson s'empressa de nommer le calomniateur à un poste honorable et lucratif dans l'administration. Le sénat indigné, ayant
repoussé à l'unanimité cette nomination scandaleuse, le parti fit
plus que Jackson lui-même n'avait fait: dans l'élection de l'année
suivante, ce misérable fut lui-même nommé sénateur, et alla
insolemment prendre place au milieu de ceux qui l'avaient flétri
d'un signe d'infamie.

des symptômes si effrayans, que, jugeant périlleux de hasarder une lutte avec des multitudes
qui, fanatisées par de tels chefs, paraissaient disposées, soit dans l'attaque, soit dans la défense,
à se porter aux extrémités les plus désespérées,
plusieurs meneurs politiques dont l'influence était
grande, et qui pouvaient eux-mêmes prétendre
à la présidence, préférèrent renoncer à leurs prétentions (¹); et ambitieux comme ils étaient, il
n'est pas besoin de dire qu'ils s'attachèrent, non
au parti le meilleur, mais à celui qui offrait le
plus de chances de succès. Grâces à ces manœuvres atroces de la presse démocratique, Jackson
se vit donc renforcé par l'influence décisive de ses
plus puissans antagonistes; et ainsi fut emportée
de vive force l'élection de ce soldat parvenu.

Que Jackson ne fût qu'un instrument entre les
mains du parti démocratique, c'est ce dont ne
pouvaient s'empêcher de convenir même ses plus
chauds partisans, forcés qu'ils étaient d'avouer
son incapacité et son ineptie (²). Toutefois son

---

(1) Entre autres MM. Van-Buren et Calhoun.

(2) Ses campagnes contre les Indiens et les Anglais, et son invasion
des Florides avaient laissé sur son caractère des impressions peu
favorables ; on l'accusait d'y avoir violé, dans ses actes, l'esprit et
la lettre de la constitution, les principes les plus communs du droit
des gens et tous les sentimens d'humanité. Les violences et les débordemens de sa vie privée ajoutaient encore à la déconsidération
de l'homme public. Dans les hautes positions où il s'était trouvé
placé, il avait fait preuve d'une ignorance honteuse et d'une com-

caractère grossier, brutal, opiniâtre, un orgueil
qui est le compagnon *obligé* de ces aimables qualités, et dont il avait une dose plus qu'ordinaire,
exigeaient de la part de celui qui aspirait à le sub-
juger, des talens d'une espèce particulière, de ces
talens qui ne peuvent se rencontrer que dans la
réunion des bassesses du cœur et de la souplesse
de l'esprit. Un homme qui, après avoir été ouvertement opposé à ce parti, s'y était ensuite jeté
à corps perdu, parce qu'il avait reconnu avec
cette rare sagacité qu'on ne peut lui refuser, non-
seulement que les démocrates étaient, mais qu'ils
devaient rester les plus forts, M. Van-Buren dont
le nom, depuis près d'une année, retentit dans
toute l'UNION, d'un côté chargé d'éloges, de l'autre d'ignominie, semble avoir été doué à un haut
degré de ce genre de talens (¹); car dès les pre-

plète nullité; il passait même pour être incapable d'écrire en anglais
la lettre la plus insignifiante, avec une correction tolérable.

C'était donc l'un des hommes auxquels on pensait le moins pour
la présidence, lorsqu'on le vit porté sur la liste des candidats par
l'Etat du Tennessee dans lequel il a ses propriétés; et s'il n'eût
obtenu, on ignore encore par quelles manœuvres, les suffrages de la
Pensylvanie, ceux que lui donnait ce petit nombre de partisans
ne l'eussent pas empêché de retomber dans l'obscurité, et probablement pour toujours. Mais le vote de ce grand Etat attira sur lui
l'attention de quelques Etats du sud; et le parti démocratique ne
tarda pas à reconnaitre que c'était là *l'homme-machine* qu'il lui
fallait.

(1) Un homme qui l'a particuliérement connu, qui ne l'a pas
perdu de vue pendant vingt ans de sa vie publique, et qui ne peut
être suspect puisqu'il est du parti de Jackson, le peignait dernié-

miers jours, il sut s'emparer, corps et ame, du
vieux soldat imbécile, et faire mouvoir ce mannequin au gré de ses intérêts et de ceux de ses
amis. Il avait été solennellement promis, par les
meneurs, à ceux qu'effrayait la nomination d'un
pareil homme à la suprême magistrature, que le
premier de leurs soins serait de lui former un cabinet choisi parmi les personnages les plus distingués des deux factions *Van-Buren* et *Calhoun*, dont la jonction à ses propres partisans
avait assuré son triomphe ; et l'on comptait particulièrement sur la nomination de M. Calhoun
que le parti républicain, à tort, ou a raison, considère comme un homme d'Etat du premier ordre.
Mais soit que Van-Buren craignît un tel rival,
soit que le parti (et ceci semble plus probable)
ne le jugeât pas assez docile, ni peut-être arrivé

rement dans un journal « comme un vrai caméléon politique, prêt à
« prendre toutes les couleurs et à jouer tous les rôles qu'exigeaient
« non-seulement les vues les plus sérieuses de son ambition, mais
« même le plus petit intérêt du moment. » Il le représente « comme
« dépourvu de toute probité et de cette élévation de sentimens qui se
« rencontre quelquefois dans les hommes de parti les plus aban-
« donnés, et leur fait accorder quelque estime. On ne peut, ajoute-t-il,
« lui refuser de la sagacité et une sorte de talent populaire ; mais
« ces avantages ne servent qu'à le rendre plus dangereux dans des
« temps d'illusion et de fermentation publique ; du reste, sans foi,
« sans amitié, prêt à sacrifier ses engagemens les plus solennels, ses
« affections les plus intimes et les plus sacrées aux intérêts d'une
« ambition que rien ne peut rassasier. » (Letter of M. Samuel M'
Lean of Harrisburg, to the Editor of the *Montrose* (Penn) *Register*
September 15, 1831.)

au degré de corruption suffisant pour entrer dans toutes ses vues audacieuses, un cabinet fut composé d'hommes, ou incapables ou entièrement inconnus, par conséquent dépourvus de toute influence et de toute considération, de manière que Van-Buren demeura le maître absolu dans ce qui concernait les attributions du pouvoir exécutif.

En effet, on se préparait dans l'ombre à donner à l'Union le spectacle le plus scandaleux qui lui eût encore été offert, et à frapper un de ces coups décisifs que, jusqu'à présent, les factions révolutionnaires seules ont su bien frapper. Ces hommes, qui venaient d'accuser leurs adversaires de corruption et de vénalité, qui s'étaient présentés comme des modèles exclusifs de patriotisme, d'intégrité, de désintéressement, signalèrent leur respect pour les lois et pour la liberté des suffrages par une *proscription générale* dans toutes les branches du service public, et depuis les plus hautes places jusqu'aux moindres emplois, des fonctionnaires qui n'appartenaient pas à leur parti. Ni l'âge, ni la pauvreté, ni les longs services, ni la considération personnelle de tel fonctionnaire, ni l'expérience et la capacité de tel autre, ne furent des titres pour être épargné; et avec l'assentiment d'un sénat où les élections nouvelles leur avaient donné une majorité plus que suffisante, les meneurs trouvèrent, dans l'exécution prompte et facile de cette mesure

acerbe, le double avantage d'acquitter le marché
passé avec ceux qui leur avaient vendu les suffrages de la populace, et d'avoir l'administration
entière entre leurs mains. Cependant l'acte était
en lui-même si extraordinaire et si révoltant (1),
que, déconcertés d'abord des cris qui s'élevaient
contre eux, ils essayèrent de le justifier en renou-
velant, contre les proscrits, l'accusation vague
de corruption qui d'abord leur avait si bien
réussi. Le succès n'en ayant pas été le même cette
seconde fois, ils firent valoir le vieil argument de
la circulation des emplois (the rotation in office)
dont l'application n'est que trop fréquente dans
l'administration des Etats particuliers, et doit en

(1) Sous les six présidences précédentes, c'est-à-dire dans un
espace de quarante ans, on ne comptait que soixante-quatorze
destitutions, presque toutes provoquées par des fautes graves et
des prévarications; il n'y en avait eu que *deux* sous l'administration
de John Quincy Adams, qui cependant était accusé d'arbitraire et
de despotisme. Jackson débuta par en faire NEUF CENT QUATRE-
VINGT-DIX.

Ces actes injustes et violens étaient d'autant plus odieux, qu'avant
d'arriver au pouvoir, le nouveau Président avait publiquement pro-
fessé des maximes toutes contraires. Aussi c'était avec ses propres
paroles que l'opposition l'accablait; et s'il fallait une preuve de plus
qu'il n'était et n'est encore qu'un instrument purement matériel à
l'usage d'un parti, je la trouverais dans le passage suivant d'un écrivain déjà cité : « Si l'influence de Jackson eût été de quelque poids
» dans le gouvernement, nous sommes portés à croire qu'une vio-
» lation aussi effrontée de ses propres principes si hautement avoués,
» lui eût fait horreur. Si Van-Buren eût agi en son propre nom, nous
» doutons qu'il se fût hasardé à prendre sur lui la responsabilité
» d'une mesure aussi dangereuse.
(Boston daily Advertiser and Patriot.)

être considérée comme la plaie la plus funeste et la plus honteuse (1), mais que les prédécesseurs de Jackson, plus expérimentés et plus habiles, s'étaient donné de garde d'introduire dans le gouvernement général. Enfin, croissant de jour en jour en audace et en effronterie, ils finirent par jeter le masque, et par déclarer publiquement *que les dépouilles des vaincus appartenaient aux vainqueurs* (2).

Ce n'est pas, selon moi, chose très-aisée que de saisir le secret de cette faction nouvelle qui s'emparait alors du pouvoir, et en racontant ses principaux actes, d'en expliquer les vrais motifs, motifs qui, au premier aspect, paraissent inexplicables, et qu'il ne semble pas que les chefs de la faction opposée, au milieu de ce déluge de plaintes et d'accusations qu'ils élèvent contre leurs adversaires, aient jusqu'à ce jour bien clairement compris, aveuglés qu'ils sont, et par leurs intérêts particuliers et par les préjugés américains, sur le vice radical de leurs institutions et sur la position étrange dans laquelle elles ont placé le pays. L'expérience de quarante ans de

(1) J'aurai bientôt occasion d'en parler.

(2) THE SPOILS OF VICTORY. Ce cri a retenti d'un bout à l'autre de l'Union, et peut être considéré comme la devise du parti. Au reste, c'est celle de tous les révolutionnaires passés et présens, et ce sera celle de tous les révolutionnaires futurs, si la race n'en est enfin exterminée.

révolution , et quelque étude que je me suis appliqué à faire de l'espèce d'hommes appelés *révolutionnaires* , me font espérer d'y pouvoir pénétrer plus avant qu'il ne leur est donné de le faire.

Le système des fédéralistes était d'établir la suprématie du gouvernement général sur celui de chaque Etat particulier, et d'en faire ainsi le souverain de tous ces Etats souverains. Nous avons vu que l'influence de Washington lui-même , si puissante sur toute la confédération, put à peine les soutenir quelques années dans les tentatives qu'ils firent pour établir ce système , le seul cependant où il y eût quelques chances de conservation pour la nouvelle république ; et qu'après lui , le caractère national , qui est la révolte elle-même , prenant le dessus, tout dans la marche des événemens tendit à l'indépendance à peu près absolue de chaque Etat. La politique de Jefferson , de ses successeurs et de leurs nombreux partisans, ne se proposa pas d'autre but ; et bientôt disparurent les fédéralistes , devenus un objet d'animadversion publique si générale et si profondément enracinée , que , pour leur enlever la confiance et la faveur populaires , il avait suffi aux *démocrates* de donner aux *républicains* ce nom abhorré.

Ainsi n'a donc cessé , jusqu'à nos jours , de s'accroître cette souveraineté particulière des Etats , et par conséquent de s'affaiblir graduellement le lien fédéral qui les unit. Ce fut sur ce terrain plus circonscrit des souverainetés particulières, que le parti démocratique commença à essayer ses forces et à tâcher d'établir son ascendant. Il ne demandait que les conséquences des principes proclamés par les républicains eux-mêmes, et ceux-ci, qui n'apercevaient pas encore ce nouveau parti confondu dans leurs rangs, étaient les premiers à les solliciter et même à les offrir. Ainsi chaque Etat s'étant emparé (et c'était là un point capital) du pouvoir de régler, c'est-à-dire, d'étendre ou de restreindre à son gré le droit de *naturalisation*, pouvoir que la constitution avait d'abord exclusivement réservé au Congrès, les flots d'émigrans qui, en moins de quarante ans, ont quadruplé la population des Etats-Unis et ajouté onze Etats nouveaux à ceux qui existaient lors de la déclaration de l'*Indépendance*, ces émigrans, dis-je, presque tous sortis des dernières classes populaires de l'Europe, qu'on peut considérer comme le rebut de ses prolétaires, et qui se pressaient successivement et sans relâche sur le sol américain, tombaient dans une sorte de stupéfaction de s'y voir, presque à leur arrivée, décorés du nom de *citoyens*, et investis de tous les droits qui y forment l'apanage du peuple souverain. Secrètement organisées par les meneurs démocrates, ces multitudes ne tardèrent point à leur donner la prépondérance; et ce fut au moyen de cette armée populacière , qu'ils firent d'abord prévaloir le *Ticket général* pour les élections particulières de chaque Etat , long-temps avant que devenus plus prépondérans encore , ils fussent parvenus à établir le même mode d'élection pour les électeurs présidentiaux. Ainsi, partout le choix des fonctions publiques , depuis la plus grande jusqu'à la plus petite , tomba dans le domaine de la majorité numérique ; ainsi , partout fut établi le gouvernement exclusif de la canaille , c'est-à-dire de ses meneurs.

Cependant, par leur position , par la nature de leur territoire , par leur genre spécial d'industrie , par les mœurs de leurs habitans , par une foule d'autres circonstances particulières , les Etats-Unis , qui , lorsqu'ils n'étaient encore que simples colonies , n'avaient pas vécu ensemble dans une très-grande fraternité , ne tardèrent pas à se présenter dans l'assemblée de la confédération générale , avec des intérêts entièrement opposés ; et la dette énorme , contractée par suite de la guerre de 1814 , vint encore les compliquer. Ceci demande à être nettement exprimé.

1.° Les Etats du nord , moins riches que ceux du sud en produits du sol , et ne possédant pas surtout cette espèce de produits dits *coloniaux* , dont le débouché est toujours sûr et presque toujours lucratif en Europe , voyant d'ailleurs affluer chez eux en plus grand nombre les émigrans, qui naturellement préféraient la température de leur climat et leur agriculture semblable à celle de leur pays natal, au climat brûlant et au genre de culture des États du sud, imaginèrent d'ajouter l'industrie manufacturière à leurs autres industries. Bientôt les manufactures se multiplièrent chez eux de toutes parts ; et dès 1816, elles attirèrent l'attention du Congrès.

Mais ce fut pour y provoquer les plus vives altercations. Il n'y avait pas d'autre moyen de les protéger que d'imposer un droit sur les produits analogues des manufactures étrangères, avec lesquelles, sans cette condition, il était impossible à celles du pays de soutenir la concurrence. Or, il était évident que ce système, favorable aux États du nord, était nuisible à ceux du sud, dont la culture du sol est la seule richesse, où l'on ne manufacture pas, et dont, par conséquent, le principal objet est de se procurer des *retours* manufacturés de tous les pays auxquels ils envoient les produits de leur culture, qui même ne peuvent les recevoir qu'à cette condition. Les députés de ces États se montrèrent donc fort peu touchés des raisonnemens de leurs frères du nord en faveur des manufactures, et les rétorquèrent avec tant d'amertume et d'irritation, que d'abord on n'osa pas accorder à cette branche nouvelle d'industrie toute la protection qu'on aurait voulu lui donner. Mais la dette nationale n'ayant pas tardé à être exposée à tous les yeux, et la nécessité de la payer devenant la première des lois, cette circonstance rendit plus hardie la majorité du Congrès, laquelle appartient aux Etats du nord en raison de leur population plus nombreuse ; et un tarif protecteur des manufactures américaines, véritable pomme de discorde jetée au milieu de la confédération, fut créé et successivement augmenté jusqu'en 1828 (dernière année de la présidence d'Adams), où il a été impolitiquement porté à un excès tellement intolérable pour les Etats du sud, que le dernier Congrès, les voyant sur le point d'éclater, a cru éviter le danger qui menaçait le pays, en modifiant ce tarif de manière à concilier, s'il était possible, les intérêts des deux partis. La suite vous apprendra bientôt qu'il est loin d'y avoir réussi (¹).

2.ᵃ Avant la guerre de l'*Indépendance*, il y avait des esclaves dans toutes les colonies du continent américain ; et après cette guerre, l'esclavage s'est encore assez long-temps maintenu dans les Etats du nord. Mais leur climat et le genre

(1) Lorsque le rapport présenté, l'an dernier, au Congrès sur l'extinction presque totale de la dette publique des Etats-Unis, eut été connu en France, on vit des journalistes imbéciles s'extasier sur ce prodige, et le montrer aux gouvernemens constitutionnels de l'Europe comme un modèle d'une perfection désespérante. Or, ce prodige portait la mort dans son sein : et s'il amène les conséquences qui me semblent inévitables, et dont les symptômes se manifestent déjà de la manière la plus sinistre, jamais dette nationale n'aura été si chèrement payée.

de leur culture, ainsi que je l'ai déjà dit, tout-à-
fait semblable à celui de l'Europe, n'exigeant
pas, comme dans le sud, le travail presque exclusif des Noirs, et les émigrans venant leur offrir sans cesse des multitudes de bras dont l'emploi était moins dispendieux que l'achat, l'entretien, et les chances de maladies et de mortalité de
leurs ateliers d'esclaves, ils trouvèrent, tout bien
calculé, qu'il y aurait pour eux un bénéfice clair
et net à donner la liberté à leurs nègres, et s'empressèrent de mettre arithmétiquement à exécution ce dessein *généreux et philantropique*. Jusque là tout allait bien ; mais le mal fut, après avoir
été philantropes à leur profit, de vouloir l'être
au détriment des autres, et d'avoir permis à leurs
journaux de provoquer, avec des phrases révolu-
tionnairement sentimentales, l'abolition de l'esclavage dans toute l'*Union*. C'était dire aux Etats
du sud : *Périssez* ; puisque, sans esclaves, il y a
impossibilité pour eux de cultiver leurs terres de
manière à en tirer des produits suffisans. Les sectes prêcheuses se firent les auxiliaires de ces journalistes imprudens, et il en résulta, parmi la population noire, une fermentation dont l'effet a
été de rendre plus dures et même presque barbares les lois rigoureuses sous lesquelles est courbée cette population malheureuse. Les journaux
se taisent maintenant ; la crainte de la prison d'E-
tat a glacé le zèle des missionnaires ; mais le

coup est porté : *manet altá mente repostum ;* et jamais les Etats du sud ne pardonneront à ceux du nord d'avoir ainsi tenté d'opérer leur ruine et de compromettre jusqu'à leur existence.

3.º Les travaux d'utilité publique et d'amélioration intérieure du pays sont encore un sujet d'aigreur et de division parmi les Etats. Le gouvernement général prétend avoir le droit d'y appliquer les revenus public ; mais comme il est impossible que de tels travaux puissent, sur un si vaste territoire, offrir le même avantage à tous les Etats, que même il en est quelques-uns à qui ils sont absolument inutiles ; ceux-ci refusent obstinément d'en supporter les charges, contestant au gouvernement le droit de les imposer au profit des autres Etats ; et quoique la question n'ait pas encore été absolument décidée en leur faveur, ils sont parvenus, jusqu'à ce jour, à empêcher qu'elle le fût au profit de leurs rivaux.

4.º Personne, en Europe, n'ignore les moyens odieux et perfides employés par les Américains pour expulser successivement les Indiens d'une terre dont ils furent les premiers et légitimes propriétaires, les exaspérant par de continuelles vexations, les poussant ainsi, par le désespoir, à des actes d'hostilité dont le résultat est toujours et immanquablement un traité qui, en raison de la loi du plus fort, les fait consentir à passer le Mississipi, et à s'enfoncer dans les solitudes de

l'ouest, après avoir reçu des terres qu'ils abandonnent au vainqueur à un prix dérisoire par sa
modicité, qu'ils lui rendent à l'instant même,
pour une valeur infiniment moindre encore, en
eau de vie, couvertures, fusils, munitions etc. (¹).

(1) C'est plaisir que de voir les Américains eux-mêmes rendre journellement témoignage à l'immoralité profonde, aux actes atroces, à toutes les turpitudes de leur gouvernement : ils m'épargnent ainsi à peu près tout l'embarras d'en fournir la preuve. Or, en ce qui concerne l'iniquité et la barbarie de leur conduite à l'égard des pauvres Indiens, j'ai encore leurs aveux qui sont précieux à recueillir.

Voici ce qu'en dit un M. Cushing, *Esquire*, dans un écrit récemment publié et intitulé : « Souvenirs de l'Espagne; (*Reminiscence of Spain.*)

« La destinée des tribus indiennes est, sous tous les rapports, fort
» différente dans l'Amérique espagnole de ce qu'elle est aux États-
» Unis. Ici les peuplades indigènes ne comptent à peu près pour
» rien dans la marche progressive de nos améliorations sociales :
» dispersées en petites tribus sur la surface du territoire, elles y
» *dépérissent et s'éteignent* par degrés devant l'éclat d'une civilisation
» qui les accable. Là elles constituent une grande et importante
» partie de la population, formant des agrégations puissantes, ca-
» pables d'exercer elles-mêmes une influence décisive sur les affaires,
» et possédant, soit comme communautés indépendantes, soit comme
» sujettes des Américains espagnols, une position honorable dans
» l'estime publique, dont aucun changement probable de dynastie
» ou de gouvernement ne pourrait les faire déchoir. »

The destiny of the indian races in Spanish America has been widely and remarkably different from what it is in the united states. There the aboriginal nations have little or no physical weight in the progress of events, and are scattered in weak tribes over the face of the land, withering and dwindling daily before the over powering beams of civilization. There, they constitute a large and important element in the population, aggregated into powerful masses, capable by themselves alone of exerting a decided influence upon affairs, and holding, wheter as independent communities, or as the subjects of the Spanish americans, a rank in the scale of public estimation

Cependant ces actes de barbarie et de rapacité ne sont pas encore consommés dans toute l'étendue du pays ; et par des traités particuliers, plusieurs tribus indiennes ont obtenu de conserver quelques portions de leur ancien territoire, et d'y vivre selon leurs lois et coutumes. Or, les Etats dans lesquels ces terres sont situées, soutiennent que leur droit de souveraineté est violé par ces traités, et prétendent soumettre ces tribus indépendantes à leur propre juridiction (¹). *Adhuc sub judice lis est.* Qui prononcera en dernier ressort sur de tels procès ? A qui sera-t-il donné de mettre d'accord entre elles des parties si puissantes ? Pensez-vous que les grands hommes d'Etat qui ont fondé la république américaine, n'aient pas tout prévu ? Apprenez donc qu'il existe une *Cour suprême* de justice devant laquelle tout doit s'abaisser ; et écoutez comment la constitution s'exprime sur les attributions de cet auguste tribunal.

tion wich no conceivable chance of dynasty or governments can cast them down. »

Ainsi se passaient les choses sous le gouvernement de la Vieille Espagne, dans ce pays de l'esclavage, de l'ignorance, des superstitions monacales, etc., etc. Elles se passent différemment, comme on voit, dans « la terre classique » de la liberté, des lumières, de l'indépendance religieuse, où la civilisation jette « un si grand » éclat » que ces pauvres Indiens en sont comme brûlés à petit feu, et que bientôt réduits en cendre, ils n'y laisseront pas même de traces de leur existence.

(¹) Visiblement dans le dessein d'avoir des moyens plus sûrs et plus expéditifs de les expulser de leur dernier refuge, et de les chasser par delà le Mississipi.

Le pouvoir de la Cour suprême des Etats-Unis s'étend à tous les cas, soit justiciables, soit de simple équité concernant la constitution, les lois et les engagemens de la république confédérée ; à tous ceux qui se rapportent aux ambassadeurs, consuls et autres ministres publics ; à la juridiction maritime ; aux différends qui s'élèvent d'Etat à Etat ; à ceux dans lesquels le gouvernement général est partie contendante ; aux demandes formées par un Etat contre les citoyens d'un autre Etat ou contre des étrangers ; aux démêlés qui peuvent s'élever entre les citoyens d'un même Etat ou de plusieurs Etats, ou entre ces divers Etats eux-mêmes, ou entre des citoyens et des étrangers, à l'occasion de territoires concédés.

Bien plus : ce pouvoir judiciaire, par un privilége dont il n'y a d'exemple ni de modèle dans aucun autre pays, placé au-dessus de tous les autres pouvoirs, a le droit constitutionnel de prononcer sur l'inconstitutionnalité des actes des législatures particulières des Etats, et même de ceux du Congrès national, par conséquent de les annuler. Il se compose d'un président et de six juges, et tient ses sessions, une fois l'an, à Washington (¹).

Or, on l'eût fait exprès, qu'il eût été impossi-

---

(1) L'Union renferme sept grands arrondissemens; et dans chaque district de ces arrondissemens, il est tenu annuellement deux assises par l'un des juges de la *Cour suprême*, assisté des juges du district.

ble de créer une institution mieux conçue pour se faire haïr des Américains, pour tomber dans une impuissance absolue par l'excès même du pouvoir qui lui a été accordé, enfin, pour accroître partout le désordre par les essais malheureux qu'elle a essayé d'en faire. C'est encore ce que la suite expliquera.

Ma prochaine lettre vous dira ce que le parti démocratique, après avoir ainsi, et par le coup le plus hardi, placé tous les fils de l'administration entre ses mains, a su faire d'une position si extraordinaire et si compliquée. J'espère vous y apprendre des choses que les parties intéressées ne savent pas elles-mêmes, ou sur lesquelles du moins elles se plaisent à fermer les yeux, espérant peut-être que personne ne les ouvrira.

Adieu.

FIN DU PREMIER VOLUME.